新美国：
从门罗主义、泛美主义到西奥多·罗斯福新国家主义的蜕变

THE NEW NA- TION

Frederic L. Paxson

［美］弗雷德里克·洛根·帕克森 著　刘岚 译

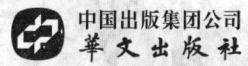

图书在版编目（CIP）数据

新美国：从门罗主义、泛美主义到西奥多·罗斯福
新国家主义的蜕变 /（美）弗雷德里克·洛根·帕克森著；
刘岚译. -- 北京：华文出版社，2019.1
（华文全球史）
ISBN 978-7-5075-5017-7

Ⅰ.①新… Ⅱ.①弗…②刘… Ⅲ.①美国—历史
Ⅳ.①K712

中国版本图书馆CIP数据核字(2018)第258872号

新美国：从门罗主义、泛美主义到西奥多·罗斯福新国家主义的蜕变

作　　者：	[美] 弗雷德里克·洛根·帕克森
译　　者：	刘岚
选题策划：	盛世华章
插图供应：	029—85504182
责任编辑：	董云梅
出版发行：	华文出版社
社　　址：	北京市西城区广外大街305号8区2号楼
邮政编码：	100055
网　　址：	http://www.hwcbs.com.cn
电　　话：	总编室010—58336239
	发行部010—58336212
经　　销：	新华书店
印　　刷：	三河市国英印务有限公司
开　　本：	710×1000　1/16
印　　张：	29.75
字　　数：	386千字
版　　次：	2019年3月第1版
印　　次：	2019年3月第1次印刷
标准书号：	ISBN 978-7-5075-5017-7
定　　价：	118.00元

版权所有　侵权必究

序 言

　　南北战争之后,美国作为一个崭新的国家出现,然而它与这场灾难之间的联系却纯属偶然。诞生于冲突与重建时期的《宪法》本质上并未发生改变。19世纪六七十年代,美国经济发展孕育出一个新型社会。到了1885年,这个社会就不可避免地表现出国家性质了。南北战争后,美国历史与其作为国家存在的事实和建立在州自治和联邦主义基础上的旧法律体系之间的冲突紧密相关。美国的未来取决于能否找到一种重新调整政府结构与职能的良方,以满足人民对于新生活的需求。本书旨在讲述19世纪下半个世纪的美国历史,并揭示这段历史与国家发展这个更大的历史事实之间的联系。

弗雷德里克·洛根·帕克森

目 录

第 1 章

南北战争 / 001

第 2 章

西部与绿背纸币 / 023

第 3 章

南方地方自治的恢复 / 047

第 4 章

1873 年大恐慌 / 073

第 5 章

拉瑟福德·伯查德·海斯执政 / 095

第 6 章

商业与政治 / 119

第 7 章

新议题 / 143

第 8 章

斯蒂芬·格罗弗·克利夫兰总统 / 165

第 9 章

最后的边疆 / 185

第 10 章

垄断资本主义 / 207

第 11 章

农村、农民与农业 / 231

第 12 章

新南方 / 255

第 13 章

平民主义 / 275

第 14 章

自由铸造银币运动 / 295

第 15 章

反改革运动 / 317

第 16 章

美西战争 / 335

第 17 章

西奥多·罗斯福总统 / 361

第 18 章

大企业 / 383

第 19 章

黑幕揭发运动 / 405

第 20 章

新国家主义 / 425

专有名词英汉对照 / 447

第 1 章 南北战争

美国在南北战争中取得的军事胜利维护了联邦的统一,但不得不在政治、金融、商业等方面做出调整,并在随后多年中转变了国家公共事务的发展方向。在当代人的眼中,这样的改变被残酷的战争场面所掩盖——对于那一代的美国人而言,战争的画面给他们留下了挥之不去的阴影。当时,战争仿佛成了全部,仿佛共和党保卫了这个国家,仿佛这个国家自己从重重压力与危机中挣脱,展露出新的羽翼。然而,历史事实与亲历者眼中的真相往往并不吻合。与美国其他任何发展阶段相比,这一时期的历史事实与幸存者口中的真相出入最大。南北战争结束之后的几年,美国人民必须面对的现实是执政党既没能拯救这个国家也没能拯救它自己。执政党唯一做到的只是改变了自己的身份。战争期间,美国的经济和工业从未减缓前进的步伐。应新经济的需要,一个崭新的国家诞生了。

1861 年,在前辉格党和民主党基础上创立的共和党在两次全国竞选活动中培养了年轻的领袖。共和党失去了接受新生活第一波冲击的机会,而正是这种新生活使共和党作为一个反对奴隶制扩张的政党而重获新生。从 1856 年到 1860 年间,时代发展的特征日渐清晰,许多政治家开始改头换面。这种变化的产生与其说是源自道德准则,不如说是野心使然。林肯执政后,政治家们纷纷要求回报。19 世纪 60 年代,美国政治伦理并没有将利用官职捞取私利视为耻辱。林肯总统虽然厌恶那个时代通过谋求公职榨取私利的行为,但似乎并未意识到政党分肥制与善政基本原则的格格不入。

不可否认的是,一届由共和党领导的政府承受了美国内战带来的第一波冲击。当时,共和党的力量还相对薄弱,林肯总统意识到美国不能仅仅依靠一个政党。因此,培养一种普遍的联邦情感就成为林肯早期政策的目标之一和整个林肯时代的关键。他不得不去考虑并调和共和党人的不同主张,从最激进的废奴主义到纯粹的联合主义。在民主党方面,从强烈的民主党主战派到铜头蛇①,主张千差万别。

亚伯拉罕·林肯

---

① 南北战争中同情南方的北方人。——译者注

第1章 南北战争

为了赢得美国选民中的有效多数，必须考虑接纳愿意联盟的民主党人。林肯总统开始稳步放松党派限制。1862年，国会选举结果显示，当时他离成功还很远。他针对交界南部各州民主党的提案与他的总体方案基本一致。乔治·布林顿·麦克莱伦和埃德温·麦克马斯特斯·斯坦顿都是坚定的民主党人。林肯总统对前者的容忍和对后者的支持则展现了他对属下的宽容和凡事能综合考量的用人智慧。在1864年的选举中，他不仅需要通过游说争取大多数人的支持，还需要得到自己所属党派——共和党——的提名。

1864年，很多人持反战态度，认为林肯总统是个失败者。民主党和平派谴责他为军事独裁者。共和党激进派认为，他优柔寡断。就连他的内阁成员也时有不和。面对这样的局面，任何一个稍微不淡定的人都可能撑不下去。一直做着总统梦的财政部长萨蒙·波特兰·蔡斯，一方面默许支持者帮自己密谋，另一方面却并没有从竞争对手的顾问团中退出。萨蒙·波特兰·蔡斯三番五次以辞职相要挟。林肯总统都对其不忠睁一只眼闭一只眼，还把他劝回来继续任职。直到再次被提名为总统，林肯总统才接受了萨蒙·波特兰·蔡斯的辞职申请，还想任命他为最高法院首席法官。

萨蒙·波特兰·蔡斯作为总统的内阁成员，却与对政府不满的共和党勾结，对政府公正构成了威胁。第一位共和党总统候选人约翰·查尔斯·弗里蒙特没有萨蒙·波特兰·蔡斯这么能制造麻烦，但闹出的动静也不小。自1861年林肯将他从军事要职上撤下来后，他就一直心存不满。1864年5月，约翰·查尔斯·弗里蒙特召集了很多极端废奴主义者密谋支持自己做总统。1864年11月选举开始前，这一异动就以失败告终。

1864年6月7日，共和党在巴尔的摩召开了代表大会。萨蒙·波特兰·蔡斯未能获得候选人资格，约翰·查尔斯·弗里蒙特的威胁也已

乔治·布林顿·麦克莱伦与夫人玛丽·埃伦·马尔西

埃德温·麦克马斯特斯·斯坦顿

经可以忽略,林肯连任基本确定。共和党谨慎地隐藏起自己的名字并自称联邦,以争取所有维护联邦统一的党派以及所有以夺取战争胜利为第一要务的民众支持。这样,共和党在事实和名义上就都是联邦了。大会从交界南部各州的民主党代表团中选举产生一位忠于联邦的副总统候选人。1864 年,作为执政党的共和党已经远非在 1856 年抗议《堪萨斯-内布拉斯加法案》的组织了。它已经拥有作为总统候选人的林肯和安德鲁·约翰逊、一个默许保护性关税的政治纲领以及一个有待完善的体制——在该体制下,只有召集代表大会才能确定代表名单。

萨蒙·波特兰·蔡斯

第1章 南北战争

民主党的一些过激行为无意中增加了林肯在竞选中的优势,力度丝毫不亚于共和党对林肯的支持。1864年8月,在纽约州长霍拉肖·西摩的主持和克莱门特·莱尔德·瓦兰迪加姆的掌控下,芝加哥民主党总统提名大会不再需要借反战论挫败主张与共和党联盟的民主党人了。就连对乔治·布林顿·麦克莱伦的提名,甚至他违背政治纲领的举动,也未能改变这样的局面。到底谁会从选举中胜出还是未知数,但可以确定的是,支持联盟、反对分裂成为主题,而选民们会根据自己的希望与担忧来投票。因为威廉·特库姆塞·谢尔曼在亚特兰大取得了决定性的胜利,而戴维·格拉斯哥·法拉格特在莫比尔湾又一次获得胜利,投票一开始,这一主题得到越来越多的支持。接二连三的军事胜利帮助联邦候选人赢得了除特拉华州、肯塔基州和新泽西州以外其他各州的胜利。

在总统竞选期间,萨蒙·波特兰·蔡斯离开了财政部。在离开之前,他完成了内战财政方面的相关工作,解决了政府的财政困难,并为下一步的财政工作指明了方向。当时,他接受这项工作倒不是因为他是最合适的人选,但很快就掌握了战时财政工作的要领。在报告中,他将国会需要遵循的财政政策基本描述出来,极力主张提高税收以满足民政、债务利息和偿债基金等各项支出的需要。他认为国家不应该逃避眼下的财政负担,战争产生的额外支出应视作联邦为了维护国家统一而做出的永久性投资,理应由后辈人承担。因此,他极力主张发行充足的债券来增加财政收入。

第三十七届国会(1861—1863)更倾向于贷款而非征税。1861年以前,美国历史上还未出现过大规模的财政危机。1831年至1861年,美国全年的财政总收入从两千万到八千一百万美元不等,战争爆发时一度高达八千三百万美元,其中四千一百万美元来自贷款而非税收。自1857年大恐慌爆发以来,财政部每年都面临赤字危机,不仅要被迫动用历年结余,还要贷更多款以应对当前需要。关税收入一直都是美国财

亚特兰大战役,联邦军取得决定性胜利

莫比尔湾海战,联邦海军取得胜利

政收入的主要来源。但对于战前三年的财政需要来说，这些措施只是杯水车薪。

如果没有战争，美国这种混乱无序的财政状况可能在1861年就要进行整改并通过增加新税种来缓解了，况且就算采取了这些措施也不可能在1862年或1863年之前起作用。最后美国还是为了应急选择了贷款。1862年，美国贷款总额达到1861年财政总收入的六倍还多；而1865年的贷款总额是1862年的近三倍之多。比起贷款，美国政府似乎更不愿意通过税收来增加财政收入，因为税收带来利益太慢，而且直到战争的最后一年，美国税收都没有展示出财政能力。

最受美国青睐的国税种类始终是关税。辅以其他税种（不包括1849年以后的国内税和1839年之后的直接税），关税承担了美国最重的财政负担。不管各党派的支持程度如何，征收关税是出于贸易保护还是为了财政收入，美国都会继续将关税视为一种重要的财政手段。事实上，当时美国没有其他可用的财政收入来源。正如战争期间，美国军队要想打胜仗就必须不断征募志愿兵，财政部和国会要想将美国的应税资源用于堵上贷款的缺口就必须要研究如何征税。

1861年到1865年期间，美国关税增改多次，终于在1864年取得了1.02亿美元的巨额回报。这是进口量增大和高利率共同作用的结果。像所有经济大恐慌一样，1857年的大恐慌降低了美国人的购买力。艰难时期，奢侈品亏本出售，财政收入锐减。1861年，如果不是战争，美国的商业状况本可以恢复正常。在战争期间，繁荣的北部和西部购买了更多外国商品，根本不考虑价格因素。

关税的税率取决于税收的预期值、保护原则和强加在美国工厂主身上的税务负担。直到1863年，国内税和直接税才引起人们注意。1864年，这两种税的收入超过关税收入，高达1.16亿美元。到了1866年，这个数字增加到了2.11亿美元。消费税、所得税和其他直接税几经更改，税率不断提高，关税的一升再升均源于此。一位美国工厂主宣称，他就是考虑到在与欧洲市场的竞争中会受关税保护才继续经商，却发现自己同时还得背负所得税、以及从事商业交易和商务输出产生的沉重税务负担，只能苦苦抱怨自己所处的尴尬境遇。与他的遭遇一样，外国商人需要面对不断上涨的进口税。到南北战争结束时，美国关税达到了前所未有的高度，并且从此基本固定下来，与其说是出于提高财政收入的需要，不如说是为了促使美国生产者继续缴纳国内税。1865年，不到八千五百万美元的税收来自于关税，2.11亿美元则来自于国内税。

就这样通过征税和借贷的方式，1861年美国财政累积了八千八百万美元资金，1862年高达5.89亿美元，1863年为8.88亿美元，1864年为14.08亿美元，1865年为18.26亿美元。1861年以前，美国财政部在国际事务中的影响甚微，之后却一跃成为国际信贷的巨头之一。1865年10月，美国欠款高达28.08亿美元，影响了国际金融利率的稳定。这表明，1861年，即使是自负的美国人也未预料这一局面。其中一笔欠款险些对所有欠款的还款保障造成威胁。

1861年，美国很难找到支付贷款和各种费用的实际货币形式，这就像货币所代表的财富一样难以衡量。因为自安德鲁·杰克逊毁掉第二合众国银行之后，美国就没有什么国家货币了，只有少量铸币。当时，造币厂都用金银铸造硬币，而把黄金作为美元的本位。根据1834年的规定，铸币的银金比率为十六比一。金币的实际价值略小于其所能兑换的银币价值。由于人性的规律，这一情况驱使人们保存良币而使用劣币，金币就成了物品交换的度量单位。

但这些铸币并没有广泛地流通开来，而是用于部分政府贸易和银行的实际通货。在美国的各个州，数以百计的州立和私立银行都发行了自己的纸币用于货币流通。理想状态是，从理论上来讲，这些纸币可以按

讽刺漫画：安德鲁·杰克逊毁掉第二合众国银行

照票面的价值与黄金进行等价交换；最坏的情况是这些纸币全部变成废纸。实际情况是，自1857年大恐慌以来，美国货币多种多样并且一度贬值，内战一开始，这些纸币就成了美国人使用的货币。1861年底前，各大银行就停止用铸币兑换纸币。1862年初，美国财政部暂停了铸币支付。1863年至1879年，流通中的纸币价值就取决于人们对未来某一天能够将纸币再兑换回铸币的期望值。

在这场危机中，国会授权发行了1.5亿美元的法定纸币以满足财政需要。这种纸币很快以"绿背纸币"的名字为人们熟知，并且成为美国本位币与铸币之间的兑换标准。绿背纸币以票面价值发行，经历了贬值与波动。在1864年最黑暗的时期，一金元可以兑换2.85美元的绿背纸币。这些钞票还是被称作美元，债权人也不得不接受以美元来还债的方式。同时,这也是一种强制性公债,是从美国人民手里强制贷来的款项。1865 年,这项贷款竟高达 4.33 亿美元。

国债中的绿背纸币威胁到了美国公债的整体信誉度。如果这些美钞以票面价值立即予以兑换,美国政府的信誉并不会下降。但如果绿背纸币以低于票面价值的标准予以兑换,或者美国政府发行更多的纸币,再者政府凭借自己的技术特权大量印制这种"法定货币"以偿还部分公债,那么即使是很少量也可能会使整个美国经济陷入萧条。

1865 年以后,美国政治的未来由增加财政收入的手段和绿背纸币的命运决定。但与之相比,对美国来说,眼下更重要的是要面对一个严峻的事实——在未来的五年里,即将面临高达 28.08 亿美元的净债务,

1862 年发行的币值一美元的绿背纸币

同时，将通过税收筹得七亿多美元。南北战争之后，一个繁荣的联邦出现了。除了南方以外，美国其他地区都靠这种财富意识逐渐强大起来。

美墨战争之后，整个美国经历了一段快速发展期。铁路从密西西比河流域一直修到了海岸线。1860年的人口普查报告显示，美国在十年内总人口增长了百分之三十六，但分布不均：与北方和西部地区增长的百分之三十九相比，南方人口只增长了百分之二十五，但总体上美国各地人口都在增长。1861年至1871年，尽管内战爆发，美国人口仍持续增长。谁也不曾想到，19世纪50年代，美国历史会因此被改写。二百五十万美国人至少在三年里被迫离开他们日常的生产和生活。如果没有战争，三年的时间足够一个青年男子成家立业了。在南方，受战争影响，所有健全的白人几乎都参军了，人口增长还不到百分之九。美国人口从三千一百四十四万三千三百二十一人增加到了三千八百五十五万八千三百七十一人（增幅为百分之二十二），而北方和西部似乎没有受到什么影响，人口增加了百分之二十七——比南部人口增长最快的十年还多。

如果没有受到1857年大萧条的影响，北方和西部人口还能再增加多少不得而知。当时，北方和西部的铁路、银行、工厂、城市和各行业代理点极为活跃，因此，在大恐慌中，这些地区遭受的损失也最大。工业上遭受的干扰使原本井然有序的北方工业体系变得混乱。相比之下，以耕田为主、拥有大量农村人口和少量铁路的南方情况简单一些，遭受的冲击也小一些。早在战前，南方人就已经把南方在大恐慌之后的免疫能力视为其制度优于其他社会秩序的一种证明。他们误读了那个时代，并预言北方产业组织即将瓦解。

南方先于美国其他地区走出了恐慌时期的阴影。接下来四年的财政收入则展示了联邦各州的财政实力。美国工业也逐渐从萧条中复苏，在战争的炮火声中悄然发展起来，几乎没有受到影响。

第1章　南北战争

铁路交通给北方各州带来了巨大的变化。1857年大恐慌之前，干线铁路网就已经连接起密西西比河与海岸线。1847年至1857年，原来的西北部地区修了近一万英里的铁路。铁路的修建终将影响商业，但直到南方各州脱离联邦，密西西比河河道不能用于西北部地区农产品的出口时，这种影响才得以显现出来。1861年到1862年，从圣路易斯、芝加哥到布法罗、匹兹堡、纽约和费城，美国部分交通运输由新修的铁路来承担。在1863年之前，新修的铁路，尤其是纽约中央铁路、伊利铁路和宾夕法尼亚铁路，都已适应南方强加的贸易需求。自南方脱离联邦后，新奥尔良始终未能重新获得密西西比河河口这样重要地理位置的使用权。

贸易方面的重大转变也促进了北方地区的繁荣发展。为了适应商业新的发展，美国在交通运输方式上做出的改变，除了体现在铁路方面外，还体现在辅助铁路交通的轨道、桥梁、隧道和车站设施的发展上。经过几年的试验，人们认识到了城市铁路枢纽对大多数铁路线路的重要意义。城市的发展和地价的飙升，尤其是在各市政府及其官员看到铁路相关配套设施建设中的利益之后，铁路的建设与发展变得异常困难。19世纪60年代，得益于统一管理，美国铁路发展中表现活跃的主要干线得到了巩固，为北方城市增添了一份繁华与喧嚣。

美国一直是一个农业大国，直到其制造业开始形成，通信方式迎来革命，城市人口与资本的集中让美国尝到了甜头。从1850年到1880年，美国超过五万人口的城市增加了一倍多。房屋建造、水电照明和社区排污等工程的实施，给工人们带来了就业机会。随着城市的发展，日渐拉远的距离给有轨电车公司带来了商机，而电车公司对公共街道的占用让政府官员从中看到了诱惑和机会。不断发展壮大的制造业使城市群体得以扩大，增加了就业机会。

与此同时，乡村生活悄然发生变化。从开荒发展起来的务农家庭，

19世纪70年代的芝加哥

19 世纪 60 年代的布法罗

数代以来一直作为美国典型的社会单元存在。来自城市的诱惑吸引了许多农村家庭的子女到工厂工作。传统的国内产品无论在质量、外观还是价格上都不能与新型工厂的产品相媲美。农民放弃了屠宰业和黄油制造业，就像他们曾经放弃纺织业一样，更加专心地投入到作物种植上。机械进步同样改变了乡村生活。农业机械进入通用领域，新修的铁路把农民生产的农产品带到因新兴城市而诞生的市场中。

1860年到1870年之间，美国工人数量增加了一半多，投入的资金和产出的货物翻了一番还多。美国第一次期望有一天能生产出所有的生活必需品。从芝加哥、圣路易斯、纽约、波士顿、费城到许许多多其他的美国城市，美国人在开发资源方面并没有受到战争的影响。食品的生产方式开始从家庭作坊式向城镇工厂式转变，给紧邻农田生鲜产区的城市带来了优势。从西北部地区的面粉加工厂、芝加哥和其他地区的肉类加工厂到伊利诺伊州中部的酿酒厂无一不是对美国主要农产品进行加工然后出口。工厂的出现使各地政府，无论东部还是西部，都被城市的飞速发展、警察权力和善政问题折腾得狼狈不堪。大量的乡村向城市过渡，而美国宪章关于这种处于"半农"状态乡村的说明已不足以应对现在的情况。

得益于伊莱亚斯·豪发明的缝纫机以及戈登·麦凯发明的机械制鞋技术，与食品生产一样，服装生产也走向了工厂。早在战前，这种变化的影响就表现在对棉花日益增长的需求上了。东部的纺织品生产区，包括福尔里弗和费城一带，以及林恩一带的制鞋工厂，迎来了大发展的时代。

机械化生产刺激了对煤和铁的需求，便利的交通将资源运送到需要的地方，熔炉和轧钢机也在此安营扎寨。19世纪60年代中期，亨利·贝塞麦引领了用钢铁进行工业化生产的热潮，标志着铁路、桥梁以及公共和私人建筑革命的开始。匹兹堡成为钢铁工业的中心城市，能掌控这里的年轻人也就掌握了美国商业的未来。在所有行业中，新兴行业是汽油和油品贸易。1864年，仅在匹兹堡完成的油品交易额就高达一千五百万。

伴随着不断发展的支线铁路，在战争早期，各干线铁路就适应了商业的新发展，将新的居民带到城市，将新的产品运到相应的市场，促进了钢铁、煤矿和木材的供应。商人们注重与时俱进以满足人们日益增长的需求，为他们即将取得的巨大财富打下了坚实的基础。股份公司拥有可流通股份和债券，让小投资者可以在更大的舞台上共享商业利润，同时可分担相应的损失。

公司的经营和整个商业的发展需要依赖健全的法律体系，而当时美国的法律体系只是适用于小企业和地方贸易。不仅公司需要建立自己的惯例和先例，法院、立法机构和市议会也需要修订美国法律以扩大其适用范围。当新生活以惊人的速度席卷全美国时，商人们和法官们的经验已经不足以面对当前的情况。公众对于即将发生的改革的深度和广度还不甚了解。当各州尝试规范大公司事务时，各种矛盾难免产生。南北战争之后的半个世纪令美国人困惑，因而不得不去探索解决问题的关键。

伴随着19世纪60年代早期的繁荣，制造业、运输业、都市生活和商业飞速发展。物质主义的表象误导了许多旁观者，但发展的步伐并没有引起当代人的足够关注，因为当时所有报纸的头版都被战争的消息占满了。当时，控制这些报纸的人并不需要接受严格的审查，因而他们将战争时期的主要原则应用于商业与投机活动，坚持目的就是一切，认为目的决定手段。1861年到1865年期间，战争并非美国的全部，一场新的工业革命已然开启。不过，在美国人眼中，物质也常常给利他主义和理想服务观念让路。

战争早期，许多农业类院校得到了国会的资助，而各州立大学虽然招收的学生较少，但还是靠着自身努力发展起来。新的大学依靠捐款，

缝纫机的发明者伊莱亚斯·豪

伊莱亚斯·豪发明的缝纫机

亨利·贝塞麦

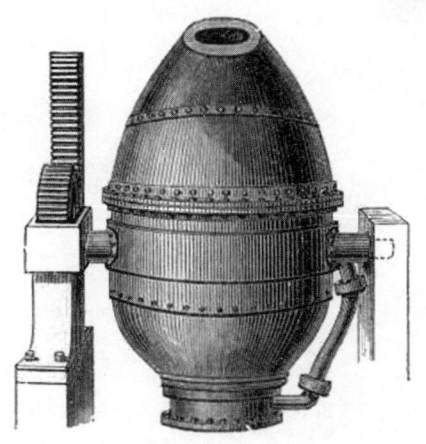
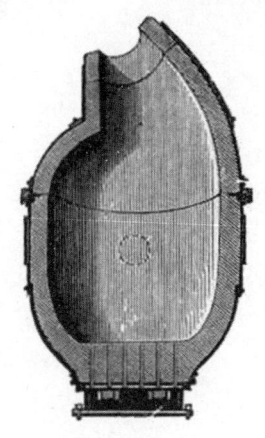

亨利·贝塞麦改进的贝塞麦变换器,被广泛用于钢铁产业

如雨后春笋般建立。教育体制的建立不仅要适应法律、医疗和科技的发展，还应适应商业、农业、工程和教学方式的进步。这一切都体现了美国民主的现实利益。现实与理想总是相距甚远，美国智慧的领袖们仍将度过一段不容乐观的黑暗时期，但美国民众仍然坚信教育是否成功是衡量政府是否受支持的重要标准，并且他们愿意为此奉献出自己的全部。

在四年的南北战争中，美国经历了社会、经济的转型，为之后新的征程做好了准备。政府职能得到了延伸和扩大，促进了公众对政府职能的理解，将来他们认识到政府是一个具备专业技术性的机构，并且必须以科学的方式运转。税务和货币问题提升到了一个新的高度，让那些美国工业的主导者们看到了问题的严重性。随着社会的繁荣发展，联邦获胜成为可能。但当一切结束时，那个对自己的力量和成员并不自信的联邦党则需要面对统一后国家出现的一系列问题，包括工业化的北方、荒凉的南方和逐渐消失的边界。

第 2 章 西部与绿背纸币

　　1861年到1865年期间，美国西部边疆的新兴社区纷纷效仿北方与东部的发展方式，并将其推而广之。这些社区成立时间从几周到三十年不等。1857年，这些社区以务农为主。在南北战争前，艾奥瓦州、明尼苏达州、威斯康辛州和堪萨斯州属于边疆地区。随着人口日渐稠密，一些人打破了平静的生活，来到了更加偏远的西部，也就是被称为"美国沙漠"的区域。1868年，国会终于完成了从密苏里河到太平洋沿岸最后土地的进一步划分。至此，一个新的行政区域诞生了。

　　1857年后开发的最后的边疆是个新兴地区。那里处处都是采矿营地。采矿者在落基山脉到处立桩标划自己的领地，过着无拘无束的日子。1857年之前，大盐湖附近的摩门教徒是堪萨斯东部和加利福尼亚之间唯一一批数量可观的殖民者。如今，人们接连不断地涌向派克峰和科罗拉多准州（1861年），从加利福尼亚州涌向卡森谷和内华达准州（1861年）。多年后，依密苏里河上游村庄而建立的达科他（1861年）农业区展现出布拉克山的富饶资源。1863年，亚利桑那准州依科罗拉多河下游的矿产而生。大陆分水岭北部在同一年划归爱达荷，在1864年蒙大拿成立时又被分出。最后被分出的怀俄明是1868年矿山和铁路的产物。二十多年的时间里俄克拉荷马一直未命名。事实上，1854年《堪萨斯－内布拉斯加法案》通过时，它就已经形成。

这些采矿营地的合法化进程对美国的影响巨大。国会处理有关西部计划的问题已不是什么新鲜事，尤其是《1787年法令》①颁布之后，这类事务就更加频繁，公共土地的历史也开始由西部的需求来主导。1862年，美国西部农业区的农耕能力因麦考密克收割机的发明而增强。同时，西部颁布《宅地法》，规定土地权归开垦、耕种该土地的农民所有。这是托马斯·哈特·本顿穷其一生争取的事业。但他最终没能等到国家充分尊重农民依法拥有土地权的那一天。最初，农民的行为被认定

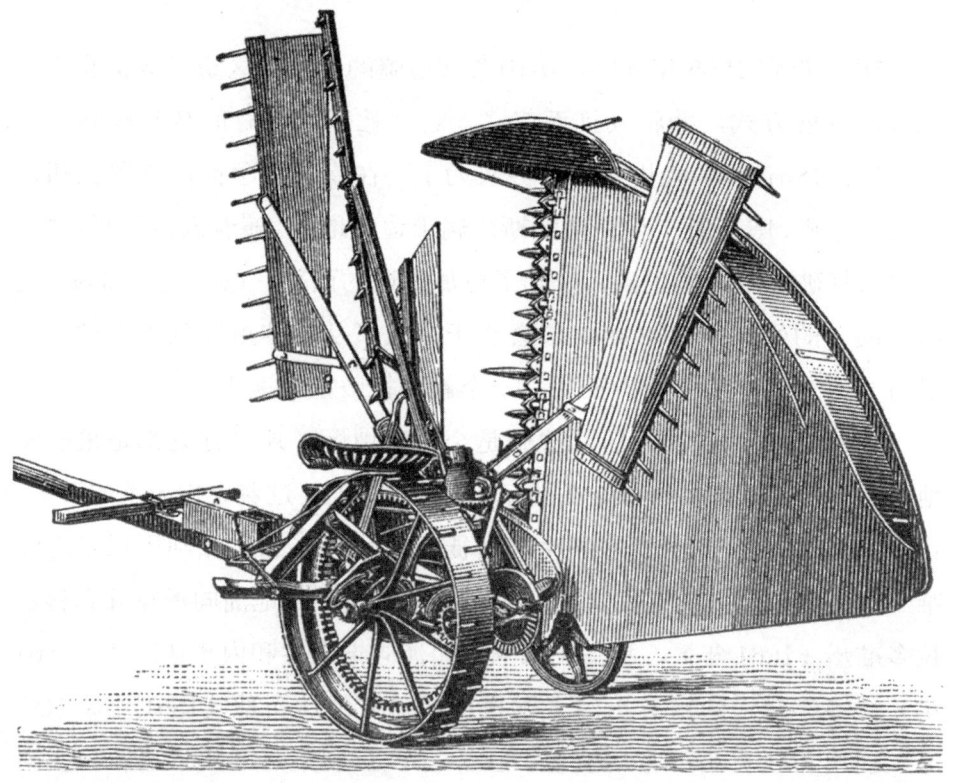

麦考密克收割机

---

① 又称《西北法令》。——译者注

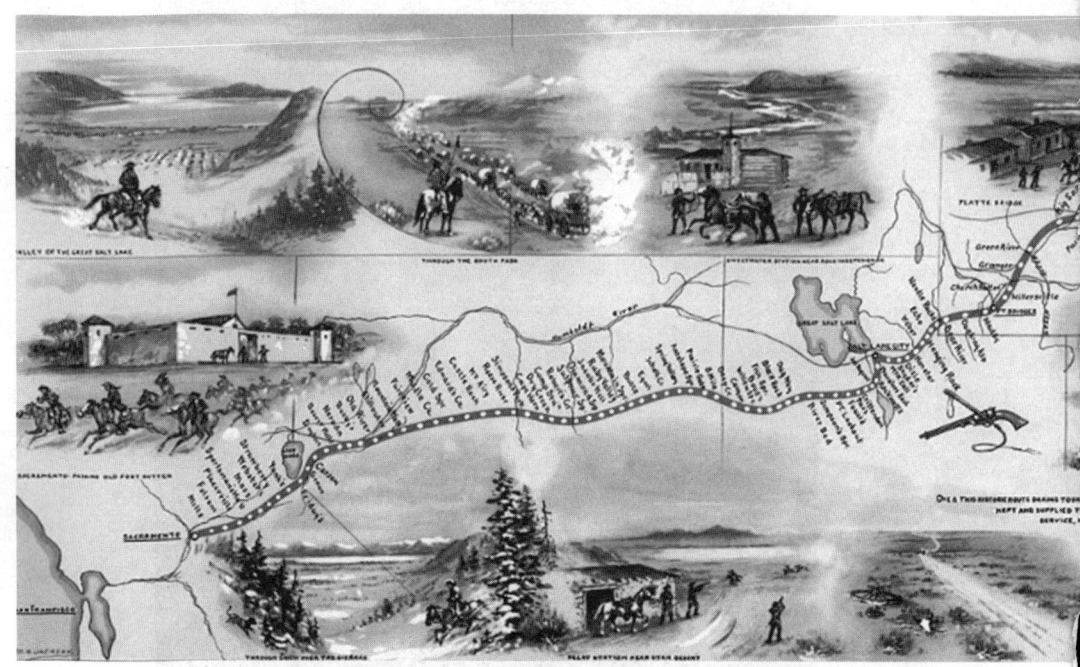

1862年夏，美国政府授权一大批铁路公司修建从密苏里河到加利福尼亚州的铁路（该铁路段已经从美国东部修至圣约瑟夫）。为获得更全面的政府支持，1864年，美国通过了《太平洋铁路法案》的修正案。该修正案规定，每铺设一英里的铁路，政府赠予二十平方英里的土地以及至少每英里1.6万美元的美国公债贷款。西部几乎没有什么资金，而繁荣的东部有更好的投资项目，结果该铁路项目难以找到资金支持。在说服东部投资者们相信横贯大陆铁路可以带来回报之前，西部开发者们四处碰壁，在得到与失去之间备受煎熬。直到1866年，这项铁路工程才算真正开始。

1866年到1869年，联合太平洋铁路工程开展的如火如荼。从康瑟尔布拉夫斯到萨克拉门托，联合太平洋铁路跨越了辽阔的平原、沙漠和高山。在铁路的西端，利兰·斯坦福和加利福尼亚州一批追随他的理想

托马斯·哈特·本顿

为擅自非法占有国家土地。后来，国会终于开始考虑开荒者的利益而修订法律。这一进程来之不易。在《宅地法》以及当时仍具效力的《优先购买权法》的影响下，在印第安人被驱逐之后，土地业权在山地各州迅速确立。

矿工们不甘过与世隔绝的生活。地处边疆矿业地区的人极力呼吁国会大量拨地，驱逐印第安人，增强治安保护，通邮并修建铁路。国会开始加大力度解决问题。1858年，国会创立的陆路邮递二十五天内就能通过公共马车将信件送至加利福尼亚州。1860年到1861年期间，驿马快信提供了更加快捷的邮递服务。在私人出资建立通向太平洋沿岸的电报线路后，国会和西部开始着手横贯大陆铁路项目。

第 2 章　西部与绿背纸币

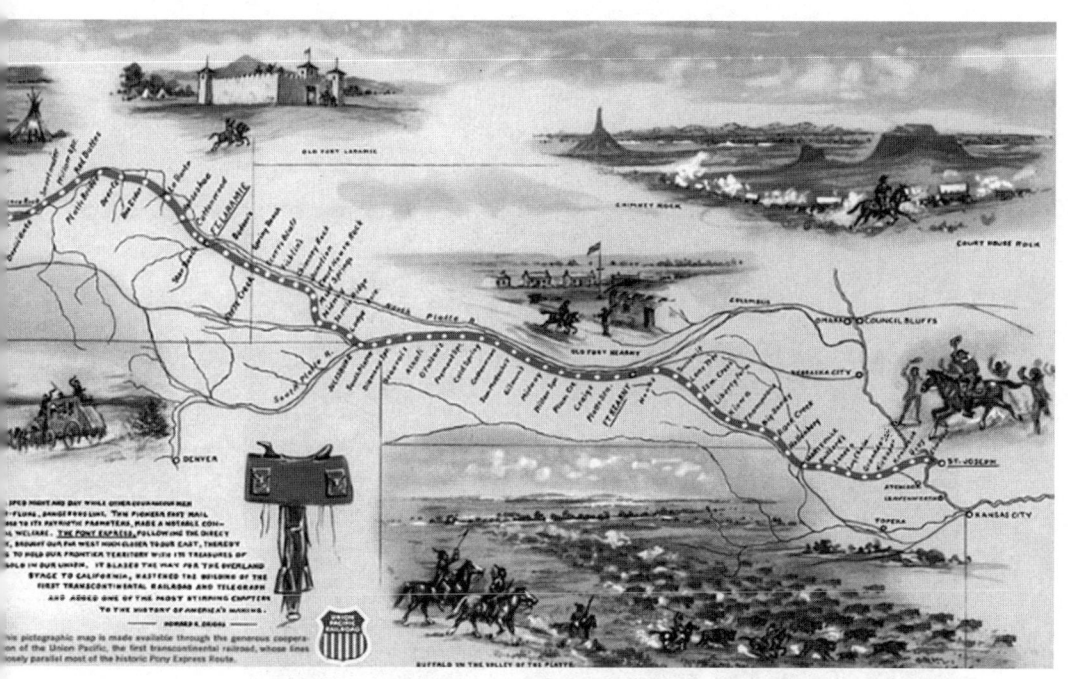

美国驿马快信

主义者们共同承担了这项任务。铁路东端并没有出现一位促进铁路发展的领袖人物。铁路的两端都需要面对修建铁路所需的木料、石料和钢铁供应问题，但唯独不担心劳力问题。利兰·斯坦福从中国找来苦力承担这项工作。南北战争的老兵们和新移民们则承担了东端的大部分工作。随着东端工程的不断推进，印第安部落也开始眼红。波尼族人、苏族人、阿拉巴霍人和夏延人从新修建的铁路中意识到荒野部落生活已经走到尽头。

伴随着铁路建设而来的还有惨烈的印第安人暴动。印第安部落在怀俄明、科罗拉多和印第安领地作了最后的抵抗。在铁路建成之前，平原上的部落就已经被控制在南达科他和印第安领地的大型集中营里了。这意味着印第安人暴动最惨烈的那段历史已经结束。

1869 年春，第一条横贯大陆的铁路竣工，一个盛大的庆祝仪式在犹他准州的奥格登附近举行。工程各处的最后一个步骤都被赋予国家

印第安波尼族人

美军镇压印第安人暴动

意义，不仅因为国会提供了援助，还因为用铁路将两个大洋连接起来是美国人民的共同愿景。随着铁路工程的完工，国内要面对的问题从令人兴奋的工程和财政风险转移到枯燥乏味的账单支付上，公众热情也自然而然随之减退。

联合太平洋铁路是 19 世纪 60 年代最长的铁路，广受关注。从经济学上来讲，这只不过是北方投机商业扩大化的一个典型。它始于南北战争，并由此发展壮大。正如每次恐慌过后的经历一样，美国开始进入充满希望的发展期。1861 年左右，经过几年的萧条与停滞，美国商业得到了恢复。美国的信用度提升，贷款更加自由。资本再次打开雷达，搜索着收益丰厚的投资项目。在新开发的地区，随着基础设施的不断建设，可开发的领域潜力巨大。在整个西部开发运动达到了高潮。

联合太平洋铁路竣工，工人举行庆祝活动

第 2 章　西部与绿背纸币

就像美国西进运动的每个阶段都会出现的情况那样，西部陷入了沉重的债务之中，渐渐地，负债超过了资产。借款解决了移民的大部分费用。最初，西部的开荒者们并没有种植庄稼，只是靠着积蓄和借款度日。他们向当地的商人、银行和新铁路公司竭尽所能地借款。以前必须住在老区以利用积累资产创造盈余用于投资的债权人，现在移居到美国东部甚至是欧洲。殖民与发展提供的必要条件为地区之间新的商业利益联合铺平了道路。远西地区和西北部地区为债务人的利益发声，而东部则代表债权人的利益。自美国财政部在财政重建的过程中启用绿背纸币之后，这种分裂就越发明显了。

1865 年，流通中的法定货币绿背纸币一度达到 4.33 亿美元，不仅构成了战争债务的一部分，还成为现金流通的基础。在战争期间的绝大部分时间里，这些绿背纸币与州立银行发行的纸币、地方代用货币以及美国的辅助货币或"乱发纸币"共同构成了美国的货币系统。1862 年

西部开荒者和他们简陋的家

美国政府禁止铸币流通,只有在合同规定的情况下才能以金银兑付。1863年,萨蒙·波特兰·蔡斯部长开创了国家银行制度以统一流通中的货币,并以美国公债债券作担保,但该制度直到1865年州立银行纸币退出流通才得以实现。之后,国家银行大量出现,并发行纸币替代了州立银行不稳定的纸币,取得了与绿背纸币同样好的效果。1865年,所有纸币均低于票面价值,黄金短缺并一度退出流通,这一情况一直持续到1878年底。

绿背纸币的贬值反映出人们对南北战争结果的普遍疑虑。自从绿背纸币的购买价值低于一百美分金币价值的标准之后,那些将绿背纸币作为美元接收的人备受其苦。当时,因战争而陷入绝望的联邦政府强迫债权人依照票面价值接受绿背纸币。这显然有失公正,但政府这么做也属无奈之举。后来,绿背纸币迅速恢复到票面价值,财政部立刻意识到和平即将到来。

在1865年任财政部长之前,印第安纳州的休·麦卡洛克是一位经验丰富的银行家。他提议,如果允许,减少包括绿背纸币在内的所有战时债务为低利率的长期债券,并创建偿债基金以便在债券到期时予以兑付。措施包括撤回流通中的绿背纸币并销毁用于商业往来的绿背纸币。国会批准了这个方案,于是休·麦卡洛克开始逐月撤回绿背纸币,直到1868年2月,绿背纸币总量降至3.56亿美元。

然而,撤回法定货币的措施没实施多久,西部的抗议者们就冲着财政部和国会来了。表现活跃的绿背纸币是当时美国商业唯一可用的货币,但如贬值货币一样糟糕。如果绿背纸币退出流通,美国还没有任何货币能替代它,除非铸币恢复流通。在商业上升期,货币数量每减少一美元都会使其活跃度进一步增强,带来更大的市场价值。货币升值,所有以货币衡量的商品价格必然下降。出现物价下降的西部认为这是一场金融灾难。因此,人们有理由相信恢复硬币支付意味着商

第 2 章　西部与绿背纸币

休·麦卡洛克

品价格下降,财政部也不得不在强加于民的贬值货币的各种弊端之间做出艰难选择。

东部的债权人得意地将预期的增长视为美元的购买价值。他们的自私自利与健全的金融原理协调一致。对于西部的债务人,这个过程却大相径庭。他们被局部利益蒙蔽,忽视了美国的债务问题。

货币开始贬值后,西部的大繁荣局面随之开启。绝大多数的西部债务,不管是建立在殖民者的农田、商人的股票还是实业公司的债券之上,均由贬值绿背纸币对应价值的法定货币美元创建。所以任何绿背纸币增值的可能必定会增加债务的内在价值。如果"美元"在价值六十美分黄金的时候借出,由价值八十美分或更多黄金的"美元"偿还,债务人偿还的要比最初的借款多三分之一。然而,他们对政府信用并不抱希望,因而忽略了自己的损失。令他们不满的不仅是实际货币量的减少,还有增值的那部分金额。

休·麦卡洛克受过专门的财政培训,时刻准备着为了国家的偿付能力而牺牲债务人的利益——而且的确,这两者中总有一方需要低头。国会感到了来自西部的强大压力,特别是在南北战争期间工业体系得到重组的西北部地区,从匹兹堡到芝加哥。1868年2月,法律禁止继续撤回绿背纸币,流通中的绿背纸币总额达到3.56亿美元。战争带来的通货膨胀在和平时期得到合法化。最高法院最终对此做出了规定①,不管是在战争时期还是和平时期,法定货币都由国会的自由裁量权来决定。

1868年,正如其他地区一样,西部地区陷入债务危机。就像其他债务方一样,西部倾向于通货膨胀理论,希望通过政治途径来纠正不公。

19世纪60年代的匹兹堡

---

① 在诺克斯诉李以及朱利亚德诉格林曼的案子中。——原注

第 2 章　西部与绿背纸币

1786 年，马萨诸塞和康涅狄格的农民们就曾为此追随丹尼尔·谢斯。第二合众国银行在强迫俄亥俄州和肯塔基州的银行偿还债务时，遭到强烈抵抗。而现在，西北部采纳了政客们的建议，认为发行更多的绿背纸币会彻底解决他们的问题。

绿背纸币运动的支持者们极力主张保留法定货币作为货币基础，而且所有"合法货币"形式的应付债券和利息应以纸币偿付。因此，他们希望增加绿背纸币的流通量，从而够避免物价下降抑或是给负债者增加压力。全国各地负债累累的债务人都接受该主张。俄亥俄州的乔治·亨特·彭德尔顿更是成为该主张最著名的代言人，该主张也受到了如泰迪尔斯·史蒂文斯和本杰明·富兰克林·巴特勒的支持。1868 年，乔治·亨特·彭德尔顿更是凭借此主张获得民主党总统候选人的提名。

1868 年 7 月 4 日，民主党全国代表大会在纽约市坦慕尼协会①总部坦慕尼厅举行。乔治·亨特·彭德尔顿的支持者在会上提出自己的"俄亥俄倡议"②，但该倡议受到仍然觊觎总统之位的首席法官萨蒙·波特兰·蔡斯以及民主党战时纽约州长霍拉肖·西摩相似观点的挑战。《哈珀周刊》社论发表评论道："1864 年，民主党代表大会发表反战言论。忠于联邦的人们鄙视这种言论并努力争取无条件胜利。1868 年，民主党代表大会主张拒付战时债务。该言论同样遭到高尚人士的唾弃。"在第二十二轮投票中，霍拉肖·西摩战胜乔治·亨特·彭德尔顿得到提名，小弗朗西斯·普雷斯顿·布莱尔得到副总统候选人提名。虽然霍拉肖·西摩明确否认"俄亥俄倡议"，但"俄亥俄倡议"还是体现在了民主党的政纲之中。

---

① 坦慕尼协会是纽约民主党中央组织成立 1789 年。因其总部所在地"坦慕尼厅"而得名，后成为"腐败城市政治"的代名词。——译者注
② 1868 年美国总统大选期间，主张以绿背纸币代替黄金偿付内战债券的倡议，受到中西部穷人的欢迎。也称"俄亥俄观点"。——译者注

乔治·亨特·彭德尔顿（右）与麦克莱伦（左）的竞选海报

小弗朗西斯·普雷斯顿·布莱尔

民主党对东部普遍否认的事情做出了承诺,所以在竞选活动一开始就遭到了强烈的反对。不但他们的对手指责霍拉肖·西摩是铜头蛇,民主党还公开表示受到了韦德·汉普顿和"参会的上百名其他叛军官员"的恐吓。针对民主党的指控已经包括"叛国罪"和不忠罪了,经过共和党的修改又增加了拒付的罪名,当然,共和党的真实意图是要秘密地让尤里西斯·辛普森·格兰特获得更多支持。

1864年,共和党被迫伪装成"联邦党"。接下来的四年中,它将为此付出代价。林肯总统遇刺身亡后,田纳西州的民主党人安德鲁·约翰逊宣誓继任总统。将民主党和共和党作为联邦主义者联合在一起的纽带在罗伯特·爱德华·李投降之后瓦解。安德鲁·约翰逊总统终于可以追寻他最初的想法——做一个坚定的重建者。在国会召开1865年至1866年的会议之前,他的政策使他与共和党激进派渐行渐远。1866年,该政策导致他与共和党发生直接冲突。

安德鲁·约翰逊总统和共和党领导人之间的冲突起因于他关于美军控制下南方战败各州权利的政见。与林肯的想法一致,安德鲁·约翰逊

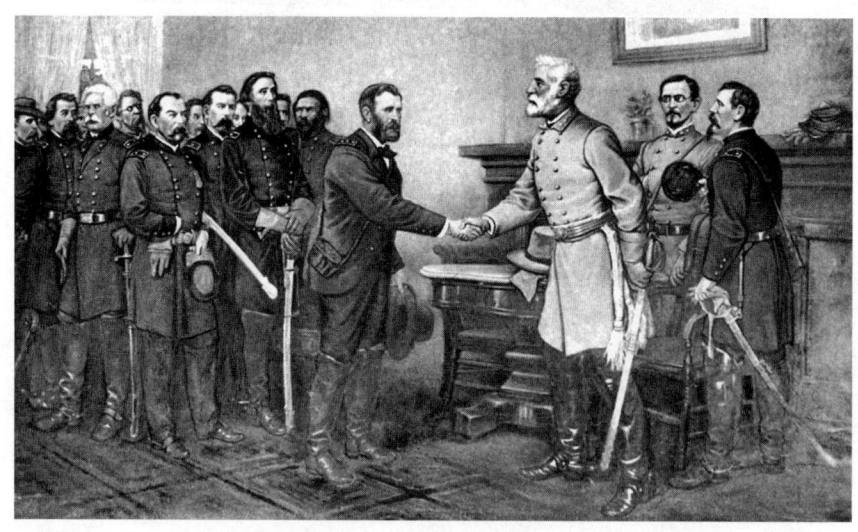

尤里西斯·辛普森·格兰特接受罗伯特·爱德华·李投降

第 2 章　西部与绿背纸币

总统认为纵使这些州曾一度陷入混乱局面，但仍然应保持其州的属性，只不过现在它们属于联邦了。作为总统，他虽然有暴力执行法律法规的权力，但希望自己成为该时代不再依靠暴力执法的第一人。秉承这一思想，1865 年 5 月，安德鲁·约翰逊大赦邦联诸多将领。接着，他大赦各临时政府，制订并公布相关规则以供战败南方各州修订其宪法，重建有序并忠于联邦的州政府。在国会阻挠这一政策之前，他完成了对最后十一个州的整顿。

安德鲁·约翰逊总统和共和党同事之间的分歧在于南方选民身份的恢复问题。在脱离联邦时，南方绝大多数州的白人群体受到了影响。在战争期间，没有任何一个南方联邦派系始终忠于联邦。南方将领得到了联邦

美国第 17 任总统安德鲁·约翰逊

政府的赦免，其身份也全面恢复，并作为民主党成员重回国会，被赋予了更大的权力。《第十三条修正案》废除了奴隶制，将南方黑人代表的名额比例从原来的五分之三提升至与白人同等水平。每个州都可以产生比战前更多的众议员。在北方民主党的帮助下，南方控制国会并非不可能。

在北方共和党看来，战败的南方将领非但不受罚反而要奖赏的主张，以及任何可能让1864年林肯总统领导联邦人民击败的政党东山再起的重建政策都是不合理的。被竞选成功带来的种种好处所吸引的政客们一想到会失去这些好处就愤怒起来。无私的北方人为了维护联邦统一牺牲了太多。他们认为，现在立即把联邦拱手让于民主党温和派与之前的"叛乱者"风险太大。这是安德鲁·约翰逊总统的计划，由共和党激进派操控的国会开始着手阻止这件事。

虽然作为总统的安德鲁·约翰逊总统掌控着任免权，但如果不是出于道德考虑，国会有权限制他对其职权的使用。任何任命必须得到共和

《任职期限法案》辩论现场

第 2 章　西部与绿背纸币

党控制的参议院的批准。1867 年，国会制定法律，规定免职同样需要得到参议院的首肯，而《任职期限法案》将此争议推向高潮。比共有权力更重要的是各议院对其成员的"选举、当选和任职资格"做出评判的专有权。南方的参议员们和众议员们脱离国会已久，没有获得两个议院的认可，也没有任何权力可言。安德鲁·约翰逊总统身边有一部分顾问强烈认为包括预先安排的十一个州成员在内的国会只是个"残余组织"，并且没有任何权力，但他们没有影响投票中大多数人的选择，也没有影响到安德鲁·约翰逊总统法案的颁布。

在第三十九届国会（1865—1866）中，参议院有查尔斯·萨姆纳，众议院有泰迪尔斯·史蒂文斯。对该届国会成员来说，如何将党派联合在一起以阻止安德鲁·约翰逊总统的计划是个重要问题。在众议院，因

查尔斯·萨姆纳（左）与亨利·沃兹沃思·朗费罗

为共和党占绝大多数席位，问题变得简单了。在参议院，虽然共和党没有那么多席位，但可以通过罢免一个来自新泽西州的民主党参议员将人数控制在三分之二。这样一来，无论是参议院还是众议院就都能公然对抗安德鲁·约翰逊总统了，并且可以不顾他的否决通过一系列议案。从否决设置被解放黑奴事务管理局和《民权法案》开始，安德鲁·约翰逊总统否决了一系列国会议案。然而，三分之二的投票结果迫使总统接受以上两个议案以及一系列重要的重建法案。

目前，基于法理与诚信的分歧着实令人尴尬。共和党激进派的猛烈攻击加之安德鲁·约翰逊总统的过度反击使局面变得不堪。1866年，国会将《第十四条修正案》提交给各州批准。1867年，国会通过一系列法案用于在军方控制下实施重建计划，否决了安德鲁·约翰逊总统撤免官员的议案。

安德鲁·约翰逊总统最终以自己的能力获得了党派之争的胜利。他虽然往往在言语上十分极端，但执行国会通过的各项法案不遗余力，就好像执行的是他自己制订的法案一样。到目前为止，当重建事宜与《宪法》条款相抵触时，安德鲁·约翰逊总统有优先决定权。事实上，《宪法》无法超越逻辑并预见不可控因素，在这样的情况下，在国会两院均占有三分之二席位的共和党激进派则有权做出决定。作为总统，安德鲁·约翰逊勤勤恳恳、兢兢业业，几乎无懈可击，没有给对手留下任何把柄。1866年，对手已经虽然开始着手弹劾安德鲁·约翰逊总统，却一直找不到任何依据。

《任职期限法案》变成弹劾的导火索。司法部长提出该法案违反《宪法》。于是，安德鲁·约翰逊总统就撤免了促成该法案通过的埃德温·麦克马斯特斯·斯坦顿。这一行为导致他与在战场上指挥军队作战的尤里西斯·辛普森·格兰特决裂，给了国会弹劾他的机会。1868年2月，众议员投票弹劾安德鲁·约翰逊总统。

安德鲁·约翰逊遭弹劾

新美国：从门罗主义、泛美主义到西奥多·罗斯福新国家主义的蜕变

在参议院，对安德鲁·约翰逊总统的审查从1868年4月一直拖到了1868年5月。弹劾的内容冗长，言之凿凿地详细描述了总统的种种罪状，但只有违反《任职期限法案》这一条适用于埃德温·麦克马斯特斯·斯坦顿的案子，该法案违反宪法的真相也由此得以进一步明确。另外，该法案制订得过于草率，并没有将此案涉及的情况包括进去。事实上，这是安德鲁·约翰逊总统接受审查的策略，这些证据不足以说服三分之二的参议员判他重罪或是轻罪。1868年5月中旬，安德鲁·约翰逊总统被无罪释放，共和党便开始把更多的精力放在了挑选他的继任者上。

在与安德鲁·约翰逊总统斗争的过程中，共和党的路线得到了进一步明确。每个渴望提名的联邦主义者都支持国会的重建计划，没有哪个议题能与重建计划相提并论。在一条政治纲领中，绿背纸币运动遭到谴责，其重要性仅次于重建计划。该条目称"任何形式的否决都是国家级

《任职期限法案》辩论期间《哈珀每周》的社论漫画：战争部长斯坦顿举着火把准备点燃标有"国会"的大炮，他攻击的目标为安德鲁·约翰逊，发射的是名为"正义"的炮弹

第2章 西部与绿背纸币

的犯罪"。在芝加哥召开的代表大会上,尤里西斯·辛普森·格兰特成为最合适的总统人选。

几乎没有人能像尤里西斯·辛普森·格兰特那样从默默无闻到声名鹊起,一切都那么实至名归。1861年,他还是一名退役军官,一个失败者。1863年,他已经成为攻克多纳尔森堡和维克斯堡的战斗英雄了,在全国威名大震。在1864年到1865年的军事行动中,正是他过人的毅力和胆识支撑着他取得了最后的胜利。1868年,作为陆军司令的尤里西斯·辛普森·格兰特,与安德鲁·约翰逊总统反目之后反而非常幸运地成为两党梦寐以求的候选人,因为他本身并没有任何政治背景。由于他与共和党领导人的关系,他在芝加哥共和党代表大会的第一轮

斯凯勒·科尔法克斯

投票中就得到了提名，而印第安纳州的斯凯勒·科尔法克斯则作为副总统得到提名。

尤里西斯·辛普森·格兰特得到提名时对安德鲁·约翰逊总统的弹劾审查已接近尾声。在宣布延期之前，国会重新接纳了几个在多数共和党人控制下恢复的南方州。田纳西州已经回归，新加入联邦的州有北卡罗来纳州、南卡罗来纳州、佐治亚州、佛罗里达州、亚拉巴马州、路易斯安那州和阿肯色州。当尤里西斯·辛普森·格兰特在11月当选并且即将在来年3月就任的时候，就只剩下三个州还处于临时管辖的状态。当他宣誓就职时，北方、南方抑或是西部，无人不为他高兴。他结束了绿背纸币危机，因而受到东部的青睐；西部则念着他在密西西比河河谷出生、长大；在南方，他代表着两袖清风的普通军官。在接纳书中，他做出一个备受欢迎的承诺："让我们共享和平。"

第 3 章 南方地方自治的恢复

1868 年投出选举票的八个南方州不再是 1860 年拥有同样名字的那八个州了，而且与三个脱离联邦的州一样，也大都在共和党激进派的掌控之下。这八个州在一定程度上得到了恢复。与此同时，伴随它们的还有社会、政治和经济生活的变革。对这一切而言，"重建"已经不是一个恰当的说法。

确切地说，之前为衡量南方独立付出的代价所做出的努力几乎都以失败告终。事实上，没有哪个计算方案能将所有损失算得清楚。至于总数，一个合理的算法是，该损失相当于一百万个青壮年男子在三年的时间里不得从事日常生产的损失。南方不光损失了生产力，还损失了大量房屋、谷仓和其他基础设施——有的被烧毁，有的因疏于管理而破败不堪。同时损失的还有作为南方财产之一的奴隶。当安德鲁·约翰逊总统颁布特赦令，联邦军队撤回北方时，南方邦联地区赤贫遍野。

1865 年春，摆在南方种植园主面前最棘手的问题是处理荒废的房屋、春播作物以及对劳动力需求。没有钱或是贷款，他们需要一个高贵的社会地位以抵挡破产的打击。密西西比河沿岸有一位声望颇高的种植园主。后来，他的女儿说道，19 世纪 70 年代，为了不让女儿们碰洗衣盆，父亲承担了各种洗洗涮涮的家务劳动。一个社会，无论男女持有这样的家务劳动观（女儿们居然让父亲这样做），说明这个社会在得以恢复之前需要学习的还有很多。在美国内战后二十年试验性建设期,同样的问题始终困扰着南方。

奴工制度一去不复返,但黑奴仍然是劳动力的主要来源。从可以找到的零星记载中不难发现,当时种植园主们当时想要雇佣解放了的黑奴来重新经营种植园。1865 年到 1866 年,他们进行了这样的尝试,但发现黑奴完全不受控制,最后以失败告终。受够了被监管的日子,黑奴们向往自由,却受制于无知和懒惰。几年后,人们逐渐意识到以前落后的种植园时代已经过去,而新的时代还远远达不到令人满意的程度。

以工资雇佣黑奴失败后,种植园主们又开始尝试将自己的部分资产租给黑奴经营。因为佃农们几乎身无分文,所以地主们还得准备大部分甚至是全部的工具和设备,结果,到处可见荒地。原来,黑奴们骑着

种植园里黑人奴隶在休息用餐

第3章　南方地方自治的恢复

骡子全国转悠，享受来之不易的自由去了。据人口普查的记录显示，劳工制度改革之后，美国南方种植园面积下降。1860年，美国农场的平均面积是一百九十九英亩，而十一个脱离州农场的平均面积从阿肯色州的两百四十五英亩，佐治亚州的四百三十英亩，到得克萨斯州的五百九十一英亩不等，均高于全国平均面积。其原因在于种植园经济制度的驱使种植园主不断扩增土地面积。1870年以及1880年的相关报告则显示出农场面积骤降的趋势。二十年间，随着集约农业的发展，全国农场平均面积从一百九十九英亩下降到一百三十四英亩，而南方下降得更快。1880年，除了两个州之外，与南北战争之前相比，整个美国农场平均面积少了一半。

被解放的黑奴们无所事事、终日游荡，成了与经济问题同等重要的社会问题。1865年，对黑奴进行重新定位是立法机构迫在眉睫的重要工作，由安德鲁·约翰逊总统重建计划认定的忠诚之士管辖。当时，有几个州通过了关于合同、学徒制和流浪的法律。在这些法律的约束下，被解放的黑奴将从事固定的工作，雇主也有惩罚他们的权利。法律代表了白人公民的意愿，认为因为奴隶主对黑奴行为的良好保证已经不存在，所以需要制订特殊条款以控制和调节黑人人口。1865年，对于还处于兴奋和紧张氛围中的北方而言，这些法律简直是要公然恢复奴隶制。北方人试图说服国会以否定安德鲁·约翰逊总统的重建计划，让共和党认为前南部邦联支持者声称的忠诚都是虚情假意——所以他们不能立即回归联邦政府或是国会。

直到1867年夏，国会才安排其他政府成员替换了安德鲁·约翰逊总统提拔的原有成员，并继续修订宪法，采纳了在1865年12月就宣布作为美国《宪法》一部分的《第十三条修正案》。1866年春，国会巩固并加强了被解放黑奴事务管理局的权力。1866年夏，《第十四条修正案》得以通过。

对涌向军队的那些贫穷而无知的黑人,被解放黑奴事务管理局自有托词。战争快结束时,被解放黑奴事务管理局得到授权,管理废弃土地资产并帮助被解放者进行农耕。被解放黑奴事务管理局做了大量的慈善和教育工作帮被解放者适应突变。在恢复和平之后的一年,若不是国会保留该局以对抗安德鲁·约翰逊总统,被解放黑奴事务管理局险被取缔。直到1872年,被解放黑奴事务管理局的成员们都处在政治斗争之中。

战败后,南方临时政府就连对激进北方人的态度都是敌对的,而白人居民几乎全是民主党的支持者。如果民权得到恢复,这些白人居民就会控制南方各州。为确保南方始终"忠于"联邦,发展南方共和党的唯

被解放黑奴事务管理局的办公人员与解放后的黑人奴隶

第3章　南方地方自治的恢复

一途径就是解放黑奴。《第十四条修正案》的制订正是为了达到这一目的。被解放黑奴事务管理局不仅需要给黑奴提供吃穿，还要给他们留下这样的印象：多亏共和党他们才能获得自由。一些人到处散布民主党意图恢复奴隶制的消息，另一些人建立起私人机构。管理黑人选举的白人们责任艰巨，也经常遭到背叛。通常来讲，他们不是当地居民，跟南方群体也没有什么利害关系，只是从中谋利而已，因而得到"提包客"①的蔑称。各准州对这样的管理者早就有所耳闻，但只有真正处于其管理之下才对它的恶处深有体会。

1867年的《重建法》要求安德鲁·约翰逊总统将南方划分成五个军事管制区，由军事长官代替所有被安德鲁·约翰逊总统复职的州官员管理。有军队作为后盾，这些军事长官的首要任务就是将所有二十一岁以上的男性公民登记入选民名单。《第十四条修正案》通过之前，国会赋予被解放黑奴在其所在州的选举权，使其进入选民之列。但所有在南方邦联各大机关供职的白人领袖都被排除在外。不管白人还是黑人，只要参加投票选举，就必须发誓坚定不移地效忠联邦。

各州依据该选民名单召开代表大会以修订宪法。在任何情况下，他们都必须修改法律，承认被解放黑奴的地位，批准《第十四条修正案》以保障黑奴的民权，并赋予黑人选举权。在军事官员的不断监督下，在上述所有事宜办理妥当之后，修订后的宪法才呈递给国会，等待最后的批准或否决。

当然，宪法条款不可能预见重建过程中可能出现的所有问题。引起战争的根本问题是任何州不得脱离联邦。如果这一点成立，所有的州就还是州，那么总统要恢复秩序并撤回军队也是合理的。但这个理论导致一个相当不合理的结果，即在绿背纸币运动威胁到公信基础的时候，立即大规模恢复曾一度有意破坏联邦统一的势力。国会佯装要重新接纳或

---

① 南北战争后利用南方局势不稳投机谋利的人，因经常手提毡制旅行袋而得名。——译者注

是恢复各州的行为却否定了它们作为州的属性,并暗示国会承认南方邦联曾一度主张的说法:联邦成员可以脱离联邦。国会的任免权将其置于完全失控的状态。当诉讼的对象是总统(密西西比州诉安德鲁·约翰逊案)或是战争部长(佐治亚州诉埃德温·麦克马斯特斯·斯坦顿案)时,所有试图诉诸法律加以干涉的努力都以失败告终。在一起个人诉讼案中,上诉人希望能减轻罪行(偏袒一方的麦卡德尔案),但这起案件最后被突然颁布的上诉法修正案规避掉了。这种情况并非预谋,美国《宪法》对此也没有应对条款。最终,对重建的评价必须基于其结果而不是合法性。如果重建给南方带来了和平,恢复了往日的繁荣,保卫了联邦的统一,且没有因为重建本身而带来新的苦难,那它的意义就是积极的,与《宪法》无关。

安德鲁·杰克逊总统认真地执行《重建法》不遗余力,1867年秋,南方代表大会召开,一直开到了冬天。在其中五个南方州,黑人在选民名单上占了大多数,而且无论哪一个州都不允许保守派控制代表团的选举。前南方领袖仍然被剥夺选举权,他们中的很多人都不相信北方会准许激进派让他们受制于无知黑人的掌控之中。结果,有大量黑人参加的南方各州代表大会或许就在白人共和党、提包客或是无赖汉的支配下进行了。被解放黑奴事务管理局的官员们积极地指挥黑人选举。被解放的黑奴们通过举行联邦联盟的秘密仪式紧密地联合在一起。只有田纳西州逃过了这场严峻的考验,该州迅速接受了《第十四条修正案》。1866年,国会没有理由不接纳它。

对1867年南方各州会议记录的分析显示出国会强加于南方政治改革的程度。当时南方的工业革命已经处于领先水平。种植园主开始把地产分成几份,并将小块土地委托给租户或佃农。这些租户或佃农被称为"分益佃农"。种植园主承担了沉重的财政负担,幸好还有精明的政府和一笔差强人意的北方商业贷款作为支持,但可能还要面临劳工和资金

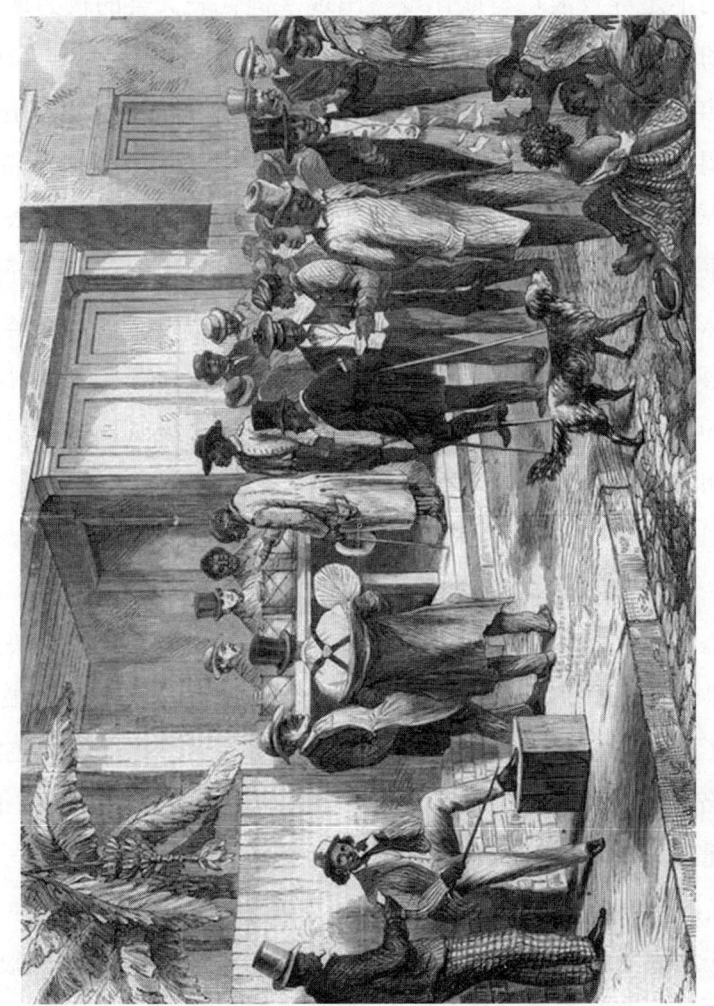

获得选举权的黑人踊跃投票

的问题。那些本来可能控制南方经济未来的人却被联邦政府当作叛徒排除在外,而他们的位置则由北方的冒险家和被解放的黑奴代替。密西西比州代表大会包括被称为"黑棕色"①的十七名黑人代表。他们在经验和能力上的不足导致浪费与欺诈现象出现,但代表大会的权力通常都高于其背后的州议会。

1868年夏,大多数州应国会要求制订新的宪法,而大部分南方地区还在绝望中沉默地观望。与战争带来的痛苦相比,南方现在痛苦更甚。因为激进派要在1868年各州的投票选举中使用新宪法,新宪法中有七部被及时采纳。亚拉巴马州是第八个采用新宪法的。不过,一开始,该州公民不认可新宪法,但国会仍然迫使该州采用新宪法进行选举。这八个州里只有佐治亚州和路易斯安那州没有投票给尤里西斯·辛普森·格兰特。1869年,尤里西斯·辛普森·格兰特就任总统时,弗吉尼亚州、密西西比州和得克萨斯州仍未被联邦接纳。

在尤里西斯·辛普森·格兰特总统的第一届国会执政期间,重建才正式完成。1870年2月,密西西比州完成重建工作。1868年,在保守派州长本杰明·格拉布·汉弗莱斯的领导下,该州鼓起勇气否决了重建宪法。他被撤职之后,其位置由一位北方州长接替。保守派因此丧失信心并接受了他们一直否认的重建宪法。这些州迟迟不接受新的宪法再一次使国家陷入尴尬境地。在此期间,国会又递交了《第十五条修正案》,并且准备重新接纳顽固反抗的州。重建的第一个成果是由共和党控制的州议会。新的州议会接受了《第十四条修正案》,并且派北方军事长官阿德尔贝特·埃姆斯和黑人传教士海勒姆·罗兹·雷威尔斯去华盛顿出任密西西比州的新参议员。

1870年1月,弗吉尼亚州回归联邦。该州原来的政府在弗朗西斯·哈里森·皮尔庞特的领导下忠于联邦,并且备受林肯总统的器重,但后来

---

① 主张白人、黑人按比例选举代表的政治团体成员。——译者注

第 3 章　南方地方自治的恢复

阿德尔贝特·埃姆斯

被军事政权取代。1867 年,因为拒绝接受《第十四条修正案》,该州失去了最后一个得到接纳的机会。在国会的操纵下,黑人激进派代表大会制定了新宪法。1870 年 1 月,黑人激进派代表大会强制公民接受了这部新宪法。1870 年,得克萨斯州处于恢复期的最后阶段,如弗吉尼亚州和密西西比州一样,重新加入联邦。自 1867 年《重建法》通过之后,加入联邦的条件变得更加繁琐、复杂。

1870 年春,南方邦联十一个州终于恢复完毕,仅剩佐治亚州在恢复之后又被驱逐出联邦,因而成为国会重建计划中的最后一个州。1868 年,佐治亚州接受了新宪法,将首府从南北战争之前的米利奇维尔迁到了建在亚特兰大城市废墟附近的新城镇。该州接受了《第十四条修正案》,

新美国：从门罗主义、泛美主义到西奥多·罗斯福新国家主义的蜕变

黑人传教士海勒姆·罗兹·雷威尔斯

但它的第一届州议会并没有完全领会国会的意图，竟然驱逐了激进派推举的所有黑人成员。国会因此拒绝在华盛顿为佐治亚州代表团设置席位，并且继续延长对它的观察期。直到该州议会战战兢兢地取消了对黑人的驱逐令，佐治亚州才最终得到了联邦的承认。

激进派不顾安德鲁·约翰逊总统的不断否决，通过了国会独断专行制定的法案。但这样的行为并不为美国《宪法》认可。在战争时期，法律的执行受到阻碍在意料之中。国会一直拖延南方的恢复期，直到大多数人都相信南方各州已经完全忠于联邦。大多数国会成员都只相信各自党派的忠诚，因而制定了一个比实际的重建政策更具争议的政策。国会逐渐动摇了。《第十三条修正案》（1865年12月18日生效）废除了

第 3 章 南方地方自治的恢复

奴隶制，这是众望所归，并不需要借助任何暴力手段来执行。下一个修正案的制定源自一种恐惧和一个希望——害怕被解放的黑奴再次受到压迫，希望他们能成为共和党的政治盟友。在《重建法》通过之前，《第十四条修正案》就已提交给各州。1868 年 7 月 28 日，《第十四条修正案》写进了美国《宪法》。但只有使用强制手段才能使其获得南方各州的接受。黑人的选举权实际掌握在各州政府手中，因为他们遭到威胁——如果不同意就减少黑人国会代表名额。国会早就在南方各州依法设置了黑人选区。《第十五条修正案》禁止各州因种族、肤色和以前遭受奴役等理由剥夺公民的投票权，这条修正案直到尤里西斯·辛普森·格兰特的就职典礼之后才得以提交给各州。这条修正案被采纳的主要原因似乎是

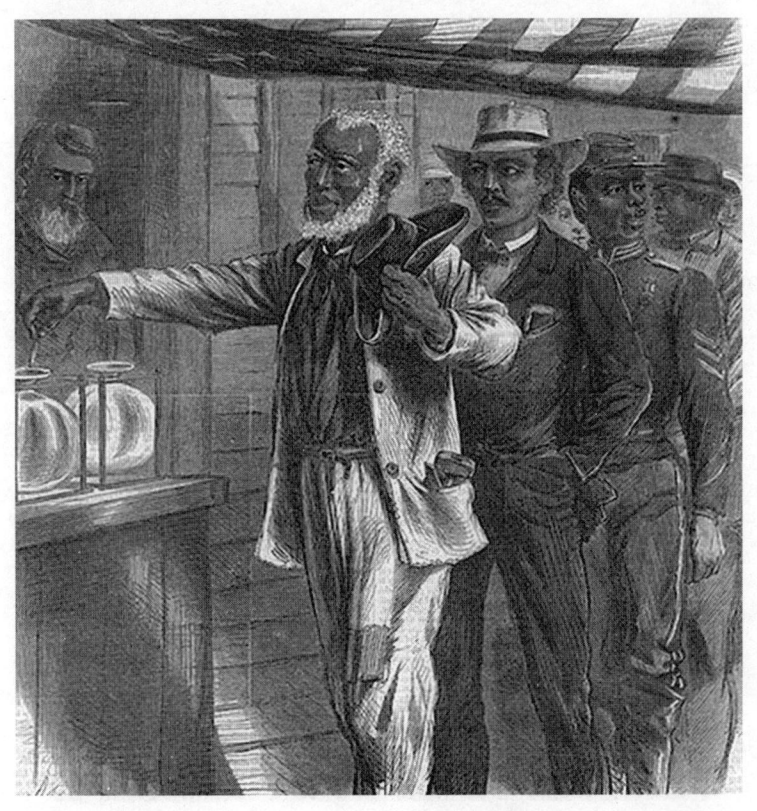

解放后的黑人与白人一起参加选举

害怕南方剥夺黑人的民权,害怕付出代价或是南方恢复到民主党的控制之下。1870年3月30日,该修正案公布时,共和党激进派开始竭尽所能地自救,并且出于恶意、无知或是误以为自己在做慈善,使战败各州遭受到在有极少黑人的北方都难以容忍的情况。

  1870年,南方在名义上完成了恢复工作,但事实上当时的南方无论是恢复还是重建的进程都离"完成"二字相差甚远。在重建的道路上,南方还未扫清奴隶制残余、解散种植园、制订新的土地占有及工资制度、重新整理因战争而荒废的材料和设备。恢复的进程只是刚刚起步而已。很难想象,这样的美国社会群体会允许自己受制于以前最看不起的那群人,但这正是剥夺白人权力并赋予黑人选举权的目的所在。不管有没有

尤里西斯·辛普森·格兰特将军

第 3 章　南方地方自治的恢复

法律，只有当各州政府重新回到可靠的白人公民控制之下时，南方的恢复事业才算完成。

1870年，南方各州政府几乎都按照国会的意愿做出改变。国会里南方各州的参议员和众议员都是共和党，也几乎都是"提包客"之流。南方各州的州长、行政官员和立法委员也都是共和党。他们中很少有人坐拥大量财产或是站在他们所属群体的立场上。如档案所记录的那样，他们大都是目不识丁的黑人。纵使所有人都心怀美好愿景，他们也几乎不会想到根据当地的需求，合理修订法律，从而使当地恢复繁荣，人民得以生存下去。因此，他们的工作不可避免地出现了失误。

根据当时在美国南方旅行的游客描述、公文、有关南方的传记和回忆录的记载，很容易找到对重建政府奢侈浪费具体细节的描述。没有人清楚政府人员实际做了哪些工作，却只见账单和工资清单源源不断地打印出来。当花销超出了财政预算，重建政府便开始肆无忌惮地贷款。对于只有几个月不在棉花田里劳动的黑人来说，纳税人可能被迫给他们使用的丝绒地毯、红木书桌和进口痰盂有着不可抗拒的诱惑力。其中一个州的议会大厦还不断提供餐饮丰盛的免费午餐。而无端的浪费只能算是南方所遭受的最小负担。

更过分的是，重建政府把自己所有的腐败行为都归因于国会政策。南北战争时期是美国历史上一个处处滥用职权的时期。威廉·马格尔·特威德的所作所为让北方人反感，讽刺漫画家托马斯·纳斯特则让公众注意到他的罪行。在其他州，与前者相比流氓没那么野蛮，与后者相比检察官没那么敏锐。恶人无法逃脱，不是因为没有人注意到而是根本无人监管。南方的情况比北方更令人深恶痛绝。在南方，这种现象更猖獗且犯罪手法更拙劣，而这都是"外来者"的杰作。

蓄意盗用公款已经不足为奇。没有哪个州的账目保存完好，让今天的学者可以确定地查到资金流向。政府官员通过签订合同贪污受贿，通

威廉·马格尔·特威德

托马斯·纳斯特

过管理学校和实施黑人援助计划欺诈造假，通过售卖执照和选票从中渔利，通过非法发行公债以及不计后果地贷款修建铁路攫取非法盈利，最终导致公债高筑。多年来，南方接二连三否认这些债务的存在，使其信用持续下降。来自缅因州的废奴主义者、共和党员詹姆斯·谢伯德·派克写了一本叫《沮丧之州》的书，对南卡罗来纳州的混乱状态做了生动的描述。同时，其他州的类似情况得到了历史学家的关注。

说到法律，南方当局对黑人占多数的地区满是无奈。应国会要求，当时仍然在值勤的卫戍部队能保障被解放黑奴的安全，却不能长久地约束白人群体。人们对到底是黑人暴力还是白人暴力先出现争论不休，1867年，局势正朝着通过暴力或欺骗来消除被黑人控制的方向发展。然而，通过法律是不能解决这个问题的，除非白人努力为黑人争取选举权，并且将黑人视为平等的公民，但通常来讲这就像是让他们接受黑人的控制一样，是不可能的。

三K党是一个秘密的恐怖组织，并没有什么集中的领导，最早出现在田纳西州，后来几乎遍及整个南方地区。该组织早期主要是为了戏弄对邻居无礼的黑人和提包客。三K党成员夜里戴着面罩，骑着马，按惯例即兴地向受害人示威，既折磨了受害人的身体也挑战着他们的想象力。该组织经常为了个人恩怨通过极端暴力手段复仇。在选举期间，三K党的暴力威胁竟然成了削弱黑人选举权简单而有效的手段。1871年，尤里西斯·辛普森·格兰特和国会都意识到需要采取特别手段来维持南方的治安了。1871年夏，国会派出委员会到南方的几个核心地区视察并收集了大量的证据、证言。从中可以清晰地看到三K党的种种暴行和重建工作的进程。从1872年开始，恐怖活动逐渐平息。三K党虽然极大地阻碍了黑人享有新的权利，但促进了南方自治运动的兴起。

常态下，南方的政治基本处于民主党控制下，这一点由边疆各州的投票结果可以看出。南方必须吸收被解放的黑奴群体参与投票，国会不

第3章 南方地方自治的恢复

美国三K党成员

能干预。1868年，特拉华州、马里兰州和肯塔基州的选票并没有投给尤里西斯·辛普森·格兰特，而南部邦联只有两个州没有把选票投给他。佐治亚州的民主党人忍气吞声，在一群黑人中间完成投票。1870年，佐治亚州选举产生了一届保守派州政府。田纳西州从一开始就逃过了黑人的控制。在看到南卡罗来纳州和密西西比州遭遇的麻烦之后，较晚为联邦重新接纳的弗吉尼亚州巩固了白人群体的地位，而且从来没有选出过一届激进派的州政府。1870年，经过一场类似南北战争的争斗后，北卡罗来纳州终于选出了一届民主党当政的州政府。南方邦联的其他州一有机会就紧随其后。1872年，州政府选举进程加速。1876年，

新美国：从门罗主义、泛美主义到西奥多·罗斯福新国家主义的蜕变

南方地区已经没有任何共和党当政的州政府了。在南方，共和党几乎一度销声匿迹。一个很大程度上由黑人操纵的光杆组织，继续享受共和党全国委员会官方授予的办公室，从而为该党派的全国代表大会贡献出一个个顺从的代表团。南方的选票几乎都投给了民主党。从这个意义上来说，南方各州更加紧密地团结在一起了。

  白人控制下的恢复工作充斥着暴力压迫和欺诈行为，但如果没有来自北方的默许，这些行为不会屡屡得逞。1872年前，北方激进派的敏锐度减弱了。经过深思熟虑的共和党人开始审视他们的工作并做出自我批评。詹姆士·拉塞尔·洛威尔在书中写道："我们不可能完成重建南方的工作，除非由南方自己的领袖来领导；我们也不会期望南方站在我们这一边，除非我们的重建工作能真正维护南方的利益。"政治独立人士对这样一个需要军队不断维持的社会秩序失去了信心。随着1872年

一个白人老妇到访黑人家庭，暗喻白人和黑人只是表面上的和平

第3章 南方地方自治的恢复

总统竞选的不断迫近,他们公开表达了对尤里西斯·辛普森·格兰特总统重建计划的不满,并威胁将阻止他再次竞选。

尤里西斯·辛普森·格兰特总统令人不满的第一个任期结束了。他任命的官员都被贴上了偏袒和无能的标签。他任命的最荒唐的官员曾代表美国在伦敦出席活动。这个人出过一本关于扑克游戏的专著,还在一家矿业公司担任领导,而被认为根本不配在政府中任要职。尤里西斯·辛普森·格兰特总统的亲信还包括很多狡诈的金融家。南方的腐败和管理不当实际上都源于对尤里西斯·辛普森·格兰特总统的反对情绪,虽然国会恰当地将一切责任都揽了过来。只有看在他对诚信金融的支持、为改善印第安人的基础设施和为解决与英国的争端而付出努力的份上,总统的支持者们才感到荣耀。

与英国达成和解是尤里西斯·辛普森·格兰特总统的最大政绩。1862年夏,当"亚拉巴马"号逃脱了英国官员的管辖出海作乱后,美国驻伦敦大使便坚持要求英国对联邦遭受的一切损失做出赔偿。索赔要求的提出主要是表达对英国的抗议,即英国作为中立国应该遵守中立原则,阻止一切对美国有敌意的军舰在其管辖的海域出海巡航。面对英国官员的断然拒绝和冷嘲热讽,驻英公使查尔斯·弗朗西斯·亚当斯立即起草了索赔要求。他的继任者雷弗迪·约翰逊提出了一种解决方案,但遭到参议院的否决和外交关系委员会主席查尔斯·萨姆纳的抨击。查尔斯·萨姆纳认为美国南北战争由于英国的介入而延长,所以英国对美国遭受损失的赔偿[①]理应增加。1869年到1870年,国际局势变得紧张起来,处于和平状态的美国盟国也都惊恐万分。边界争端、渔业争端以及英美两国在索赔问题上的分歧都加剧了这种紧张局势。1870年,英美两国匆忙召集高级联合委员会在华盛顿召开会议集中解决这些争议,并达成

[①] 约二十亿美元或者用包括加拿大在内的全部北美属地作为替代。——译者注

詹姆士·拉塞尔·洛威尔

总统任上的尤里西斯·辛普森·格兰特

了《华盛顿条约》。在随后的仲裁中,美国获得了成功,虽然查尔斯·萨姆纳的极端观点遭到否定,但美国主要的索赔要求得到了支持。英美关系空前稳定。这是尤里西斯·辛普森·格兰特总统的巨大胜利,同时也对他构成了政治威胁,因为负责谈判的官员查尔斯·弗朗西斯·亚当斯有可能成为反对他的共和党自由派总统候选人。

共和党自由派包括尤里西斯·辛普森·格兰特总统的反对者,还有对其不满的各类改革家。伟大的德裔美籍独立人士卡尔·克里斯汀·舒尔茨是共和党自由派的领袖。霍勒斯·格里利和他的《纽约论坛报》为了支持共和党自由派下了不少工夫。查尔斯·弗朗西斯·亚当斯对

《华盛顿条约》美英双方代表的合影:站立者从左到右分别为滕特登勋爵、约翰·麦克唐纳和蒙塔古·伯纳德,就坐者从左到右分别为斯塔福·诺思科特、乔治·罗宾逊和爱德华·桑顿

第3章 南方地方自治的恢复

共和党自由派很是关注。萨蒙·波特兰·蔡斯想要得到共和党自由派的支持来获得提名。像怀特洛·里德和亨利·沃特森这样年轻的新闻工作者想控制共和党自由派。文官制度改革家组成队伍加入进来。他们对尤里西斯·辛普森·格兰特总统非常失望,因此寄希望于新的政党,以改进政府职能。1872年5月,共和党自由派在辛辛那提市召开大会,提名霍勒斯·格里利和格拉茨·布朗为候选人。在演讲中他们公然谴责共和党的重建计划,强烈呼吁恢复南方自治,主张文官体制改革、铸币支付以及维护公共信用。民主党从中看到了联盟的机会。1872年7月,民主党在巴尔的摩提名了同一名候选人,这样,分裂变得更加具有威胁性。

美国再没有比霍勒斯·格里利更离奇古怪的政治人物了。他是从编辑部走到政治演讲台的人。长久以来,霍勒斯·格里利致力于追求新闻自由。他有过很多主张,包括推动一些不受民众欢迎的社会改革,也曾经不断地否定自己又不断地重新回到原来的轨道。托马斯·纳斯特辛辣的讽刺漫画非常善于描绘这样的人物。没有什么能像他荒诞漫画中的对比那样强烈,竟能唤起南方政党支持那些抵制南方奴隶制的有志之士。

在费城召开的共和党代表大会再次一致提名尤里西斯·辛普森·格兰特为总统候选人,并拒绝让副总统斯凯勒·科尔法克斯连任,转而选择亨利·威尔逊为副总统候选人。1868年,共和党的政治纲领的主题全是追溯往昔的杰出成就,以及该党如何为了南北战争、南方重建和财政业绩而承担全部责任的事迹。自1860年以来,共和党首次在所有州为候选人拉票,并毫不费力地将尤里西斯·辛普森·格兰特推上总统之位。并不和谐的民主党——共和党自由派联盟也增加了共和党在竞选中的权重。从南方回来的人们证实了人们的猜测,即南方即将迎来地方自治。

四年后,南方政府完全恢复自治,不再频繁地参与国家事务,转而

卡尔·克里斯汀·舒尔茨

霍勒斯·格里利

继续重振南方经济。在战后的废墟之上，南方用了整整三十年的时间，在战后的废墟上逐步恢复人口、振兴商业。即使到了这个时候，南方也远没有将其政治归于国家统辖之下。

第 4 章 1873 年大恐慌

"西部政界不是在积累财富的过程中走向腐败的吗？"1868 年，记者埃德温·劳伦斯·戈德金在思考商业与政治的关系时曾这样深刻地批判道。他给了自己一个肯定的回答，并且发现在美国引以为傲的知识分子阶层中有着与他同样悲观想法的人不在少数。在至少十年的时间里，他们都对诚信的回归感到绝望。在牛津大学获得民法博士学位的詹姆斯·拉塞尔·洛威尔在文坛享有盛誉。1876 年末，他充满疑惑和沮丧地质疑道："道德风气败坏就是实施民主的结果吗？我们的政府是民治、民有、民享的政府吗？还是为了无赖的利益而以牺牲这些傻瓜为代价？"

他们言辞犀利，但他们的担忧不无道理。由战争英雄们执政的这些年，商业在改革中挣扎。如果他们能预见到下一代领导集体的努力，注意到政府新思路的进步、慈善事业和社会救济的不断扩大和政府对全国教育事业的投入，就不需要如此绝望。埃德温·劳伦斯·戈德金创办的《国家》杂志传播崇高理想和深刻评论，但他却不能靠着这些来维持生计。渐渐地，他心灰意冷，仅有的一块地也荒了。在那个时期，年轻的大学校长们在这样一个乱象丛生的国家甚至都找不到谋生之道。在哈佛大学，查尔斯·威廉·艾略特打破了陈旧的人才培养途径；在密歇根大学，詹姆斯·伯里尔·安吉尔证明以税款扶持的政府机构是可以维

埃德温·劳伦斯·戈德金的漫画形象

青年时期的查尔斯·威廉·艾略特

持健康、学术、非政治性的教育的；在一所新建的大学里，一个叫约翰·霍普金斯的个人捐助者让丹尼尔·科伊特·吉尔曼有机会证明，在充分民主的环境下，创新奖学金是可以充分发挥作用的。1868 年，美国基础建设的健全性正如它在 1861 年拥有的财富一样不可靠，当时，引发暴乱的表面因素暴露出美国公信力不足的一面。

尤里西斯·辛普森·格兰特总统执政期间，各种丑闻频频曝出，举国震惊，一次又一次让人们对他失去信心。他执政的第一年，杰伊·古尔德和詹姆斯·菲斯克觊觎黄金溢价并试图垄断市场，而尤里西斯·辛普森·格兰特公然与投机者交往，招致颇多指责。经过一番抵抗之后，威廉·马格尔·特威德终于遭到检举揭发，被判入狱，由此暴露出城市里官商勾结的种种丑闻实为国家耻辱。罗伯特·卡明·申克和约翰·查

尤里西斯·辛普森·格兰特与他的内阁成员

第 4 章 1873 年大恐慌

尔斯·弗里蒙特虽然没有这几位出名,但也算不上廉洁。后者被指控用莫须有的政府赠地修建铁路而在法国被捕。1864 年,约翰·查尔斯·弗里蒙特与之前的共和党组织和激进派的名誉领袖走得很近,使自己声名狼藉。在伦敦做外交大使期间,罗伯特·卡明·申克在一家矿业公司任董事。他购买股份的钱是从该计划的发起人那里借来的。后来,该公司面临破产并涉嫌欺诈,尤里西斯·辛普森·格兰特总统不得不将其召回。在看到这些人的不忠与道德的堕落之后,评论家们已经准备在重建政府发现更多官员堕落的证据。

罗伯特·卡明·申克

新美国：从门罗主义、泛美主义到西奥多·罗斯福新国家主义的蜕变

1872年竞选期间，腐败丑闻继续曝出。当时，有信件曝出国会议员收受贿赂或其等价物——成为联合太平洋铁路公司幕后股东的始末。动产信贷公司的丑闻震惊了各行各业的人，从副总统斯凯勒·科尔法克斯开始，到詹姆斯·吉莱斯皮·布莱恩、威廉·博伊德·艾里森、詹姆斯·艾伯拉姆·加菲尔德、亨利·威尔逊、鲁弗斯·道斯，还有其他一些前政府官员都榜上有名。一些人拒绝认罪并自证清白，但没有人能完全摆脱嫌疑——他们对廉洁官员的定义过低，而他们代表了当时共和党人的各个阶层。其中，在1870年，斯凯勒·科尔法克斯还曾毫无顾忌地谈起自己收到的礼物——国会议员送的马车以及快递公司送的马匹。

1872年，声名狼藉的本杰明·富兰克林·巴特勒想要成为马萨诸塞州的州长。他并没有得到共和党的提名，却能获得候选资格。这着实表明，为了达到目的，很多选民蒙蔽了自己的双眼，对其不加任何批判。

讽刺漫画：政府官员牵涉动产信贷公司的丑闻

第 4 章　1873 年大恐慌

他厚脸皮地在国会中继续任职,并提出法案,要求提升华盛顿官员的工资待遇。同时,该法案也适用于支持该议案的国会议员,并且具有追溯效力。该议案的制定者们后来回到各州向选民们解释他们在"强索工资事件"中扮演的角色。其中很多人再也没能回到国会。

在第二任期中,尤里西斯·辛普森·格兰特总统内阁成员的其他不端行为逐渐曝露。战争部长威廉·沃思·贝奈普承认了自己卖官的事实。财政部更是被曝出威士忌欺诈的丑闻,就连尤里西斯·辛普森·格兰特的私人秘书也身陷其中。众议院议长詹姆斯·吉莱斯皮·布莱恩则被曝出向一家铁路公司索贿,并承诺不会在将来运营时成为"该公司的免费乘客"。

"强索工资事件":政客们指责对方抢工资

没有什么能比对慈善家、金融家杰·库克的描述更能说明 19 世纪 60 年代美国的商业道德问题了。他毫不犹豫地向当时的政治领袖大献殷勤，可谓真挚虔诚、无私慷慨，利用自己的账目帮助他们秘密进行投机，并为政府提供官方服务。在他并不光彩的一生中，无从得知他的文官生涯在哪里终结，而他的秘密薪水又从哪里得到。杰·库克是尤里西斯·辛普森·格兰特总统的好友，也是尤里西斯·辛普森·格兰特总统子女的自由赞助人。1873 年，他的银行经营失败引发恐慌之时，他还在位于费城外的乡村别墅里款待尤里西斯·辛普森·格兰特总统。

杰·库克

第 4 章　1873 年大恐慌

国外以及美国国内金融界动荡不安了好几个月，但几乎没有人能预料到在杰·库克的银行停业后，1873 年 9 月 18 日，美国信贷全盘崩溃。因为如果这家银行倒了，其他银行也不会安全。在南北战争期间，杰·库克凭借自己的能力为美国公债找到了市场，赢得了良好的声誉。战后，他又将自己的能力和声誉带到了铁路领域。1869 年，他成为北太平洋铁路公司的财务代理。客户们因为看到该公司之前的投资项目赚了大钱而选择继续在杰·库克的指导下进行投资。他个人的追随者也有很多，并且对他充满信心，认为杰·库克的信用就像政府的信用一样可靠，因为政府债券就掌握在他手里。杰·库克垮台之后，曾经让他信心满满的北太平洋铁路公司也已严重超负荷运转。恐慌迅速蔓延，纽约证券交易所关闭了十天之久，以阻止强制抛售可能带来的毁灭性打击。四十八个小时之内就至少有三十个银行受到冲击而倒闭。位于商业中心的其他银行也紧随其后，各种交易因为银行代理的瘫痪而停滞不前。

美国各地区的恐慌程度通常并没有什么区别。在第一波危机中，银行纷纷倒闭，不能满足储户和原始债务的运转。储户们既不能拿回原有的存款，也不能通过原来的途径拿到贷款，最后只能走向破产。银行纷纷倒闭之后，铁路、房地产和工厂也相继倒闭。损失开始遍及各公司的员工、承包商及债权人。美国信用全面崩塌。投入的资金遭受部分甚至是全部损失，还有些则面临无限期的拖欠。数日之后，严重的危机终于过去了，但它带来的大萧条使美国商业陷入全面停顿之中。在很大程度上，工业进步是时代的标志，其发展是必然趋势，然而当时并没有出现什么新企业。从 1873 年到 1879 年，美国逐渐从恐慌的黑暗与脆弱中走了出来。

杰·库克的破产引发的这场恐慌带来了五年的经济疲软，其真正原因在于南北战争时期的扩张。19 世纪 60 年代，随着机器应用得越来越广泛，美国的生产力得到空前发展，在满足了人民的日常生活需要之外

纽约证券交易所外景

1873年,聚集在纽约证券交易所外等待抛售股票的人群

还有结余，可以投入基础建设事业。在美国国内创建并通过从国外贷款增加的投资项目刺激了北部和西部地区的投机行为。美国对市政建设的投资逐年增长，却没有任何收益。投资铁路收益很慢，而且若投资失误，那些资金就再无收回可能。同时，美国要面对的还有在南北战争中遭遇的损失。波士顿和芝加哥发生的严重火灾无疑雪上加霜。1870年，盈余几乎被消耗殆尽。盈余一旦耗尽，新企业的发展停滞，而首先停掉的一定是筹划不周的项目，否则会拖累其他项目。实际上，在杰·库克破产数月前，美国商业就已经接近危机边缘。北太平洋铁路公司寻找市场失败继而引发破产，陷入一场不可避免的灾难。

自南北战争以来，美国货币系统的缺陷就明显暴露了。因为美国信贷的上升、商业的发展以及绿背纸币的缓慢增值，美国货币系统增加了商业的不稳定性，加剧了恐慌的程度。1865年以后，美国商业交易的频率与总量增长得比货币流通量更快，导致货币流通量增大，更由于需求增长而导致价值上升。由于美元的购买力增加，由绿背纸币作为衡量的物价必然下降，每笔等价的债务必须要以指定数额的美元进行偿还，因而随之稳步上升。来自新农场的产品大量增长，并由新修的铁路运送到各地，为新工厂提供原材料，从而导致物价下降，即使以黄金进行交易。在这个物价下降而现金增值的时期，贫富差距进一步增大。债务人的负担越来越重，而债权人却不劳而获。以固定工资或收入为生的人在这些波动中频频受益，但对于债务人来说商业交易就变得更加困难。

1868年竞选期间，组织有序的绿背纸币运动在政治上表现突出，并且对1873年以后仍处于艰难时期的债权人形成了一种特殊的吸引力。1869年，共和党代表大会通过一条关于"加强公共信用"的决议，批准了一系列政治纲领。决议宣布"美国将以自己的信誉郑重承诺铸币或其等价物（绿背美钞）的支付"，也不会利用贬值纸币来偿清债务人的

第 4 章　1873 年大恐慌

"法定货币",即债券。所有战前或早年形成的债务遭遇贬值,后期的债务反倒获得了增值。

尽管有此保证,有本杰明·富兰克林·巴特勒作为领导,但恐慌过后,在两党之中支持绿背纸币膨胀的人更多了,他们试图让国会改变政策。在恐慌的关键时期,财政部长威廉·亚当斯·理查德修订法律,重新发行了两千六百万美元的绿背纸币,也就是曾被休·麦卡洛克撤回的绿背纸币。最终,他仍将发行的总数提高到 3.82 亿。1874 年,国会通

俄亥俄州参议员约翰·谢尔曼

过一条法案，将这个数字增加到四亿，该法案被反对者称为"通货膨胀法案"。让很多人意外的是，尤里西斯·辛普森·格兰特总统强烈否决了该法案。考虑到这种不能兑现的纸币可能带来的种种坏处，他选择坚持自己1869年的观点。当年冬，来自俄亥俄州的参议员约翰·谢尔曼力劝国会采取措施兑现尤里西斯·辛普森·格兰特总统曾经做出的承诺。1875年1月14日，财政部规定，1879年1月1日起恢复铸币支付，即用黄金赎兑绿背纸币。

最终国会没有通过绿背纸币党极力呼吁的拒付法案，但绿背纸币运动的繁荣带来一系列新的麻烦，正是这些麻烦让像埃德温·劳伦斯·戈德金和詹姆斯·拉塞尔·洛威尔这样的人陷入困境。东部人面对西部问题基本上像他们面对南方的种族问题一样一窍不通。他们倾向于将不诚信的内在原因归于通货膨胀运动，而忽略了其真正的根源——人们对经济状况的不满。格兰其运动的出现让公众对西部道德标准更加怀疑，而恐慌的出现使该运动扩大了规模，并使它的重要性得以凸显。

1873年到1874年间，美国的西北部地区突然出现一个半秘密状态并带有仪式感的社团，成员自称"美国农业保护者"，但通常人们称其为"格兰其"①。在各地的农民俱乐部和农场，格兰其社团纷纷成立。开会时，格兰其成员对政治侃侃而谈，而妻子们则负责为他们准备野餐饭菜，孩子们在门外玩耍。自1867年成立以来，这个社团只是在名义上存在，但恐慌期间却意外地满足了新的需求，发展得极其迅速，曾在一个月内拥有了超过一千个格兰其分会，直到1874年达到最高峰——两万个格兰其分会以及一百六十万会员。从理论上来讲，格兰其分会是按照其所属州来划分的，但后期统一合并为美国农业保护者协会。实际上，格兰其的活动全部在俄亥俄河北部，甚至是芝加哥的西北部一带进行。

---

① 意为"农场"。——译者注

格兰其运动的海报

格兰其运动表达了广大美国人民的共同心愿，影响了党派以及政党领袖的行为。与此同时，西北部地区——伊利诺伊州、威斯康辛州和艾奥瓦州——的议会躁动不安，对铁路和铁路管理抱有敌意。这种态度后来成为格兰其的特征之一。经人民认可，1871年至1874年期间，这几个州先后通过了一系列对铁路进行管控的法案，一开始被称为"格兰其法案"，使美国政府在很长一段时间内都受益匪浅。

在东部人看来，绿背纸币运动是恬不知耻的赖账行为。格兰其运动似乎有没收充公的意味，每个格兰其法案都规定了政府当局关于稳定铁路运价的管理办法。这两个运动都应该放到具体的环境中来考察，这样至少可以解释西部人呼吁使用绿背纸币的热情。同时，格兰其运动也表现出西部人令人刮目相看的长远眼光。

南北战争时期是美国铁路历史上一个崭新的时代。1873年恐慌之前，很少有铁路是由当地修建的，也很少有人能预见，铁路远远不只是为方便出行提供一个除公路和运河之外的选择。1837年的恐慌过后，美国工业开始复苏，所修铁路的长度与日俱增。在1857年又一次恐慌抑制商业发展之前，低洼沿海地区的铁路已完工，阿利根尼山脉被数条延伸向五大湖和密西西比河方向的铁路干线覆盖。那些年修建的铁路只是在已有铁路基础上的增补线路，如伊利运河线、俄亥俄河线和密西西比河线，除此之外并没有什么新线路。这些线路将繁荣地区连接起来。新企业的管理者们盘算着从现有的生意中获取更多利润。

19世纪60年代，美国开启了一个崭新的时代，有的是等待被征服的新土地。大型企业的老板们开始考虑利用公有土地进行发展和投资，并在他们自己一手创建的商业圈寻找新的利益。自然的水路和陆路很少能覆盖芝加哥西部地区，铁路却修到了这片新土地，除了铁路线之间的竞争，没有其他交通运输方式可以与之竞争。1857年到1873年间诞生并发展起来的社区是铁路的产物，并依附于这些铁路线。

第 4 章 1873 年大恐慌

威斯康辛州、艾奥瓦州、明尼苏达州乃至整个西部地区都不可避免地对铁路产生了依赖，而这种依赖也给这些区域的历史涂上了一层新的色彩。虽然当时还没有面面俱到的铁路服务，但铁路还是吸引着广大美国人蜂拥而至，成了大众运输的新宠，无形中给铁路公司带来了强烈的利益刺激。一旦铁路建成，各地区的民众开始在铁路上消费并出资维护，形成对铁路的依赖。这时，反对修建铁路的声音开始出现。这些铁路通常是用从东部借来的钱修建的，导致债务人和债权人站到了互相指责的对立面。

因为大托运人往往能拿到批发价，而小托运人出价最高，所以私营运输商在零散客户那里能拿到最高利润，渐渐滋生了对铁路公司的敌对情绪。受宠、歧视、回扣就是当时铁路生意的真实写照。铁路公司的经理们对这些反对的声音做出反击，并不是出于对维护统一收费的义务，而仅仅是因为他们的利益受到了威胁。

在如西北部地区这样依赖铁路的地区，很快就出现了如差别待遇或定价过高的不公平现象。东部地区因为存在线路之间的互相竞争，同时对铁路带来的利益没有那么依赖，所以这种现象并不明显。经济繁荣时，人们虽牢骚不断但也都接受了这种收费方式；经济萧条时，越来越多的绿背纸币压榨着西部的债务人。1873 年的恐慌导致美国各地商业停滞，广大农民迅速采取行动，开启了他们共同的事业。他们以格兰其组织原有的架构为基础并赋予了它新的生命。1874 年，农民通过该组织表达了自己的不满，让人们不得不注意到他们的存在。

格兰其法案试图建立一条新的法规，即鉴于铁路运营商提供服务的性质和享有的特权，铁路具有私营公共事业的性质。在很多情况下，因为经济不景气而想要责难铁路的冲动使人们忽视了这条原则，但在所有法案当中该原则显而易见。习惯法有条旧规定：船夫、面包师和旅馆老板受政府管辖，而现在铁路与这些行业划归一类了。威斯康辛州通过的《波特法》制定了一个分类价目一览表以取代该州原有的铁路价目表。伊利诺伊州成立了铁路与仓储行业委员会，负责对铁路收费定价和取消仓库租赁合同等事宜。在艾奥瓦州，最高定价由法律决定。

铁路公司并没有立刻明白新法律的真正意义，纷纷谴责这些法律没收了它们的收入，并在法庭上痛斥格兰其法案，认为该法在理论上毫无根据，且并不适用。纵使铁路公司接受调控规则，这些法律制订得漏洞百出，几乎难以实行。仅仅根据反对铁路的立场而选出来的农民立法者既不可能在立法中保持公正，也不具备专业知识。这些法律与1873年的恐慌几乎同时到来，因此其法律效果难以准确衡量。多年前，这些法律就已完成修订，但铁路公司的反对声音仍无消减。它们的争议基本上基于两点：一是政府当局调控定价的权限问题，二是州政府调控与国会管理州际贸易的权力是否兼容的问题。

1876年，铁路公司控告格兰其法案违反宪法一案从州立最高法院一直上诉到了美国最高法院。1877年春，美国最高法院对芒恩诉伊利诺伊州案做出终审判决。在这起案件中，美国最高法院意识到"控制铁路公司的实质就是在任何情况下都能调控他们的权力"，认为"当事机构（本案中的仓库）自未经允许自发成立之时，就应该服从于州议院基于公共利益的管制"。同时，美国最高法院支持《定价法案》，宣布该法案并不侵犯国会权力，并正式批准了一条新的法律条文。

格兰其案件的影响延伸并渗透到美国下一代人的生活中。政府干预的必要与日俱增，随着时间的推移，人们逐渐明白，这种控制不能由演说家或者分肥者来执行，而需要科学的策划与可持续的政策。格兰其案件给美国带来了诸多影响，进一步塑造了美国的行政方式。

格兰其运动与1873年的恐慌有着密切的关系，但不久之后，它又出现在西北部地区。作为一种政治力量，它很快就消亡了，仅留下成为纪念的调控规则。随着西北部地区逐步恢复昔日的繁荣，新的利益点相

第4章 1873年大恐慌

继出现。事实上,早在1877年,美国最高法院做出判决之时,格兰其运动的热情就已消退。

1876年,美国以一种低落暗淡的景象迎接独立后第一个世纪的终点。一方面,悲观情绪在东部精英阶层中间迅速蔓延,公共事务的各个环节都因为高官的行为而备受质疑;当时的南方通过大规模的暴力和欺诈手段争取地方自治;西部仍然处于恐慌之后的萧条之中,对金融状况已丧失信心。另一方面,费城已经在筹备美国独立的百年庆祝活动。在独立后第一个世纪结束时,美国仍然像刚刚获得独立时那样充满希望。

1876年,费城博览会的召开就是对美国独立一百年来发展历程的展示。虽然被随后的各种世界博览会赶超,费城博览会还是广泛地展示了美国的强大资源,也让人们深刻地认识到美国文明与欧洲文明的差距。国外展品首先对美国产品的丰富程度和精细程度产生了影响,随后又刺激美国向更高的艺术标准发展。在独创性方面,美国人的智慧足以应对所有竞争。但很少有美国人到国外实地考察,所以他们并不了解那些其实很廉价的生产工艺。结果,无知让美国人陷入一种未经实践证明的优越感当中。百年纪念进入倒计时,美国也开始向欧洲的更高标准努力。

1876年夏,科罗拉多作为第三十八个州加入联邦。自采矿者向着"派克峰或破产"的目标涌向堪萨斯州和内布拉斯加州平原以来,转眼十七年过去了。在采矿的间歇,他们将采矿营地变成了永久的居住地。1864年,他们得到授权将此地建为州,但他们拒绝接受这项任务,因为当时此地只有少量居民。由于印第安人战争的影响,他们几乎完全与美国隔离开来,因而恳求联合太平洋铁路公司为他们修通横贯美洲的铁路,但结果却让他们失望——铁路从夏延而不是从丹佛经过。1870年,联合太平洋铁路公司的一个分公司终于将铁路修到了丹佛。尽管后来经历了

费城世界博览会场馆全景

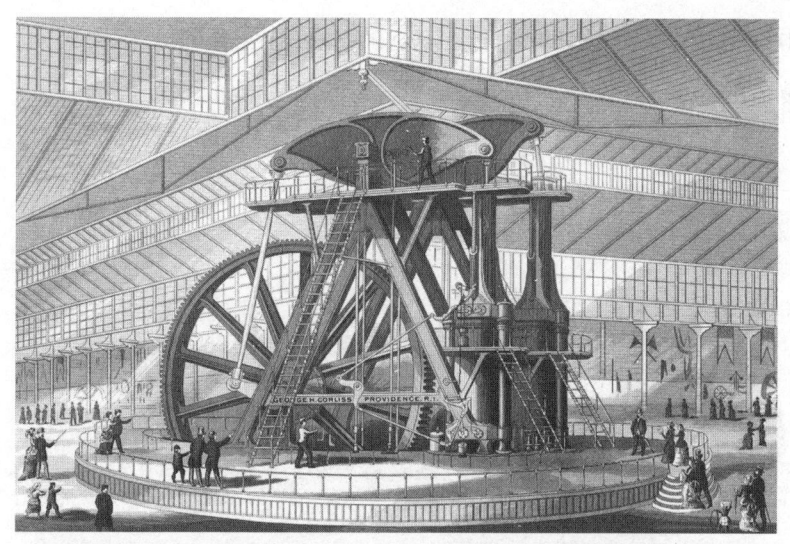

费城世界博览会展出的科利斯蒸汽机引擎（上图）
费城世界博览会展出的德国克虏伯公司生产的大炮（下图）

1873年的恐慌，科罗拉多州开始发展起来。在首次执政期间，尤里西斯·辛普森·格兰特总统就开始促成科罗拉多加入联邦，但直到1876年他才签署了接纳该州的文件。该州的加入恰逢其时，在美国有史以来麻烦最多的总统选举中，它为共和党候选人又增加了三张选票。

第5章 拉瑟福德·伯查德·海斯执政

1872年,尤里西斯·辛普森·格兰特毫不费力地再次当选,因为当时并没有什么可以煽动党派之争死灰复燃或是引发新争议的议题出现,以前的一些议题不再激烈。当得知联邦陷入危机时,人们持怀疑态度,或者干脆置之不理。还有很多人对此持否定态度,转而在1872年的选举中将选票投给霍勒斯·格里利,但他们这样选择的目的与其说是被民主党的承诺所吸引,不如说是出于对共和党执政的反感。从全局来看,选择联邦或者共和党的习惯还是保持了下来,共和党还是有众多支持者,足以保证尤里西斯·辛普森·格兰特连任,甚至有可能让未来的共和党继任者都从这种政治惯性中受益。

在第二个任期(1873—1877),尤里西斯·辛普森·格兰特总统的政绩并没有什么起色。在此期间,行政当局的丑闻不断曝光,有时甚至快要威胁到总统本人,但最后除了有损他在鉴别力方面的声誉外并没有对他造成什么实际损害。这段时间也是美国经济萧条和衰退的一个时期。美国把最好的智慧都用在了对商业、教育以及各行各业的管理上了。政治则基本留给那些之前就已经在控制它的人,也就是那些南北战争时期的杰出人士。

南北战争后,美国出现了新的政治形式,但并没有什么改进。虽然在南北战争之前,美国政治中也存在一些不良行为和过当行为,但国家领袖们都能坚持原则，没有通过奸诈的手段或者利用自身的权威去影响政府高层的决策。一个棘手的问题出现了，将其他争议一扫而光，唯独放大了一个方针——挽救联邦，并且把这个机会给了刚出现的一批具有强烈狭隘爱国主义思想的人。这一类人在重建期间占主要地位。19 世纪 60 年代，这个群体人数不断增长，主要是在战争中战功赫赫、名声大噪的人。他们利用军事上的影响进军政界，但战场上的丰功伟绩在政治上却丝毫派不上用场。

1861 年到 1876 年之间，只有少数领袖能够在政治上成熟起来，透彻地分析政治而不是南北战争中的问题。1876 年之前，这些人里最出色的几位已经离任。林肯遭到暗杀；尤里西斯·辛普森·格兰特已经连任两届总统；泰迪尔斯·史蒂文斯已不在；查尔斯·萨姆纳在临死前从其党派的荣誉榜中被除名；萨蒙·波特兰·蔡斯虽然去世时还是首席法官，但一直郁郁寡欢。如果这些人都还活着，他们一定会在政治舞台上发出光芒。但他们退出了，一大批能力在他们之下的领袖们掌控了这个舞台，这些人只懂得战争，对其他事务几乎一无所知。

尤里西斯·辛普森·格兰特总统执政期间，这些人的丑闻不断被曝出，一度影响了整个共和党组织的形象。他们提出了一个已经不存在的议题，但在这个议题还存在的时候他们也没有什么作为。还是有许多选民因为惯性而将选票投给他们。在他们手上，政府已经变成一个谋利工具，再也不值得民众信任。

就算共和党组织将这些歪曲党派形象的二流政客赶走，反对的声音也不会减弱。民主党通过暴力和欺诈手段得以在南方立足。南方的白人公民经过深思熟虑之后做出判断，他们无法容忍被黑人控制的局面，那将是一个比任何政治腐败更加糟糕的局面，因为至少腐败问题尚有解决的可能。曾在南方邦联占有重要地位的党派领袖无望成为国家领袖。北方人控告他们欺诈，仅仅因为他们威胁会做出更加过分的行为，但他们

林肯总统遭暗杀

的对手并没有认识到这一点。南方可以为民主党的选举贡献选票,但不可能贡献出领袖人选。

在北方和西部,民主党仍因为它的过去而处于劣势。19世纪60年代早期,民主党领袖还没有加入联邦党。他们被称为"铜头蛇",与前邦联支持者一样几乎销声匿迹了。其中,霍拉肖·西摩虽然反对过林肯总统,但绝对忠诚。1868年,他得到了提名,但最终竞选失败。1872年,民主党没有什么可提名的人选了,最后他们锁定了霍勒斯·格里利。就连共和党执政的众多丑闻也帮不了民主党,除非民主党出现一个没有任何不忠或者有同情南方污点的领袖,而且他必须能力够强,足以领导北方和南方的民主党组织。

由于缺乏领袖候选人,在尤里西斯·辛普森·格兰特总统的第二个任期,民主党转而关注纽约州一个致力于改革的州长,他用实际的改革

支持霍拉肖·西摩的群众走上街头庆祝他获得提名

成果挽回了党派声誉。19世纪60年代，正如那个时期的许多民主党人一样，塞缪尔·琼斯·蒂尔登鲜有成就，但这是个让他引以为傲的时代，因为他自信在他管辖内的公民能够信任他，而他也会给他们带来切实利益。塞缪尔·琼斯·蒂尔登曾是一个平民律师。1864年，他因为"战争失败论"而与其党派分裂。当坦慕尼协会在纽约市的掠夺计划启动之后，塞缪尔·琼斯·蒂尔登与它配合得相当默契。但后来，他又开始反对该组织，并通过起诉特威德集团显示出自己的本性。在党派内部，他带头要求驱除无赖政客。1874年，他当选纽约州长。作为州长，他力证政府腐败并无党派之分，又揭发了两党中的欺诈行为。这一切做得如此雷厉风行且行之有效。1876年，当民主党代表大会在圣路易斯召开的时候，他成了民主党最热门的候选人。

与塞缪尔·琼斯·蒂尔登竞争民主党提名的只有那些"受拥戴的地方候选人"。印第安纳州推选的托马斯·安德鲁斯·亨德里克斯是绿背纸币党。如果不是因为这样的身份，这个备受质疑的州可能不会被考虑。宾夕法尼亚州推选的是葛底斯堡的战斗英雄温菲尔德·斯科特·汉考克将军，他在战争中的良好战绩为民主党拉了很多选票。其他的候选人则得到了当地人的支持和一些零散的投票，将提名时间往后推延了一轮选举。在第一轮选举中塞缪尔·琼斯·蒂尔登就赢得了一半多的选票；第二轮除了赢得选举必须的三分之二选票以外他还多得了近四十票。托马斯·安德鲁斯·亨德里克斯获得了副总统候选人提名，随后，民主党便投入到改革计划中。

在民主党大会之前数周，共和党就完成了提名，由于缺乏无可争议的领袖人选，他们只好退而求其次。有六个候选人都获得过五十票，在党内只有三个派别能清楚地划分开来。美国政府试图向民众推荐尤里西斯·辛普森·格兰特继续他的第三任期，但收到的反馈显示支持者寥寥无几，反倒是多了几个新的人选——精明的纽约州领袖罗斯科·康

塞缪尔·琼斯·蒂尔登

温菲尔德·斯科特·汉考克将军

克林，以及印第安纳州战时州长奥利弗·佩里·莫顿。彻底的改革者则支持本杰明·赫尔姆·布里斯托——在威士忌酒集团欺诈案中名声大振的财政部长。最大的派别自始至终支持的都是詹姆斯·吉莱斯皮·布莱恩。

詹姆斯·吉莱斯皮·布莱恩在政治上的运气证明了一点，即一个政治家在南北战争时期所经历的千难万险能保证他在战后的领导地位。詹姆斯·吉莱斯皮·布莱恩在战争中历练成一个忠诚的激进派共和党人。他天生极富个人魅力，作为众议院议长，他尽职尽责，始终不渝地坚持

詹姆斯·吉莱斯皮·布莱恩

第 5 章　拉瑟福德·伯查德·海斯执政

着自己的原则和政治信仰。他从来都没有拥有过什么财富，总觉得有必要通过投机挣点外快以贴补家用。因此，他跟几个铁路公司的老板有了来往，渐渐地模糊了自己作为公职人员的底线，纵使当时还是 19 世纪 60 年代。在动产信贷公司丑闻曝出的那段时间，言行失检一度令他名誉扫地，也使他在 1876 年代表大会前受到一位老同僚的质疑。这是个戏剧性的场景，当詹姆斯·吉莱斯皮·布莱恩在众议院读着自己几年前写的那些令他蒙受耻辱的"附加一击"[①]的信件时，他试图做出解释，对敌人做出反击，让支持者相信自己的清白，并向所有人证明自己的勇气与坦荡。但批评者们细细地审视那些信，更加坚信就算他的这些行为不是犯罪，至少也是行为不当，况且任何一个行为欠妥的人都不应该成为总统。

尽管有这么多反对的声音，若不是因为中风导致健康问题，詹姆斯·吉莱斯皮·布莱恩还是有可能赢得提名的。他在代表大会上领跑了六轮投票，但在第七轮时，他的对手却选择了俄亥俄州最受拥戴的候选人——拉瑟福德·伯查德·海斯将军。除了他的军人出身之外，拉瑟福德·伯查德·海斯还因其州长身份留下良好记录。

无论是拉瑟福德·伯查德·海斯还是塞缪尔·琼斯·蒂尔登，都没有带来任何政治议题。他们得到提名只是因为符合候选人的条件而已，并且对于公众提出的所有问题，两党都有众多支持不同观点的选民。就连在三届竞选中都非常奏效的对忠诚和联邦的呼吁都没能刺激美国选民。詹姆斯·吉莱斯皮·布莱恩的演讲很有号召力。他将此议题重新修改并提出要赦免杰斐逊·汉弥尔顿·戴维斯，但他"挥舞着带血迹的衬衫"[②]的疯狂举动并没有唤起大众的热情。战争和重建工作都结束了，两个老党派并未意识到这一点。

---

① 高尔夫球术语。——译者注
② 指对民主党的攻击行为。——译者注

拉瑟福德・伯查德・海斯

杰斐逊·汉弥尔顿·戴维斯

在拉选票的过程中，人们对议题性质充满疑惑；同样地，在统计选票时，人们也质疑投票结果。塞缪尔·琼斯·蒂尔登比拉瑟福德·伯查德·海斯多二十五万票左右，但这并不一定意味着他就会赢得总统选举团的多数支持。来自总统选举团的三百六十九票中，塞缪尔·琼斯·蒂尔登和托马斯·安德鲁斯·亨德里克斯毫不费力地得到了一百八十四票；而拉瑟福德·伯查德·海斯和威廉·阿尔蒙·惠勒也不差，得到了一百六十六票。剩下的十九票（来自佛罗里达州、路易斯安那州和南卡罗来纳州）都受到了来自两个党派的影响，而且几乎都建立在欺诈的基

美国总统竞选海报：拉瑟福德·伯查德·海斯（左）和威廉·阿尔蒙·惠勒（右）

第5章 拉瑟福德·伯查德·海斯执政

础上。只有获得这十九票的支持，拉瑟福德·伯查德·海斯才能反败为胜。为了达到这个目的，共和党开始行动。

在总统选举团投票到计票之间的几周内，美国人对于即将到来的结果进行了激烈的辩论。根据《宪法》规定，公布选举结果时，国会应该召开两院的联席会议，并由副总统主持会议，启封各州的投票结果，方可开始计票。但《宪法》并没有规定由谁来计票，也没有规定在两个可疑的票数出现时该以哪个来计算。因为选举的结果将由对这两个问题的解答来决定，所以必须在1877年3月4日之前找到解决方案。

由于在《宪法》中并没有找到针对目前情况的规定，国会决定，成立选举委员会来承担相关工作。选举委员会包括五位参议员、五位众议员和最高法院的五位大法官共十五人。如许多历史学家一样，他们也

选举委员会重新判定总统选举结果

没能让美国人民相信到底是共和党还是民主党的选举人的说法更可靠。所谓诚实的人信仰也各不相同，委员会成员们始终坚持自己党派的主张。因为十五个成员里有八个是共和党，结果是决定性的十九票一票也没有投给塞缪尔·琼斯·蒂尔登，使拉瑟福德·伯查德·海斯的当选成为可能。

对于这个选举结果，党派之争异常激烈，本来占据优势的民主党坚称对方抢走了自己原本唾手可得的总统之位。除此之外，当拉瑟福德·伯查德·海斯宣誓就职时，他的追随者跟塞缪尔·琼斯·蒂尔登的追随者之间并没有什么清晰的界限。拉瑟福德·伯查德·海斯总统对此也很苦恼，他手里并没有一个能将自己的政党团结起来，并组成一个有力政府的纽带。

正如前任总统约翰·亚当斯、约翰·昆西·亚当斯和马丁·范布伦，拉瑟福德·伯查德·海斯总统是由于政党的精心策划（而不是凭借人民的支持）才被推上总统之位的。像他们一样，拉瑟福德·伯查德·海斯总统也不得不去对抗政党内部的派系斗争，他在行政管理上被迫走的每一步都让他狼狈不堪。一开始，他对待南方的政策就疏远了很多共和党人。

早在选举之前，拉瑟福德·伯查德·海斯就已得出结论：南方的高压政策必须解除。南方人民必须在南方的制度下充分自治，如果该制度导致他们受到侵害，也必须由他们自己承担后果。这意味着，在最后一个回归联邦的州，保障共和党政府地位的驻军必须回到民主党的管辖之下。同时，这也意味着持有南方威胁论的人以及将南方威胁论视作政治议题的人将对总统进行攻击，用埃德温·劳伦斯·戈德金的话来说就是"一群无赖控制着一个多愁善感的人"。拉瑟福德·伯查德·海斯总统一上台就开始践行他的主张，撤回军队，将南方的问题交给南方人自己解决。国会制订的政治重建计划在每一个环节都出现了问题，体现在修正案里的宪法重建是否会永久生效还有待时间的检验。

拉瑟福德·伯查德·海斯宣誓就职现场

除了抢走政客们的努力成果之外，拉瑟福德·伯查德·海斯总统还剥夺了他们的战利品。他的妻子主张禁酒，给白宫带来了美国标准中产阶级家庭的氛围。但家属的个人行为丝毫没有为他在华盛顿的受欢迎程度加分。他在政治上对各个政府机关的掌控因此受到严重影响。

1872年，虽然许多共和党自由派人士仍然对自己的党派不满，也看不到该党决心做出改变的任何希望，但他们中的大多数人还是将选票

拉瑟福德·伯查德·海斯的妻子露西·海斯

第 5 章　拉瑟福德·伯查德·海斯执政

投给了拉瑟福德·伯查德·海斯，还有一个人甚至成了新任总统的内阁成员。卡尔·克里斯汀·舒尔茨做了内政部长，第一次给政府机关带来了文官制度改革的希望。在 19 世纪 70 年代早期，国会就进行过一次相对保守的文官制度改革实验，但不久就流于形式。卡尔·克里斯汀·舒尔茨宣布将根据个人能力任用下属，后来他也这么做了。

一场有关分肥制的风暴随即朝着内政部长席卷而来，并且很快波及总统。政府各个机关不仅汇聚了很多参议员与众议员，控制着众多拥护者，同时也是将各个政党组织联系在一起的黏合剂。因为缺少共同的奋斗目标，政府机关的这种黏合力就显得尤为关键。但在这场争斗中，拉瑟福德·伯查德·海斯总统基本上是支持卡尔·克里斯汀·舒尔茨的。值得一提的是，印第安人事务局从新政策当中受益。不久，因管理不善，美军与印第安人爆发了两次激烈的冲突。在其中一场冲突中，乔治·阿姆斯特朗·卡斯特战败身亡；而在另外一场冲突中，约瑟夫酋长带领着内兹佩尔塞人在一场旷日持久的战役中牵制着正规军。在这个特殊的时期，民主党控制的众议院曾经力争提高军队经费以执行尤里西斯·辛普森·格兰特的南方政策。托马斯·纳斯特创作漫画对此进行讽刺，漫画的内容是残暴、野蛮的三 K 党与国会议员亲切握手，就一项公共政策达成一致。既然印第安人将全部领地加固作为保留地，卡尔·克里斯汀·舒尔茨和印第安事员预见到改革的必要，就借此时机重整相关事务。

拉瑟福德·伯查德·海斯总统拒绝将所有官职作为战利品送出，并开除了部分有恶性政治活动的官员。其中最典型的一个被开除的官员是纽约港海关征税官切斯特·艾伦·阿瑟。他的支持者被激怒，包括罗斯科·康克林在内，成了对这个有名无实的党派领袖攻击的主要势力。罗斯科·康克林对新政策的可操作性嘲讽道："当约翰逊博士说爱国主义是恶棍最后的避难所时，他忽略了字义演变的巨大可能性。"拉瑟福德·伯查德·海斯总统没有把这个其他总统从来没有过的理想始终如一

乔治·阿姆斯特朗·卡斯特与印第安人作战,战败身亡

约瑟夫酋长

新美国：从门罗主义、泛美主义到西奥多·罗斯福新国家主义的蜕变

地贯彻下去，失去了改革者的支持，后来那些改革者就像"坚定派"①那样强烈地抨击他。

即使有一个团结的政党能在背后支持拉瑟福德·伯查德·海斯总统，他的行政当局也几乎不可能被贴上"建设性立法"的标签。在1874年的选举中，他的党派已经失去对众议院的控制。1876年与拉瑟福德·伯查德·海斯总统一起当选的第四十五届国会和1878年第四十六届国会都由民主党控制，足以让行政当局尴尬。不满的共和党人将这个僵局直接交给总统来处理。民主党管辖下的国会审查了行政当局的管理措施，并试图提出自己与之相对的管理措施。因为拨款预算案的失败，拉瑟福德·伯查德·海斯总统不得不两度召开特别会议。在他执政的第一个冬天，反对的声音使共和党承诺的财政政策陷入危机之中。

拉瑟福德·伯查德·海斯与他的内阁成员

---

① 19世纪七八十年代的一支共和党派别，也称"司徒瓦特派"、"死硬派"、"中坚派"。——译者注

1868年左右，绿背纸币初次引发骚乱。1873年恐慌时期，绿背纸币运动爆发，到拉瑟福德·伯查德·海斯当选总统之后也并未平息。绿背纸币已失去大部分的效力，但在整个西部，在两党中间，还是有一股势力鼓励任何形式的通货膨胀。国会不断争取废除1875年的《恢复硬币支付法案》。1876年，民主党的政治纲领对其进行了抨击。随着银价突然下跌，一场白银通货膨胀运动紧跟绿背纸币运动而来。

1834年到1862年期间，美国几乎不怎么使用银币，因为十六比一的铸币比率低估了白银的价值，所以用白银铸币不太经济。1862年到1879年期间，美国不用任何铸币作为现金交易，直到恐慌发生的那一年，金银的市场价值接近于往常的平均价值。19世纪70年代，西部新开了九家银矿，导致银价下跌。铸币比率升到了十六比一以上，而从前被低估的白银一跃到了被过高估计的状态。现在，银条持有者可以按法定价格售出银条以铸为银元，但在停用白银一段时间之后，1873年，国会将银币从本位币的清单上消除。银价下跌之后，矿主们呼吁恢复硬币支付。这一主张也得到了通货膨胀论者的支持，不管是哪种货币他们都希望尽量多发行。1878年冬，在密苏里州的理查德·帕克斯·布兰德领导下，民主党控制的众议院通过了一项有关自由铸造银币①的法案，进入了共和党参议院的考虑范围。

参议院的复金本位论者约翰·谢尔曼不再反对《布兰德法案》。他成为拉瑟福德·伯查德·海斯总统的财政部部长，并以这样的身份和权力维护复金本位论，支持拉瑟福德·伯查德·海斯总统对抗分肥者。艾奥瓦州的威廉·博伊德·艾里森为《布兰德法案》增加了一条修正案，取消了该法案自由铸造银币的内容，替换为一条限制内容，即每月购买一定量的银条——从价值两百万美元到四百万美元不等——并铸为银币。

---

① 19世纪末，美国主要经济议题之一，主张以无限制地铸造银币为特征的扩张性货币政策。也称自由白银、自由银币、自由银币铸造或自由铸银。——译者注

密苏里州的理查德·帕克斯·布兰德

艾奥瓦州的威廉·博伊德·艾里森

众议院通过了这条修正案。1878年2月，拉瑟福德·伯查德·海斯总统却在对此予以否决。但到最后，该法案还是推翻了总统的否决获得通过。

美国政府对这一金融政策感到无可奈何，但没有被击垮。《恢复硬币支付法案》经受住了各种打击。随着恢复硬币支付的迫近，绿背纸币的价格反映出美国信用度的上升。这一天来得比预定的日期提前了整整两周。1879年1月1日周三，这一天终于到来了。看着经过重重打击并没有受到影响的硬币基础终于迎来转机，约翰·谢尔曼非常满意。流入国库以兑换绿背纸币的黄金比用黄金赎回的绿背纸币更多。霍勒斯·格里利的主张也许是正确的，他认为"恢复的手段就是恢复本身"，也就是说，如果人人都能得到黄金，也就没有人想要黄金了。

拉瑟福德·伯查德·海斯总统对黄金本位论以及恢复硬币支付的坚持使他失去另一个共和党派系的支持。现在，他失去了改革者、分肥者、共和党激进派和通货膨胀论者的支持，没有人指望或是相信他能再次回想起他的承诺，以在1880年再次得到提名并继任总统之位。就像其他竞选议题的崩塌一样，他的党派共和党也完全瓦解。1876年到1880年期间，共和党并没有就某一问题给公众带来任何一个特别的提案，1876年竞选时的不确定性持续增加。

两个政党都没有提出新的政策或者出现新的候选人，政府官员也都不是党派领袖。联邦对于议题的执行力下降，美国的工业、社会生活、教育以及宗教也因为政治而停滞不前。除非出现一个新的政治联盟，美国才有望继续形成竞争政府管理权的氛围。人们开始意识到，形成于南北战争之前的美国制度已经不能满足工业发展的需要，在拉瑟福德·伯查德·海斯总统执政期间，一个新的发展时期已经开始。

第 6 章 商业与政治

拉瑟福德·伯查德·海斯总统执政期间，一场商业复兴已经开始影响整个美国。罗伯特·格林·英格索尔预见到了这一点，1876 年他这样定义支持的候选人："美国共和党需要真正了解繁荣与复兴的人。如果有这样的人，他们就必须一起到来。当他们到来时，他们会手挽手走过金黄色收获的土地；手挽手经过转动的纺锤和车轮；手挽手经过灼热的炉门；手挽手经过舔着火舌的锻铁炉；手挽手经过冒着烈焰的烟囱，与那些辛苦工作的工人亲切问候与拥抱。"1878 年到 1879 年期间，在美国的各个地区和各个行业，商业恢复了往日的繁荣。制造商们开始进军西部，采矿的热潮给远西区带来了新的生命力。"格兰其"铁路修到了西北地区的麦田，在那里，就连耕地也交给强大的机器来完成，形成了一种新型高产的农耕方式。在西南部地区的平原上，畜牧区不断延伸，形成了新型的"畜牧王国"。东部的工厂区也开始发展。在这个时期，将各个地区连接起来的铁路发挥了新的作用。在接下来的十年中，美国修建的铁路长度空前。整个美国就好像是从麻醉状态中苏醒过来，测试着自己肌肉的力量，准备投入新的工作。

美国财政部默默地见证了美国在这十年中的繁荣景象。1850 年到 1860 年期间，美国的年平均支出在六千万美元以下；而 1880 年到 1890 年期间，年平均支出则在 2.44 亿美元到 2.97 亿美元不等，即使这样

新美国：从门罗主义、泛美主义到西奥多·罗斯福新国家主义的蜕变

罗伯特·格林·英格索尔

也没有达到入不敷出的地步。尽管每年消耗巨大，国家积累的盈余也足够应对政府的拮据和国会的堕落了。十年来，国库的总积累量超过十亿美元。

美国的支出上涨得比人口增长更快，虽然这是任何一个新国家都会经历的过程。1860年南北战争爆发前夕，美国人口总量为三千一百四十四万三千三百二十一；1870年增长到了三千八百五十五万八千三百七十一；1880年，这个数字则高达五千零一十五万五千七百八十三。美国居民的迁移率和活跃度增长得比人口更快，这一点从铁路的发展就可以看出——1880年，美国铁路长度增长到了战争爆发时的三倍之多（约8.7万英里）。在原来的边疆地区，人

第 6 章　商业与政治

口和铁路增长最快。无论在哪里，人口迁移都非常活跃，而且人们比以往任何时候都更能专心地审视自己，同时产生了比以往更多的内部矛盾。1878 年，莱德维尔银矿事件被视为经济冲突的某种前兆。比这起事件更早的是 1877 年发生在宾夕法尼亚州和东部地区的铁路工人大罢工。在加利福尼亚州，丹尼斯·卡尼和爱尔兰人打着"美国只属于美国人"的旗号驱赶华人。"莫利·马奎尔社"①制造的谋杀案则给那些在无烟煤矿区无法无天的人以应有的惩罚。整个东部隐约地意识到，一个自称为"劳工骑士团"的秘密社团诞生了。

当时，复杂形势、阶级利益和劳资关系问题将一些人集结在这个社团中。后来，他们占领了该地区，并且开发了大部分的自由土地。美国独立百年纪念掀起了基于爱国主义的美国历史研究热潮。出于对自我剖析的浓厚兴趣，亨利·亚当斯、詹姆斯·斯库勒、约翰·巴赫·麦克马

劳工骑士团的徽章

---

a　19 世纪 70 年代，爱尔兰移民中的一支秘密恐怖组织。——译者注

斯特等人纷纷投身于对历史事实的深入研究之中,各高等院校开始设立美国历史教授一职。詹姆斯·福特·罗兹就是其中一位,从政府机关退休之后,他就致力于著书,研究当代的美国历史。接下来的几年中,各个致力于政治经济学、政治学、社会学和历史学研究的社团如雨后春笋般冒出,其研究成果见证着美国作为新国家的存在。

在19世纪80年代之前,对于美国历史和制度的研究就开始了,还原了历史事实。事实上,研究关注的是一个基本的经济问题,以及不同视角下在十年中美国所面对的政治问题。

詹姆斯·福特·罗兹

第6章 商业与政治

到了1880年，美国已经达到能力极限，再也不能无限制地消耗产出。在独立后的第一个世纪，美国始终保持着富足的状态——足够的食物、足够的工作和自由土地——勤劳的人民从来不需要面对饥饿，虽然他们几乎不可能获取更多财富。像从前一样，人们靠自己的双手和牛马劳力来工作。后来，他们终于有了属于自己的土地——实实在在的机遇之地。在仅一代的时间里，美国人口数量就增长了一倍，同时号召欧洲所有受压迫者伸出援手改造平原和森林。美国拥有大量劳动力和机遇，很少出现生产过剩和缺乏工作机会的情况。

工业革命从各个方面改变了美国社会的性质。1857年到1873年，通信技术的发展成果第一次引起人们的关注。它开拓了待开发的领域，将肥沃的西部平原引向与中西部和东部地区的农业竞争之中，使美国的主要农作物产量因为运费的降低和产区的扩大而大幅提升。随着流通方式的发展，粮食、棉花和动物性食品比人口增长更快。农场变得越来越小，肥料的使用以及在面积较小的土地上更加精细的耕作方式进一步帮助个体农场主提高了作物产量。

机器的出现提高了劳动者的生产效率，而交通运输的发展则为他们返乡提供了更多的出行选择。在这个新的繁荣发展期，经过重组的工厂认识到，发明创造不仅可以减少对劳动力的需求，而且还能提升产量。机器可以应用于农业、钢铁、纺织、制鞋等诸多领域，使大规模的生产过程接近自动化。当蒸汽机的使用已经不能满足人们对机器灵敏度的要求时，智慧的人类又发现了电力带来的新希望。

1880年，美国生产力的发展速度已经超过人口和消费能力的增长速度。然而，美国渐渐发现将产品销售出去一年比一年困难。不难预见，如果不及时做出调整以面对新的问题，生产过剩迟早有一天会成为美国的威胁。美国的应对措施迟迟没有出台，物价开始下降了。

相关研究表明，南北战争之后，本位商品的价格有持续平稳下降的趋势。而战争期间，票面价格体现在贬值的绿背纸币上时，名义价格较常态有大幅上涨，但调整为金本位时，票面价格则并没有什么变化。战争快结束时，物价逐渐下降。1880年，人们开始注意到这种变化，而到了1890年，这一趋势逐渐为大众接受。这一趋势一直持续到1900年，黄金大量产出，银行信贷与支票广为应用，现金的流量与流通性提升，物价上涨。19世纪80年代，通货膨胀论者认为物价水平下降是由黄金增值引起的，并要求增加流通中的货币。生产过剩的出现给物价下降一个比黄金升值论更加合理的解释。下降的物价证明了生产过剩的存在，人们也因此意识到认真研究补救措施的必要。

19世纪80年代，随着时间的推进，使物价水平恢复正常以及纠正社会不正之风的解决方案越来越多。关税修订支持者称，在适当的自由贸易环境中，关税成为令人头痛的阻碍，而如果没有贸易自由，美国生产过剩的产品就不能走向国际市场。受到保护的制造商们反驳道，只有通过设定更高的关税，制造业才能得到发展，对工人的需求则可以在国内得到满足。一位西部的经济学家并不认同这两个观点。在看到逐渐消失的自由土地后，他认为应对当前形势的关键是另设一种有关土地的新税种。工人阶级一致认为，目前的问题是无限制的移民导致的。在极端理论民主主义者的眼中，原因是政府管理中的浪费和腐败现象。不断壮大的社会主义和共产主义队伍认为政府的不作为同样有不可推卸的责任。

1890年以前，美国就面对的问题及其原因进行了深入的探讨。1880年，这一讨论才刚刚开始，形势还不明朗，政治领袖们还在对官职的分肥问题争论不休。拉瑟福德·伯查德·海斯总统在一片不满声中结束了任期，功过则留给历史学家评判。与当代人对他的评价相比，历史学家的评判要柔和得多。他不是政党领袖，却进入政府执政，甚至连一个像样的议题都没有。他疏远了一个又一个的派别，而国会两院都不

第6章 商业与政治

是共和党的天下,因此他也不能出台任何建设性的法案。拉瑟福德·伯查德·海斯总统的就职典礼刚过不久,新一轮的提名竞争又开始了。

1880年春,尤里西斯·辛普森·格兰特和詹姆斯·吉莱斯皮·布莱恩是最有希望得到提名的共和党候选人。前者在以罗斯科·康克林为首的参议院中颇受欢迎,而罗斯科·康克林是被拉瑟福德·伯查德·海斯总统严惩过的人。拉瑟福德·伯查德·海斯总统反对美国官员过度参与政治,由此导致切斯特·艾伦·阿瑟和阿朗佐·巴顿·康奈尔被开除公职,也引发拉瑟福德·伯查德·海斯总统与参议院的长期争论。拉瑟福德·伯查德·海斯总统赢得了这场胜利,但被击败的领袖们又开始反对总统的南方政策。他们需要一个"强悍的"候选人让南方真正得到控制,认为尤里西斯·辛普森·格兰特是唯一强悍的领袖,并呼吁让他领导政党。1880年,尤里西斯·辛普森·格兰特如同1876年一样渴望胜利。在结束环球旅行返回美国的途中,获得了候选人资格,得到许多南北战争老兵以及对拉瑟福德·伯查德·海斯总统不满的人的支持。

詹姆斯·吉莱斯皮·布莱恩的支持者与尤里西斯·辛普森·格兰特的支持者出于同样的考虑。若不是财政部长约翰·谢尔曼的反对,他很可能就得到提名了。因为约翰·谢尔曼的支持者认为,詹姆斯·吉莱斯皮·布莱恩利用工作之便在支持硬通货的过程中收取了好处。约翰·谢尔曼的支持者中有一股特别的力量,来自一群顺从的黑人代表。他们来自共和党的南方派系,被秘密地带到了芝加哥,在帕尔默旅馆的一间套房内安顿下来,听从约翰·谢尔曼手下的指挥,成批地投票。无论是尤里西斯·辛普森·格兰特、詹姆斯·吉莱斯皮·布莱恩还是约翰·谢尔曼,都不能满足美国改革的需要,佛蒙特州的参议员乔治·富兰克林·埃德蒙兹却是个例外。

芝加哥召开的代表大会因为罗斯科·康克林想要争取统一意见和尤里西斯·辛普森·格兰特的提名而令人印象深刻。对尤里西斯·辛普森·格

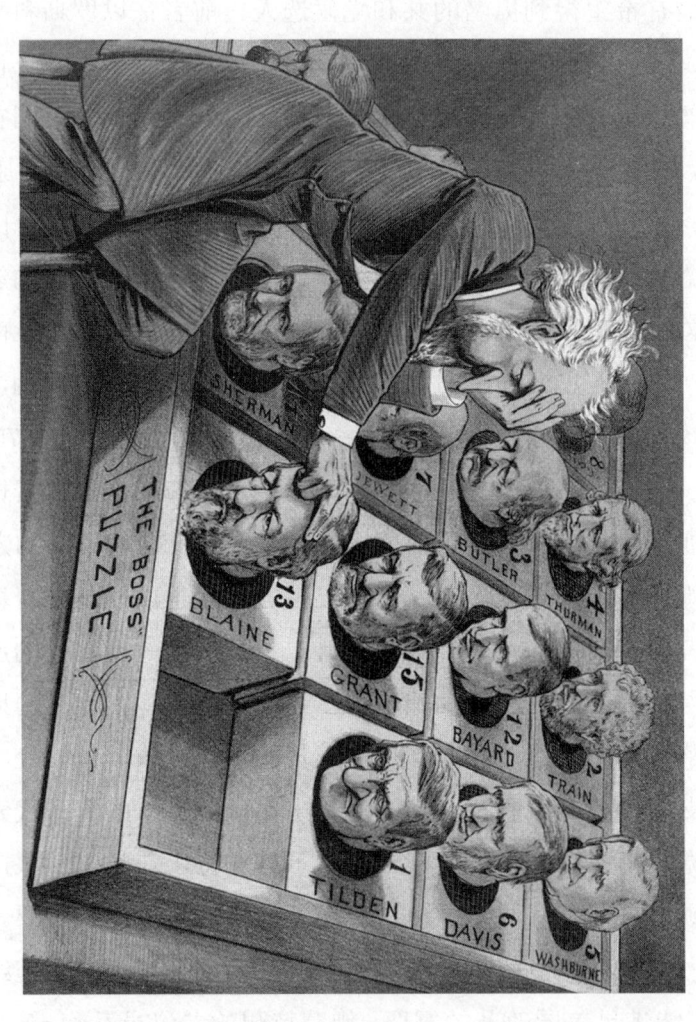

政治漫画：罗斯科·康克林在"总统难题"中寻找可能的候选人的头

讽刺尤里西斯·辛普森·格兰特提名失败的漫画:罗伯特·爱德华·李将军在阿波马托克斯向尤里西斯·辛普森·格兰特投降的再版,只不过这次投降的主角换成了尤里西斯·辛普森·格兰特,而受降者则是詹姆斯·艾伯拉姆·加菲尔德

兰特第三任期持反对意见的代表们异常坚定地支持自己的候选人。最后，因为詹姆斯·吉莱斯皮·布莱恩和约翰·谢尔曼的追随者们转而支持了后者的竞选干事詹姆斯·艾伯拉姆·加菲尔德，并在第三十六轮投票中提名他为候选人打破了这一僵局。副总统人选也锁定在罗斯科·康克林一派，最后落在切斯特·艾伦·阿瑟身上。虽然与领袖的意见不一，切斯特·艾伦·阿瑟最后还是接受了候选人的身份。为了纪念共和党曾经的荣耀，1872年和1876年的政治纲领都是"回忆与继承"，对于未来却没有什么清晰的愿景。

切斯特·艾伦·阿瑟

第6章 商业与政治

1880年,民主党并没有诞生什么新的领袖或是竞选议题,事实上,这种情况从1860年就开始了。塞缪尔·琼斯·蒂尔登很可能会被再次提名并且继续在1876年没能完成的竞选,但这时他的身体却出现了问题。因此,他不太愿意重新出山,除非民众发自内心地呼吁他参加竞选。在一片混乱之中,民主党转而支持一位自称民主党人、1876年错失提名机会的战斗英雄——温菲尔德·斯科特·汉考克将军。他从来没有积极参政过,现在却战胜了一大批当地的候选人而得到了提名。印第安纳州的威廉·海登·英格利希以富有著称,据说他已经准备在副总统的竞选中以金钱开道。

印第安纳州的威廉·海登·英格利希

1880年夏，诸位候选人拉选票的游说活动进行得如火如荼，而他们的议题大多是有关于个人的。正如1879年约翰·谢尔曼对俄亥俄州的评价，1880年，他对美国评论道："什么振兴工业、恢复和平与人民幸福，都是共和党企图控制美国的政治诡计。"三届竞选之后，保守派演讲者们对南方形势进行了认真分析。正如一首有关"年轻民主党人"的印第安韵体诗所述：

> 手持猎枪藏利刃，
> 快来看看这帮人。
> 二十四位黑人汉，
> 辛苦奔命为哪般？
> 投票选举一开场，
> 黑人兄弟莫开言。
> 野蛮行径如这般，
> 南方何日见青天？

听众们对此并没有什么反应。一位早期的政治记者回忆起竞选末期在共和党全国委员会发生的一幕，詹姆斯·吉莱斯皮·布莱恩在为詹姆斯·艾伯拉姆·加菲尔德做政治宣传时说道："你们想叠起那件带血的衬衫然后将它放在一边，这对我们来说一点用也没有。这是搁置主要议题，转为自我防守。"直到竞选接近尾声，一个真正意义上的议题才开始出现。

1860年以后，有关保护性关税的主张没有在任何竞选活动中起过重要作用。1868年和1872年，两党都期待着在和平的基础上减少税收，并且为此采取了一些温和的政治纲领。1876年，政治纲领主题更加鲜明，但并没有体现在拉票活动中游说。1880年，在一次演讲中，温菲尔德·斯

第 6 章 商业与政治

科特·汉考克被问及关税问题。这一提问纯属偶然,但作为候选人的温菲尔德·斯科特·汉考克并没有意识到这一点,因为作为正规军的指挥官,他从来没有考虑过这个问题。他闪烁其词地说关税只是一种地方性的问题,将自己的短处暴露给对手。在选举前的最后几天,他的对手将关税问题提升到了一个非常重要的位置。他们让温菲尔德·斯科特·汉考克尽显无知,也通过这样的一个计策掩盖了詹姆斯·艾伯拉姆·加菲尔德因为一封伪造的信件而暴露出的缺点。那封信的主要是揭露詹姆斯·艾伯拉姆·加菲尔德和廉价劳工以及华人移民走得很近。詹姆斯·艾伯拉姆·加菲尔德和切斯特·艾伦·阿瑟在选举中险胜温

詹姆斯·艾伯拉姆·加菲尔德

菲尔德·斯科特·汉考克。第三位候选人詹姆斯·贝尔德·韦弗带领着绿背纸币党和劳工赢得了三十万八千张选票。

1881年，若不是当选为总统，詹姆斯·艾伯拉姆·加菲尔德也许就只是俄亥俄州的一名参议员。他的一生虽然只有短短的五十年，却见证了他作为典型美国人的职业生涯。詹姆斯·艾伯拉姆·加菲尔德出生于俄亥俄州康涅狄格自然保护区的一个新英格兰移民家庭。他出身农民，却努力拼搏，一路从木头搭建的学校考进大学校园。求学期间，他还在俄亥俄运河上找到了一份拖船的工作。正是由于这样的经历，他在平民中有着很高的声望。大学毕业以后，他教过拉丁语和希腊语，进修

詹姆斯·贝尔德·韦弗

第6章 商业与政治

过法学,后来进入政界,甚至应征入伍赴过前线。1863年,已经是少将的他离开战场进入国会工作,直到1880年,入选参议院。他是约翰·谢尔曼的支持者,曾做过竞选干事。与他的支持者以及大多数俄亥俄州的共和党人的看法一致,詹姆斯·艾伯拉姆·加菲尔德认为关税是俄亥俄州走向繁荣的基础。在他竞选期间,来自克利夫兰的年轻商人马库斯·阿隆索·汉纳在当地的制造商中募集资金支持共和党候选人。他们的利益紧紧地联系在了一起。在就职演讲中,詹姆斯·艾伯拉姆·加菲尔德对于威胁到他从政的新议题只字未提,却详细地论述了法律的至高地位、南方的形势、硬通货、宗教自由和行政服务。

共和党内部出现了分歧,站到与拉瑟福德·伯查德·海斯总统对立的阵营里。詹姆斯·艾伯拉姆·加菲尔德总统想通过内阁扭转这一点,希望"有一个在背后支持他的政党"。美国国务院则转而支持他的对手

詹姆斯·艾伯拉姆·加菲尔德的就职庆祝活动

也是同盟的詹姆斯·吉莱斯皮·布莱恩。詹姆斯·吉莱斯皮·布莱恩个人的追随者比任何一个美国政治人物的追随者都多。自 1872 年退出竞选后，共和党独立派一直心怀不满，只因为宾夕法尼亚州的律师艾萨克·韦恩·麦克维晋升为司法部长而稍感欣慰。在纽约州邮政署的两个任期里，罗斯科·康克林的支持者托马斯·莱缪尔·詹姆斯表现突出，后来被任命为美国邮政总长。在财政事务方面，西部总是嫉妒东部的成就，此时因为明尼苏达州的威廉·温德姆被任命为财政部长而略感安慰。"任何一个东部人都可能因为作为'金钱之王'以及纽约州和欧洲'金本位支持者'的中介人或者工具而面临指控"。人们欣然接受了整个内阁，但内阁成员承诺的和睦很快就被打破了。

艾萨克·韦恩·麦克维

第6章 商业与政治

上任几天后,詹姆斯·艾伯拉姆·加菲尔德总统就任命詹姆斯·吉莱斯皮·布莱恩为财政部长。这对于罗斯科·康克林是一个打击。拉瑟福德·伯查德·海斯总统也曾借开除切斯特·艾伦·阿瑟和阿朗佐·巴顿·康奈尔来打击罗斯科·康克林。詹姆斯·艾伯拉姆·加菲尔德总统决定遵循自己的意愿来安排纽约税收人员的职权。罗斯科·康克林发现詹姆斯·吉莱斯皮·布莱恩插手该事件,于是转而通过参议员礼遇^①试图阻止对詹姆斯·吉莱斯皮·布莱恩的任命。当他发现自己没有办法逼迫总统后,就决定与詹姆斯·艾伯拉姆·加菲尔德总统决裂,就像当年他与拉瑟福德·伯查德·海斯总统决裂一样。这一次,他和来自纽约州的同僚托马斯·科利尔·普拉特一同辞去职务并向纽约州议院提起

托马斯·科利尔·普拉特

① 指美国总统在任命某人担任某州职务之前,需先征求该州与其同党的参议员的意见。

上诉,然后进入法庭审判。这一策略并不是毫无希望。阿朗佐·巴顿·康奈尔成了纽约州的州长。作为副总统,切斯特·艾伦·阿瑟颇有威望,离开了参议院准备再次竞选并迎接罗斯科·康克林与托马斯·科利尔·普拉特的胜利归来,因为他坚信总统的任命必须征得该州参议员的同意。纽约州议院并没有为这些殉道者洗清冤屈,准许他们回归平民生活。他们的支持者——所谓的坚定派不再支持詹姆斯·艾伯拉姆·加菲尔德总统。

作为罗斯科·康克林的追随者,托马斯·莱缪尔·詹姆斯并没有忠诚到要去步他的后尘,仍然留在了邮政署,虽然他早就发现邮政署大

托马斯·莱缪尔·詹姆斯

规模的贪污现象。邮政署需要根据邮件的运送方式对其运送路线进行归类,然后在一张总清单上用星号标记那些通过公共马车或骑手运送邮件的路线。这些路线后来被称为"星标路线"。西部民众远离铁路较远,经常需要乘坐公共马车,而星标路线的合同较为灵活,可以满足西部流动人口的需求。当所有邮递路线都在做出调整以提供更优质的服务时,邮政部门就打着这个旗号随意增加服务项目,加快邮递速度,并且在不重新签订合同的情况下擅自涨价。19世纪70年代后期,在美国西部较偏远地区,殖民的迅速增长使星标路线的费用飞涨。托马斯·莱缪尔·詹姆斯发现,除了部分涨价合法外,其他均具有勾结欺诈性质。邮政署的主管官员与自称"深谙其道"的前国会议员相互勾结,联合邮递业务承包商,将业务承包给出价低且无意中标的投标人。将业务承包出去之后,他们不考虑实际需要就提高要价。

这些不劳而获的所得很快就被狡猾的官商瓜分了,其中也有一部分后来用作共和党的竞选基金。1882年,前参议员斯蒂芬·华莱士·多尔西被控告欺诈。他曾是1880年共和党全国委员会的秘书,也曾急赴印第安纳州挽救该州。他采取的补救措施行之有效,朋友们为他安排了庆功宴,切斯特·艾伦·阿瑟也参加了。在这场宴会上,他治理印第安纳州的手段被模糊地搪塞过去了。邮政署官员托马斯·杰斐逊·布雷迪按照惯例对联邦几个要员职位进行估价,借此敛财作为詹姆斯·艾伯拉姆·加菲尔德的竞选基金。在面对有罪控诉的威胁时,他和其他相关人员伪造了几封信企图证明詹姆斯·艾伯拉姆·加菲尔德总统早就知晓他们的情况,并且赞成他们的金融政策。他们在抹黑詹姆斯·艾伯拉姆·加菲尔德总统使自己免罪的路上还能走多远已经永远无从知晓。1881年7月2日,在去参加大学庆祝活动的路上,詹姆斯·艾伯拉姆·加菲尔德总统遭遇暗枪,1881年9月19日辞世。

谋杀詹姆斯·艾伯拉姆·加菲尔德总统的凶手查尔斯·朱利叶斯·吉

斯蒂芬·华莱士·多尔西

詹姆斯·艾伯拉姆·加菲尔德总统被暗杀

托对抓捕他的警察说:"我是坚定派成员,支持切斯特·艾伦·阿瑟做总统。"不久,人们获悉他是一个失意的政府官员候选人,因为在华盛顿听说詹姆斯·艾伯拉姆·加菲尔德的支持者想判他绞刑的谣言,遂起杀机。切斯特·艾伦·阿瑟则认为他只是得了精神病而已。凶手的姐姐,以他的故事写了一本毫无逻辑的书,书中写道:"是的,是'星标路线'丑闻杀死了詹姆斯·艾伯拉姆·加菲尔德总统!一句'我是坚定派成员'绞死了查尔斯·朱利叶斯·吉托!"他可能真的是得了精神病,如果是这样,他当然不必负责,但他的罪行与星标路线丑闻和罗斯科·康克林的要求几乎同时发生,情况愈演愈烈,文官制度改革迫在眉睫。

政治漫画:查尔斯·朱利叶斯·吉托拿着手枪和一张纸条,纸条上写着"职位或你的命!"

第6章　商业与政治

1881年夏，詹姆斯·艾伯拉姆·加菲尔德总统的伤情拖了整整十一周，公布他伤情的公告板换了一块又一块，牵动着政府里每一个人的心。让切斯特·艾伦·阿瑟继任总统的提议让人们关注到一个事实，即副总统很少被提名继任总统。但经过激烈讨论，最后大会还是决定由切斯特·艾伦·阿瑟继任总统之位。这或许是一个匆忙的决定，又或许只是为了安抚失败的一方。很快，美国通过了《总统继任法案》，对此情况做了充分的说明与规定。詹姆斯·艾伯拉姆·加菲尔德总统去世后，政府的控制权落到了最讨厌他的共和党派系手里。

作为詹姆斯·艾伯拉姆·加菲尔德总统内阁的核心成员，詹姆斯·吉莱斯皮·布莱恩受到了这个噩耗带来的直接影响。应詹姆斯·艾伯拉姆·加菲尔德总统的邀请，他从参议院调至国务院工作。虽然他也是一个合适的总统候选人，但国务卿这个职位更符合他的要求，让他心满意足。他喜欢与人交际，内心深处有一个民主的愿景。正是这个愿景指引着他去制订一个比其他国务卿的政策更加有建设性的政策。

詹姆斯·吉莱斯皮·布莱恩注意到，拉瑟福德·伯查德·海斯总统与英国就地峡运河的谈判一直悬而未决。1881年，詹姆斯·吉莱斯皮·布莱恩对此事的态度没有得到英国的认同，忽视了美国很久之前就已经接受的义务。他的态度很明确，支持修建一条美洲运河，而这条运河也是他宏伟计划中的一部分。他理想中的美国包括两个大洲，这个理想指引着他憧憬与西半球建立更广泛的贸易关系。在詹姆斯·艾伯拉姆·加菲尔德总统的支持下，他启程去南美洲调停智利与秘鲁之间那场毁灭性的战争。詹姆斯·艾伯拉姆·加菲尔德总统去世之后，他一直致力于组建一届能促进各国友好关系的美国国会。当他召集有志之士的邀请刚刚发出，切斯特·艾伦·阿瑟总统就重组了内阁，让弗雷德里克·西奥多·弗里林海森出任美国国务卿，詹姆斯·吉莱斯皮·布莱恩就这样出局了。这时，已经没有其他公职留给他，他也只能退休回家了。此后他便致力

新美国:从门罗主义、泛美主义到西奥多·罗斯福新国家主义的蜕变

弗雷德里克·西奥多·弗里林海森

于历史研究,并据此完成了著作《在国会的二十年》。杰斐逊·汉弥尔顿·戴维斯也刚刚完成了他的《联盟国政府之兴衰》。如同美国独立百年纪念,约克城也举行了百年纪念活动。在此期间,这本书一上市便在历史著作领域引起轰动。

第 7 章 新议题

詹姆斯·艾伯拉姆·加菲尔德总统还没有会见国会成员就去世了。这是美国的第四十七届国会,是 1880 年与他一起当选的国会。但生前他预见到了自己会在 1875 年后第一次参与政党事务。在 1874 年的选举中,尤里西斯·辛普森·格兰特失去了对众议院的控制,众议院转而为民主党人所控制,印第安纳州的迈克尔·克劳福德·克尔则取代了詹姆斯·吉莱斯皮·布莱恩成为众议院议长。1876 年,迈克尔·克劳福德·克尔去世,宾夕法尼亚州的塞缪尔·杰克逊·兰德尔继任众议院议长之位,

迈克尔·克劳福德·克尔

塞缪尔·杰克逊·兰德尔

历经了两届国会。其中，在他经历的第二届国会，也就是美国第四十六届国会，他的党派民主党也控制了参议院。在一些重要的事务上，参议院、众议院和总统之间很难达成一致意见。在经费问题上，他们同样难以达成一致。1880年选举过后，所有的共和党人都与詹姆斯·吉莱斯皮·布莱恩的夫人有同样的感触。她写道："你们意识到了吗？众议院在共和党的控制下，而参议院在票数持平时，也会将决定性的一票交给共和党的副总统。可见，赢得胜利并站在强者一方的人占尽优势！"

新一届的国会成立之后，塞缪尔·杰克逊·兰德尔不再是议长，转而成了少数派的领袖。俄亥俄州的约瑟夫·沃伦·凯弗接替了议长之位，

约瑟夫·沃伦·凯弗

拥有大多数共和党人的支持。在参议院，詹姆斯·吉莱斯皮·布莱恩夫人的预言全部应验，切斯特·艾伦·阿瑟意料之外地成为总统，却使参议院失去了副总统。随后，参议院由两个独立人士控制。"从美国最高法院走到政界"的大卫·戴维斯法官虽然当选为民主党监选员，却与共和党投票一致。弗吉尼亚州的威廉·马洪是爱尔兰人也是前邦联成员，自称"重新调整者"，与政府投票一致。这两人使通过国会执行党派政策成为可能。

1881年国会会议结束不久，切斯特·艾伦·阿瑟总统对内阁进行重组，允许詹姆斯·艾伯拉姆·加菲尔德的支持者辞职，并让自己坚定派的支持者继任。新任国务卿弗雷德里克·西奥多·弗里林海森接手了詹姆斯·吉莱斯皮·布莱恩的政策，但执行不力。他继承了詹姆斯·吉莱斯皮·布莱恩修建美洲运河的宏伟蓝图，并尽力扩大美国在欧洲的影响力，还安排詹姆斯·拉塞尔·洛威尔在英国为爱尔兰裔美国人的利益奔波——对地方自治的强烈愿望让他们陷入了与英国警方的纠葛之中。他没有采用南美政策，取消了泛美会议发出的邀请，也没有插手智利战争。尽管詹姆斯·吉莱斯皮·布莱恩对此表示抗议，认为此举使美国蒙羞，但并没有起到作用。

切斯特·艾伦·阿瑟总统听取了坚定派的建议，共和党其他派别开始担忧切斯特·艾伦·阿瑟总统领导的政府是一届分肥者的政府。切斯特·艾伦·阿瑟总统总统发出的第一份咨文减轻了他们的担忧，因为这份咨文是针对差强人意的文官制度以及管理官员开除与任命的考绩制度的。切斯特·艾伦·阿瑟总统承诺将以超过改革者要求的力度实施改革措施。1883年1月，他签署了关于文官制度改革的法案。

在四届政府中，利用公职达到党派目的的行为都被两党中的独立人士视作丑闻。19世纪70年代，一连串背叛人民信任的官员名单曝光，改革者们意识到政府的无能与分肥制已经威胁到整个美国的命运。1880

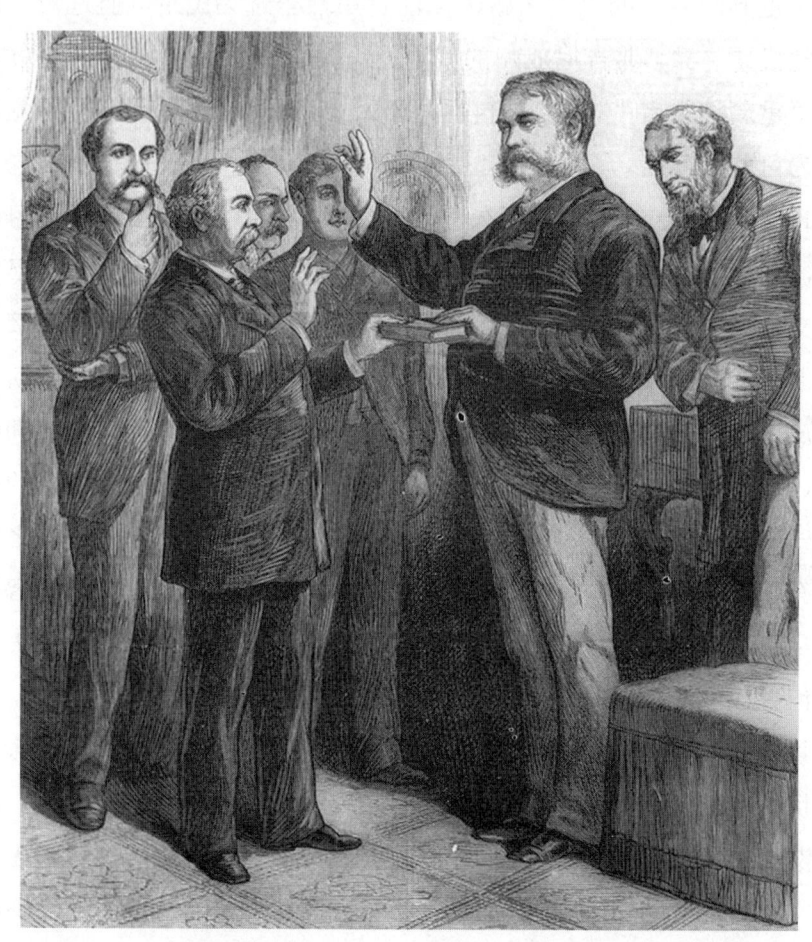

切斯特·艾伦·阿瑟宣誓就职

切斯特·艾伦·阿瑟与詹姆斯·艾伯拉姆·加菲尔德总统的内阁成员

年，在共和党代表大会上，一个代表在对一条关于文官制度的政治纲领条款投票表决时，愤怒地大声说道："总统阁下，得克萨斯州受够了这种文官制度……我们并不是为民主党提供官职的……如果可以，赢得这场较量之后，我们要将这些职位给那些有资格接受它们的人。现在我们到底在做什么？"改革者们已逐渐习惯"实用"政治的倡导者以沉默或直言不讳的方式做出的抵抗。

美国文官的历史可以分为以下三个时期：1829年之前、1829年到1865年以及1865年到1883年。在第一个时期，文官通常被当作永久官员来对待，很少有文官因为党派原因被开除，正如托马斯·杰斐逊曾发出的悲叹："除极少数人去世外，没有人会辞职。"官职的授予往往基于一个人过去所做的贡献，没有人会觉得开除一个官员需要经过新任总统的许可。

1880年的共和党代表大会，代表们抵达芝加哥

第 7 章 新议题

1829 年，安德鲁·杰克逊总统实施了一项新举措。在他当选后，美国爆发政治革命。在这场革命中，他的支持者们认为美国共和党已经开始走向腐败。将在任者从其职位上赶走是一个关乎信仰与承诺的问题。垂涎这些职位的爱国者们蜂拥而至。安德鲁·杰克逊总统的顾问们，包括来自纽约州和宾夕法尼亚州的顾问在内，已经了解为未来的公共事业保留职务之道。民主党提倡职务轮流制，并且已经开始实施，但很容易妥协于"战利品属于胜利者"的坚持。

安德鲁·杰克逊

安德鲁·杰克逊总统之后的每一任总统都利用职位达到党派目的，极少有人会在理论层面提出反对意见。当时的美国政府还比较简单，这样的习惯还没有造成太大的破坏。分肥制没有进入陆军和海军部门，因为这两个部门的大部分职位都有较高的技术要求。在其他部门，绝大部分官员都是没有什么从政经验的文人。他们的职务很容易就被同他们一样缺乏经验的人所替代，所以经常会有一些熟悉业务的职员留下来指导新职员入职。通常，各部门在总统会见国会成员之前就已经投入他们原有的工作中了。

在利用官职方面，林肯总统与他的继任者们并没有什么不同。他准许政府成员大换血，但实际上当时这一工作已经完成。为了排除政府部门中的南方人，他不得不大范围地任命新官员。在他手中，任免权成了联邦政府一个额外的有力武器，激励着国会的领袖们，同时打击了堕落者。1864年的选举中，联邦党执掌政府所有部门，有望在接下来的四年中完成对公职的彻底控制。直到林肯总统去世，一位田纳西州的民主党人才得以进入白宫。

从理论上来说，有关文官制度改革的讨论始于1865年左右，当时，参议院认识到出于党派考虑而开除公职带来的恶果。安德鲁·约翰逊总统想要利用战利品达到自己的目的，因而反对国会中共和党激进派的主张。改革者们曾一度保持着这种不公正的惯例。共和党开始做出临时的职位变动。1866年，文官制度委员会成立。在执政早期，尤里西斯·辛普森·格兰特总统宣布继续将官职作为战利品分配出去。

1871年，国会拨款二万五千美元用于文官制度改革试验。尤里西斯·辛普森·格兰特总统把这一任务交给了新制度改革的领袖乔治·威廉·科尔蒂斯。文官制度委员会与美国当时的政治主流相左。后来的事件表明，在关键情况下，尤里西斯·辛普森·格兰特总统并不支持它。所以，经过短时间的试验之后，国会放弃了这个委员会。要求改革的

第7章 新议题

声音有增无减，1872年，得到了独立人士，也就是共和党自由派的支持。此后，这些人威胁到了共和党的团结。卡尔·克里斯汀·舒尔茨、埃德温·劳伦斯·戈德金和乔治·威廉·科尔蒂斯是共和党自由派公认的领袖。1872年和1876年，他们力劝两大政党对文官制度改革做出基本承诺并写进政治纲领。拉瑟福德·伯查德·海斯总统的内政部长卡尔·克里斯汀·舒尔茨实现了他们的部分理想。1881年，共和党自由派已经是一个公认的组织了，拥有明确且高效的无党派原则，一个鲜有政客否认但也不支持的原则。

1881年，公众开始关注文官制度改革问题。詹姆斯·艾伯拉姆·加菲尔德总统和罗斯科·康克林之间的矛盾不仅引发了对总统和参议院任

乔治·威廉·科尔蒂斯

免权问题的讨论,也引发了对利用公职谋求政治机器①支持的讨论。如果邮政部门的官员们有足够的经验和能力,在星标路线的调查中被揭发的欺诈行为可能根本不会发生。詹姆斯·艾伯拉姆·加菲尔德总统遭到求官失意者的暗杀,进一步说明了改革的必要性。而这段时期发生的事件共同助推了《文官制度法案》的通过,比支持者们预想的还要早。

1881年,切斯特·艾伦·阿瑟总统建议对文官制度进行改革。经历了1882年秋季的选举之后,在1882年到1883年间,共和党召开会议开启了文官制度改革的立法进程。多尔曼·布里奇曼·伊顿是其中的一位改革领袖,也是美国文官制度委员会的首任主席。他起草了文官制度改革的法案,国会对此并无异议。痛恨改革的人也清楚,一味地反对并不是明智的做法。1883年,一个只包含三个委员的委员会成立了,主要负责文官职务分级,并制订相关规定,进行一系列的审查工作。从政治中脱离出来的文官职务经过分级之后,从1884年的一万三千七百八十个职位增加到1896年的八万七千零四十四个,1911年,增加到二十二万七千六百五十七个。这个数字在每届总统任期的最后增长得最为迅速,因为即将离任的总统们把他们曾经担任过的职务也加了进来。很多反对者也对文官制度改革提出了建设性意见。

切斯特·艾伦·阿瑟总统在促成和执行《文官制度法案》方面做得比改革者们预期的还要好。他依法对星标路线案进行审判,甚至在涉及他坚定派支持者时也能保持公正。

1882年,在切斯特·艾伦·阿瑟总统的支持下,国会对关税进行改革。这一年,无论是共和党还是民主党都没能得到明确的关税管理权。实际上,大多数共和党人对目前的关税制度基本满意,但多数民主党人却主张修订关税和关税纳入财政收入。上一次总体修订关税制度已经是十八

---

① 19世纪后期,美国许多城市中盛行的一种准政治组织,由老板或一小群人控制,负责为候选人筹措竞选经费和征集选票,一旦当选便以政府职位、公共资源的分配奖赏追随者。

总统任上的切斯特·艾伦·阿瑟

年前的事。那时起，一些无法预料的情况逐渐出现，这一趋势意味着美国需要再次调整关税了，一部分公民的利益也将因此受到影响。1865年到1875年期间，通过财政重建，美国保护性关税的实际税率得到了提高，超过了支持者的预期。

1865年，美国财政收入达到了三亿二千二百万美元，主要来自关税和国内税收，远远超过了财政部在和平时期的需要。这两种税收之间存在关联：国内税收增长必然导致关税增长，以免美国制造业承担太大的压力。美国一贯主张保护本国贸易，也从未停止寻找特殊利益的脚步，但战时税收的主要目的还是增加财政收入。

国会希望减轻赋税以缓和紧张形势，却发现每次减轻关税都会刺激与之利益相关的制造商们，每次减轻国内税收则会得到公众的欢迎。本着最小阻力原则，1870年，大多数国内税都被取消，仅剩关税仍居高不下，比贸易保护者的要求还高。大部分的关税税率一直保持与国内收入税持平。但后者被取消无意间形成了一种贸易保护。这是意料之外的，但仍然在可接受的范围之内。关税政策的一些具体条款依据特别法进行了修订。1872年，美国关税稳步下降了百分之十。在1873年的恐慌中，美国财政收入减少，国会为此担忧。1875年，减少的百分之十又涨了回来。1882年，美国的税率基本保持在1865年的水平。意外得到保护的行业为此庆幸。经营者们不曾想过税收的总体下降竟带来这样的好处。

19世纪70年代，美国断断续续进行着关税制度改革，但因为很少有人能依据原则保护关税，所以改革并没能影响到整个社会。关税问题不是一个政治议题。为了对抗共和党和那些与政治圈鲜有交集的理论家与经济学家，部分民主党人对关税政策持反对态度。1868年后，美国开始出现自由贸易组织。其目的并不是形成真正的自由贸易，而是减轻贸易保护以及建立合理的税率。埃德温·劳伦斯·戈德金、卡尔·克里斯汀·舒尔茨、来自耶鲁大学的威廉·格雷厄姆·萨姆纳、大卫·艾

第 7 章　新议题

姆斯·威尔斯和亨利·德马雷斯特·劳埃德到处宣传将关税纳入财政收入的理论。1875年，大卫·艾姆斯·威尔斯就"自由贸易的信条"在《亚特兰大月刊》上撰文，确信自己找到了1876年的议题。在接下来的两届选举中，没有任何一个政党提到这一议题。1880年，关税问题只是为难温菲尔德·斯科特·汉考克的手段，就连詹姆斯·艾伯拉姆·加菲尔德总统的就职演讲也未曾提及关税问题。

1882年到1883年，关税制度修订的方向与财政收入和支出息息相关。随着新繁荣时期的到来，美国财政收入的增长超过了国会的支出。1879年，美国出现少量财政盈余。1880年，美国财政盈余达

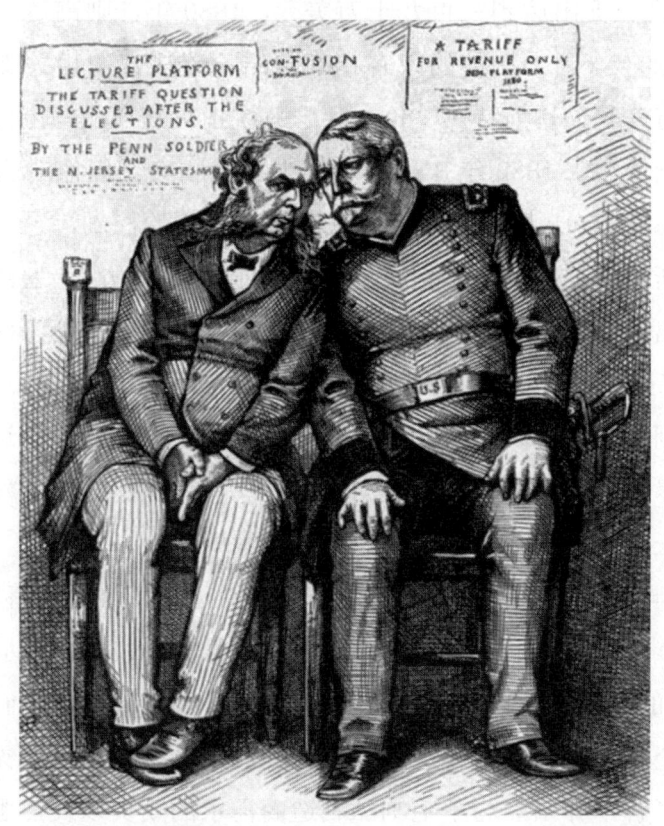

政治漫画：温菲尔德·斯科特·汉考克在1880年的关税问题上损害了北方工人的利益，这也成了政敌故意刁难他的手段

六千八百万美元；1881 年，达到一亿零一百万美元；1882 年，达到一亿四千五百万美元；1883 年，达到一亿三千二百万美元。财政盈余必然导致浪费现象的出现，也扰乱了通货秩序。如果财政盈余留在国库，数百万美元将从流通中退出，从而引起通货紧缩；如果用来购买或偿还债券，因为债券归银行所有，则会造成国家银行通货紧缩。如果没有新的用途出现，这些盈余就无用武之地。于是，要求增加津贴的声音越来越多，公共工程也毫无理由地大量增加。

公共工程投入上的浪费现象使切斯特·艾伦·阿瑟总统开始宣传减少税收的必要性。每年都会有关于《河流与港口法案》项目的支出。1870 年，这一支出达到三百九十万美元，1880 年，则高达八百九十万美元。1882 年，因为贪婪的政客相互勾结，该法案的相关支出竟高达一千八百万美元。切斯特·艾伦·阿瑟总统指责《河流与港口法案》不合理且不合宪法，1882 年 8 月，他否决了该法案，但他的否决并没有起作用。1882 年 11 月，共和党失去了对众议院的控制，它的失败被认为是对切斯特·艾伦·阿瑟总统行为的无罪辩护。马萨诸塞州和宾夕法尼亚州选出了民主党州长，而在纽约州、康涅狄格州、新泽西州和印第安纳州，评论家们纷纷预测共和党是否就此走向灭亡。有一点可以确定，即因为控制权分流，政党议案不可能在下一届国会中通过。这一点激励着共和党尽可能去实施这些法案。1883 年初，《文官制度法案》获得通过，就在同一天，众议院开始考虑新的关税政策问题。

1881 年，切斯特·艾伦·阿瑟总统极力主张降低税收和修订关税制度。1882 年 5 月，国会成立专门委员会针对需要做出的变动展开调研。在 1882 年的整个夏天，该委员会都在开会讨论此事。委员们来到美国东部的各个制造业中心，广泛听取制造商的意见。为严谨起见，该委员会既包括了解羊养殖户与羊毛制品制造商需求的委员以及熟悉钢铁业和糖业的委员，也包含懂得行政管理的专家。反对者们却认为该委员会一开始就是以贸易保护为出发点。该委员会早就认识到美国改革和降低关税的必要,认为美国迫切需要坚持贸易保护的基本思想。1882年12月,它将计划书递交众议院审议,要求通过相关法案将关税税率降低至少百分之二十。在此基础上,1883年1月16日,筹款委员会提出法案,进入辩论程序,一直持续到1883年2月20日。后来,参议院通过另一项相关法案,导致众议院废除该法案。

在此之前,《参议院法案》就以《国内税收法案》修订案的形式递交参议院。1883年2月20日,在来自罗德岛州的参议员纳尔逊·威尔玛斯·奥尔德里奇的领导下,该法案获得通过,一周后递交众议院审议。会上,新法案取代了《参议院法案》。两院匆忙做出决定以保证在1883年3月3日得到切斯特·艾伦·阿瑟总统的签字确认。

纳尔逊·威尔玛斯·奥尔德里奇

1883年，关税政策没能满足改革的需要。关于关税政策的辩论则显示出关税政策构建的困境。针对贸易保护政策的理论问题，国会分成了两个不同的阵营，两党之中都有激进贸易保护主义者和主张关税纳入财政收入的人。主张关税纳入财政收入的一方让事情变得更复杂，因为税率的每次变动都可能影响财政部的声誉。另外，出于经济与财政的迫切需要，负责游说议员的制造商团体不厌其烦地对议员们施加影响，以满足对其所在行业有利的税率需要。很少有国会议员能在利益面前做到绝对的不偏不倚，公平公正地制订关税制度的改革方案。很多人甚至对促进本地收益的欲望完全不加掩饰。1882年，无论是共和党还是民主党都没有获得关税的决定权，但当法案变成法律进程中，共和党领袖们明显很乐意投票支持所有能令他们得到贸易保护的法案。减少税收的愿望破灭，而反对方的改革提案希望更加渺茫。《国家》评论道："万花筒变得只有一根头发丝儿那么细了，色彩的变换也很少，但组成它的部分还是那么多。"美国的关税修订至始至终都是对公众信任的刻意背叛。一位民主党领袖愤怒地说道："（关税政策）这根轴花了大量时间建立，废除对纸牌征收的国内税，超出《圣经》要求征收百分之二十的税是关税政策为自己加冕粉饰的最后一块宝石。"

在整个关税政策的辩论过程中，贸易保护主义者的理由最充分。他们声称自己改革关税的目的是为了保护劳工的利益。欧洲的贫民劳工待遇不断下降的情况被反复拿来与美国劳工待遇上升的状况对比。美国社会首次关注到这个需要安抚的阶级。

南北战争之前的劳工问题主要集中在征集足够的劳工以应对因西部大量自由土地而引起的竞争。当时，劳工组织和罢工事件在公众眼中并不是正常的社会现象。19世纪60年代，在钢铁、纺织以及其他机器生产领域，制造业的发展将越来越多的工人联系在一起。因为拥有共同的利益，工人群体作为一个阶级出现在美国社会。在19世纪70年代的

第7章 新议题

大萧条时期，店铺纷纷倒闭、工人工资不断下降，罢工事件一触即发。1877年左右的罢工事件极大地震惊了美国社会。社会并没有引导劳工们罢工，劳工领袖也不知道如何把握罢工的度。如果罢工失去了度，就不可能留住公众的同情心，也不可能获得胜利。对劳工组织的反感情绪席卷了全美国，威胁到了劳工运动。

在众多劳工组织中，劳工骑士团最不受欢迎。1869年成立的劳工骑士团是一个行业联盟性质的秘密组织，拥有来自各个行业的劳工成员。工人一旦被解雇，几乎都会进入一个秘密组织寻求庇护，使公众感到困惑与恐惧。1882年，"莫利·马奎尔社"的过激行为败坏了所有劳工组织的名声。在团长沃克曼·鲍德利的带领下，劳工骑士团在整个组织

劳工骑士团团长沃克曼·鲍德利

中开展了一场公开的、积极的、针对劳动与监督法的学习活动。1881年成立、1886年接受重组的美国劳工联合会给此项工作提供了援助，并与劳工骑士团一起说服公众认可他们的工会主义原则。

为应对社会上出现的种种纷乱，州立劳动部门如雨后春笋般出现。1868年，美国社会广泛采纳针对联邦雇员的八小时工作制。1884年，美国内政部增添了劳工委员一职。切斯特·艾伦·阿瑟总统原本主张让沃克曼·鲍德利担任这一职位，但后来却选择了在政治宣传中并不活跃的经济学家卡罗尔·戴维森·赖特。在他的带领下，美国劳动部的重要性与日俱增，劳动部的报告成了美国劳工问题的数据来源，1903年，劳动部顺利并入美国商业与劳工部。

美国劳工联合会的徽标

第7章 新议题

被沃克曼·鲍德利称为"不满大军"的工人们要求接受教育和立法保护。1882年左右,他们开始将注意力转移到阶级斗争上来。初到美国的农民工因为遭受了克扣工资的不公待遇,不久就开始有了阶级意识。在远西区,劳工反对势力极为恶劣,那里的外来者主要是华人。太平洋沿岸各州的华人比美国人更加节俭和勤勉。19世纪80年代,他们初饱受蹂躏,在美国许多地区都遭遇过暴力袭击。1880年,一封伪造信让詹姆斯·艾伯拉姆·加菲尔德总统的威信大打折扣,仅仅因为信的内容显示他欢迎更多的华人来美国。尽管1880年美国曾立下条约保证平等对待华人,但美国国会迫于当时对华人施加迫害的美国人众多,不得不对他们提出的《排华法》做出回应。切斯特·艾伦·阿瑟总统否决了第一个排华的法案,却接受了第二个言辞没有那么激烈的法案。此后,美国的劳动力就基本都来自移民了。

在欧洲受到压迫的人来美国寻找机会,这一观念在美国根深蒂固。移民们在美国受到欢迎与同化。1864年,国会专门成立相关部门以鼓励移民来美国,并保证他们的安全。移民的涌入总是在繁荣的年份增加,在萧条时期减少。1878年之后,美国每年的移民人口不断刷新记录。西部的铁路公司乐意让移民使用他们的土地,而制造商们也欢迎他们到制造厂工作。移民人口总数从1879年的十七万七千增长到了1882年的七十八万八千,创造了19世纪美国移民人口之最。这些初来乍到的移民吸引了美国新闻界的关注,同时让城市各慈善机构意识到自己的责任所在,各个工会也意识到要争取移民成为会员。几乎所有的移民都是生产者,而且大多数都是身强力壮的年轻人。美国的移民中来自英国的人数最多,其中爱尔兰人大多定居在美国东部城市。其次是德国人,主要定居于芝加哥、圣路易斯。斯堪的纳维亚人则大多在美国西北部地区的麦田里劳作。

在劳工对投票权的呼吁下,1882年,国会为监督移民行为并且驱

关于《排华法案》的政治漫画：山姆大叔（代表美国政府）将华人踢出美国。这幅漫画是对美国民主、自由的最好讽刺

关于《排华法案》的政治漫画：一名华人被禁止进入"自由金门"。告示上写着"中国佬不得入内"

逐不受欢迎的移民做出相关规定。1885年,国会宣布禁止熟练合同工移民。当时的劳工运动通常比较势利,仅仅为熟练工提供保护,却忽视了一般工人的待遇。

当时,各州还未出台关于工厂、雇主责任或是保护如妇女儿童等弱势群体的法律,劳工与移民团体在某种程度上拓宽了经济立法领域。劳工与移民团体也使美国政治局势复杂化。南北战争时期,德国人与斯堪的纳维亚人支持联邦,据说是从比他们先到美国的同胞那里吸收了共和党的纲领与信仰。爱尔兰人则基本都是民主党。他们中唯一的共和党领袖是詹姆斯·吉莱斯皮·布莱恩,拥有一大批爱尔兰裔支持者。他与加利福尼亚州的爱尔兰裔领袖丹尼斯·卡尼结有深交。作为美国国务卿,詹姆斯·吉莱斯皮·布莱恩维护了那些呼吁地方自治的爱尔兰裔美国人的利益。他有几个天主教徒的直系亲属。坚持修建美洲运河的主张为他争取了很多有仇视英国倾向的支持者。

1876年和1880年的选举结果显示,这个时期两党几乎势均力敌,以至于任何轻微的受欢迎倾向或是意外事件都有可能在选举中起到决定性作用。1884年,加入美国国籍的外国人突然变得重要起来,所有候选人都想要争取他们的支持。竞选活动不可能以旧的议题来开展,但文官制度改革、关税政策或是劳工问题之中哪一个会成为新议题仍未可知。

第8章 斯蒂芬·格罗弗·克利夫兰总统

切斯特·艾伦·阿瑟总统执政的一届美国政府证明了一点,正如改革者所言,切斯特·艾伦·阿瑟总统从来都不是一个可耻的分肥者,或者换句话说,他始终如一地坚持了自己的立场。切斯特·艾伦·阿瑟总统有尊严地离任了,但他还是希望通过再次得到共和党的提名而证明自己,陷入一场候选人之争。在提名的结果揭晓之前,无法预测两党分别会支持谁为候选人。

以前共和党人为主要成员的独立人士希望保留上届政府取得的成果。他们希望能延续文官制度改革,并继续关注关税问题。1883年,关税下调方案失败反而让他们心中燃起了希望,决心加强改革力度。长期以来,他们并没有把脱党运动或是其威胁看在眼里,党派团结于他们意义甚微。两党通过提名它们信任的并且能坚持纲领的候选人来获得独立人士的支持,却并不能接受切斯特·艾伦·阿瑟,也厌恶了詹姆斯·吉莱斯皮·布莱恩。

切斯特·艾伦·阿瑟注定不会获得候选资格,因为他特立独行,不免运用政治手段对付了某些政客,既疏远了坚定派,也没能赢得改革者们的支持。1882年秋,他竟允许财政部长查尔斯·詹姆斯·福尔杰在保留原有职务的同时作为共和党候选人参加纽约州长的竞选,干扰了该州正常的竞选活动。这一事件让人们认为切斯特·艾伦·阿瑟总统利用权力插手地方竞选，庇护查尔斯·詹姆斯·福尔杰，引发反对情绪，导致查尔斯·詹姆斯·福尔杰落选。切斯特·艾伦·阿瑟总统对《排华法》和《河流与港口法案》的否决让他更加不受欢迎。最终，他没能胜过将他视为阻碍的詹姆斯·吉莱斯皮·布莱恩。而詹姆斯·吉莱斯皮·布莱恩对下一次全国大会已迫不及待。

1884年，詹姆斯·吉莱斯皮·布莱恩成为共和党领袖的唯一人选。他深谙自己作为领袖的不足之处，就像他了解自己所有的弱点一样。通过党派斗争获得显要地位的人几乎不可能得到提名或当选。像亨利·克莱、丹尼尔·韦伯斯特和约翰·卡德威尔·卡尔霍恩那样的人，在斗争的过程中树敌无数，不可能入围全国竞选。詹姆斯·吉莱斯皮·布莱恩

查尔斯·詹姆斯·福尔杰

第8章　斯蒂芬·格罗弗·克利夫兰总统

有着与他们一样的缺点。他与罗斯科·康克林的斗争一直在持续，与坚定派之间也有一道无法逾越的鸿沟，关乎他名誉的老问题也不会消失。

1884年初，尽管有很多反对的声音，詹姆斯·吉莱斯皮·布莱恩还是成为领先的提名候选人。共和党全国委员会控制着那些支持他的人。在星标路线事件曝光之后，斯蒂芬·华莱士·多尔西辞去了职务，而他的同事斯蒂芬·本顿·埃尔金斯仍然做着土地投机的生意。局面掌控在脱离党派的人手中，也掌控在那些在1883年阻碍关税政策修订的人手中。在很多独立人士眼中，关税下调政策根本不可能出现在由詹姆斯·吉莱斯皮·布莱恩执政的政府。他们也质疑他在文官制度改革中的诚意，认为任何一个品质上有疑点的人都不应该成为总统。因此，他们提议提名在1880年就推荐过的参议员乔治·富兰克林·埃德蒙兹，也就是后来的参议院议长为候选人。其他在当地拥有支持者的候选人分别是伊利诺伊州的约翰·亚历山大·洛根将军、约翰·谢尔曼和切斯特·艾伦·阿瑟总统。

1884年6月，共和党在芝加哥召开代表大会，拉开了党内竞争的序幕。一开始，由乔治·威廉·科尔蒂斯带领的资深独立人士，辅以年轻的马萨诸塞州的亨利·卡伯特·洛奇，以及纽约州的西奥多·罗斯福，打破了全国委员会原提名名单，根据他们的意愿任命了会议主席。但控制着政治纲领的共和党中坚分子联合起来确定了提名，使得詹姆斯·吉莱斯皮·布莱恩和约翰·亚历山大·洛根当选。詹姆斯·吉莱斯皮·布莱恩很清楚党内对他的强烈反对，惴惴不安地接受了提名。面对这一结果，改革者们只能悻悻而归，许多人甚至暗下决心坚决不让詹姆斯·吉莱斯皮·布莱恩领导自己。

随着詹姆斯·吉莱斯皮·布莱恩的提名，"超然派"[①]诞生，其影

[①] 又称"脱党派"、"骑墙派"、"超然独立派"，原意为"大人物"、"大酋长"，后作讽刺语用来嘲笑1884年总统竞选期间不支持共和党候选人自以为超乎党派之上的共和党人。

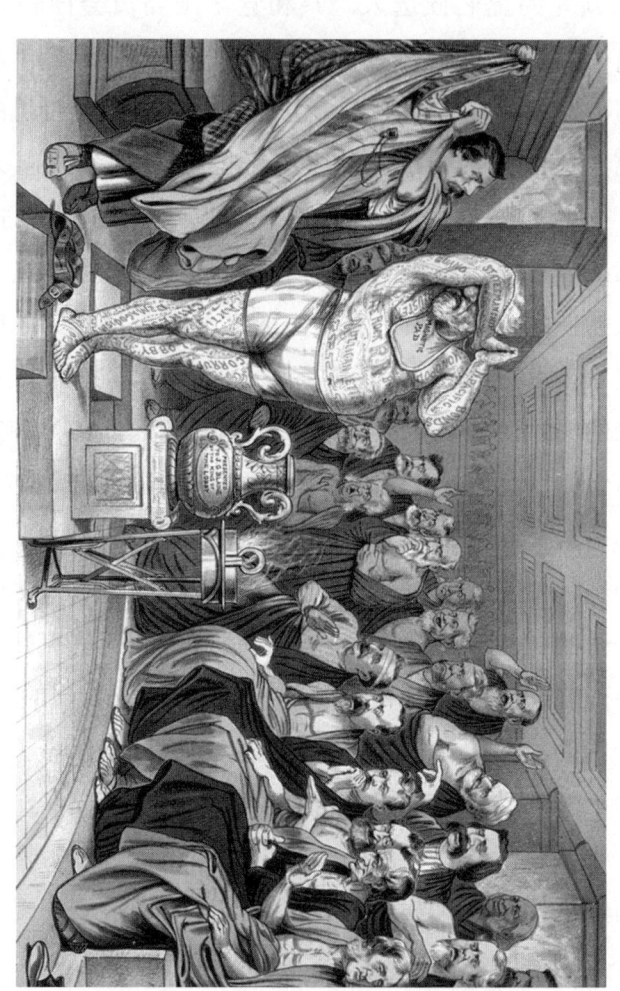

1884年的一幅漫画嘲弄了詹姆斯·吉莱斯皮·布莱恩,因为他身上有许多不可磨灭的丑闻

约翰·亚历山大·洛根将军（左二）与同僚的合影

响比最近发生的脱党运动还要大。"超然派"这个名字的由来并不清晰，但它作为一个无礼的绰号而广为人知，而后被党派中坚分子用来指"自以为是"的改革者。一名中坚分子对其引用《启示录》里的一段话："你既不冷也不热……所以我必从我口中把你吐出去。""超然派"对共和党要比对民主党更具攻击性。对于"超然派"，民主党更多的是困惑而不是嘲讽。一位民主党参议员说道："我知道，我们今天处在一个政治改革氛围浓厚的社会。我也清楚，在爱沙尼亚派政治哲学家的神圣指引下，我们不再是某一党派的虔诚信徒，我们不再承认政党义务、政党责任、政党纪律和政党职责，会心甘情愿地献身于政治修道主义。但我会保留一个缺点，即用我卑微的方式注意并警惕共和党领袖的目的、计划和手段，正如我过去一直努力要做到的。"

超然派一离开芝加哥就开始与民主党领袖谈判。《国家》《晚邮报》与超然派走到了一起。此后，战时曾是联邦刊物、后来隶属于共和党旗下的《哈珀周刊》不再支持共和党候选人。1884年6月17日，这次叛乱的领袖——《哈珀周刊》的编辑乔治·威廉·科尔蒂斯与超然派在《哈珀周刊》的一处办公地点约见，详谈联盟事宜。他们的问题是，提名一个超然派候选人被击败，还是合作支持民主党候选人当选。

并不是所有改革者都厌恶詹姆斯·吉莱斯皮·布莱恩，《纽约论坛报》霍勒斯·格里利的继任者怀特劳·里德就仍然是共和党的中坚分子。亨利·卡伯特·洛奇回到马萨诸塞州参与拉选票的游说活动。因詹姆斯·吉莱斯皮·布莱恩被提名而失意的西奥多·罗斯福也是共和党的中坚分子，从竞选失败中走出来后开始在美国远西区的牧民生活。如许多人一样，他坚信改革必须在一个政党的领导下进行才能行之有效。越来越多的改革者与超然派站到了一起，詹姆斯·吉莱斯皮·布莱恩当选的几率受到了影响。

超然派拉开了与民主党领袖合作的序幕，推举年轻民主党律师斯蒂

第 8 章 斯蒂芬·格罗弗·克利夫兰总统

怀特劳·里德

芬·格罗弗·克利夫兰为候选人。1881 年,他作为布法罗市长进入公众视野,又在 1882 年当选纽约州长,负责改革事宜。在竞选中,他得到了超然派改革者的支持——这些人不支持查尔斯·詹姆斯·福尔杰做候选人,也不满联邦政府插手地方政治。作为州长,他很快赢得了良好的声誉,以倔强、诚实的个性与独立的判断力而闻名。与塞缪尔·琼斯·蒂尔登一样,斯蒂芬·格罗弗·克利夫兰成了一位无公认领袖的政党内最有前途的候选人。

在芝加哥召开的民主党代表大会上,其他两个候选人反倒使斯蒂芬·格罗弗·克利夫兰更快地成为主张改革的候选人。在反垄断代表大会上被提名为总统候选人的本杰明·富兰克林·巴特勒指责斯蒂芬·格

新美国：从门罗主义、泛美主义到西奥多·罗斯福新国家主义的蜕变

罗弗·克利夫兰是劳工的敌人，但本杰明·富兰克林·巴特勒的声誉并不太好，他的敌意反倒有助于斯蒂芬·格罗弗·克利夫兰。在了解到斯蒂芬·格罗弗·克利夫兰是纽约州长之后，坦慕尼协会的约翰·凯利也开始反对。当然，斯蒂芬·格罗弗·克利夫兰的支持者可能会说："我们爱戴他正是因为他的敌人。"在第二轮投票中，斯蒂芬·格罗弗·克利夫兰得到了提名，而印第安纳州的托马斯·安德鲁斯·亨德里克斯被提名为副总统候选人。政治纲领中充满了"改革"以及"关税"的字眼，但后者并非像改革者们期盼的那样。

1884年的反斯蒂芬·格罗弗·克利夫兰政治漫画（摘自《法官》杂志的头版）：标题为"克利夫兰的另一个声音"。参考的故事是：克利夫兰有一个私生子引起臭名昭著的竞选口号："妈，妈，我爸在哪里？"克利夫兰反对者和克利夫兰支持者回答说："去白宫，哈！哈！哈！"

第 8 章　斯蒂芬·格罗弗·克利夫兰总统

正如 1884 年各党派的立场一样，候选人性格比政治纲领或党派名字要重要得多。斯蒂芬·格罗弗·克利夫兰的品质吸引了独立人士对他如同对民主党一样的支持。南北战争时期，因为兄长们在军队任职，斯蒂芬·格罗弗·克利夫兰需要供养老母亲，所以避开了铜头蛇的嫌疑。斯蒂芬·格罗弗·克利夫兰支持健全的货币政策，认为关税应纳入财政收入，并决心进行文官制度改革。不像詹姆斯·吉莱斯皮·布莱恩那样在各党派中树敌，他对共和党反对者们也有特殊的吸引力，使游说的重点从议题转移到对他个性的讨论上来。

独立人士对詹姆斯·吉莱斯皮·布莱恩的指责导致共和党的分裂。共和党中坚分子以同样的方式进行反驳。候选人的私生活被公之于众让双方都很恼火，而这给斯蒂芬·格罗弗·克利夫兰带来的难堪似乎更大。在诚信方面，他没有任何污点可指责，但他的一个明显过失给对手以可乘之机，对手借此对他的人品进行大肆攻击。几年之后，小说家保罗·莱斯特·福特在对纽约州政治的细微研究之作《尊敬的彼得·斯特灵》中就描绘了与斯蒂芬·格罗弗·克利夫兰经历相似的情景，但他否认此书是以斯蒂芬·格罗弗·克利夫兰为原型创作。在众多媒体中，《波士顿日报》的相关报道最多，忠诚于党派的人士似乎忘记了双方的体面。曾创作漫画讽刺詹姆斯·吉莱斯皮·布莱恩"带血迹的衬衫"一事的托马斯·纳斯特，现在出了新作——"一场闹剧——穿干净衬衫的羽翼骑士"。后来有人指出，事实上，杜撰"羽翼骑士"这个绰号的是星标路线事件中涉嫌诈骗的承包方的法律顾问。

这些报道企图引起双方反对势力的注意。几周来，本杰明·富兰克林·巴特勒一直在犹豫是否要接受反垄断党代表大会的提名。绿背纸币党以及少数劳工党领袖是他主要的追随者，而且据说会得到民主党人的投票支持。在与共和党领袖的会议结束后，本杰明·富兰克林·巴特勒开始运作竞选事宜。之后，共和党领袖被指责资助本杰明·富兰克林·巴特勒参加竞选以打击斯蒂芬·格罗弗·克利夫兰。共和党人通过强调詹姆斯·吉莱斯皮·布莱恩对英国强有力的外交手段来吸引爱尔兰人投票。对手则用漫画讽刺詹姆斯·吉莱斯皮·布莱恩结交众多爱尔兰裔的危险人物。在游说活动的最后，一个偶然的言论都可能影响竞选结果。

竞选中有关于候选人个性的问题已经讨论得太多，两位候选人都搬出牧师为他们增光添彩。1884年10月，所有教派的牧师在第五大道酒店召开会议支持詹姆斯·吉莱斯皮·布莱恩。最年长的牧师塞缪尔·迪克森·伯查德应邀致辞。在致辞之际，詹姆斯·吉莱斯皮·布莱恩走神不小心漏掉了一个短语，被其他听众注意到了。民主党抓住这一失误，立即将其夸大并广而告之。民主党因而被指责为"古怪的天主教教义和反叛"的信徒，这一行为是对爱尔兰裔选民投票的无端侮辱。在一周前的选举中，无从得知到底有多少爱尔兰人因此与詹姆斯·吉莱斯皮·布莱恩反目转而支持斯蒂芬·格罗弗·克利夫兰。到选举结束时，双方的选票非常接近，一小撮摇摆不定的选票就能决定大局。斯蒂芬·格罗弗·克利夫兰在纽约州的选举中获胜，赢得了总统选举团的大多数支持，得到的普选票仅比詹姆斯·吉莱斯皮·布莱恩多出二万三千张选票，而比其他对手的得票总数少三十万张。本杰明·富兰克林·巴特勒得到了十七万五千张选票，没有击败斯蒂芬·格罗弗·克利夫兰。对竞选中的种种人身攻击感到厌恶的纯化论者，将禁酒党的选票增加到了十五万张。

1885年3月4日，斯蒂芬·格罗弗·克利夫兰州长作为继詹姆斯·布坎南之后又一位民主党总统举行了就职典礼。在过去的六个任期，民主党都没有取得执政权，该党内阁成员在治国理政方面缺乏经验。其中，前邦联成员奥古斯都·希尔·加兰和卢修斯·昆图斯·辛辛纳特斯·拉马尔二世最引人关注，他们对之前二十年来流行的一种"黑暗且无根据的迷信说法"做了很多证伪的工作。这种迷信的说法曾使半数美国人都

关于斯蒂芬·格罗弗·克利夫兰的漫画:在这幅漫画中他被描绘成关税改革者

第五大道酒店

第8章 斯蒂芬·格罗弗·克利夫兰总统

与国家统一和国家意志格格不入。见多识广的评论家詹姆斯·拉塞尔·洛威尔认为这是一届典型的美国式政府，对新总统评论道："我承认，他是典型的美国式精英——是我最尊敬的那种人。"

托马斯·弗朗西斯·贝阿德也参与了1884年的候选人提名竞争，最后接手了国务院的工作。他延续了一种传统，即只有一等一的人才才有资格在政府工作。托马斯·弗朗西斯·贝阿德一接手工作就开始取消近五年来的工作成果，采取与詹姆斯·吉莱斯皮·布莱恩政策完全相反的政策。1884年12月，弗雷德里克·西奥多·弗里林海森与尼加拉瓜谈判并达成一项与1850年《克莱顿－布尔沃条约》背道而驰的条约。劝说英国放弃有关地峡运河问题的《克莱顿－布尔沃条约》失败后，弗雷德里克·西奥多·弗里林海森从尼加拉瓜获得了完整的通行权。参议院对此事件迟迟未做决定，斯蒂芬·格罗弗·克利夫兰一上任就立即撤销了与尼加拉瓜签订的条约，采用了前辉格党的中立运河政策。

新一届政府的所有部门被迫接受了一场对文官制度改革坚定程度的测验。长久以来，民主党一直在反对政府的决策，要求政府改革，但现在民主党执政了，党内成员也依照惯例要求以官职作为回报。斯蒂芬·格罗弗·克利夫兰在纽约州时，就曾与主张分肥制的政客斗争，在当选总统之后，他开始征求卡尔·克里斯汀·舒尔茨的意见。在接下来的四年中，即使面对自己最亲密的同僚的反对，他还是坚持文官分级制，并且将分级数量翻了一番。

在1885年到1889年之间，美国的繁荣与发展达到顶峰，主要涉及行政效率而不是政党政策。政府在各个领域都不得不加大改革力度。斯蒂芬·格罗弗·克利夫兰总统则忙于新机器的投入使用，以及应对前所未有的新情况。

1884年，劳工组织从国会劳工管理局得到特许权。1885年，《反合同劳动法》得以通过，给劳工带来了更多希望，但需要一个富有同情

新美国：从门罗主义、泛美主义到西奥多·罗斯福新国家主义的蜕变

总统任上的斯蒂芬·格罗弗·克利夫兰

心的政府来支持。1886年到1887年，劳工领袖们因为一系列的罢工和暴动事件而备受关注。最激烈的一起事件是，地方劳工分会组织、劳工骑士团与西南地区密苏里州太平洋铁路公司以及得克萨斯太平洋铁路公司下属的古尔德铁路公司发生冲突。1886年3月，几个劳工组织者被铁路公司解雇，继而引发罢工事件。在马丁·艾恩斯的带领下，这场罢工很快蔓延整个西南部地区，导致所有依赖铁路运送燃料和食品的行业备受打击，也因为闲散工人的聚集导致城镇秩序混乱。沃克曼·鲍德利和其他劳工骑士团的主要负责人试图阻止罢工事件继续发酵，但收效甚微。另一方面，铁路公司渲染该事件转移了西部民众对罢工者的同情。劳工骑士团再也没有从罢工失败的打击中恢复过来。

1886年5月，八小时工作制开始普遍推广。密尔沃基接连发生暴动，

第8章 斯蒂芬·格罗弗·克利夫兰总统

威斯康辛州长杰里迈亚·麦克莱恩·腊斯克发动民兵将枪口对准了聚众生事的暴徒。芝加哥的工会运动与无政府主义和社会主义有关,就连反对者也分辨不出其真面目。警察的到来打断了无政府主义者的会议,他们在一片骚乱中扔出炸弹致使数名警察牺牲。1887年,一伙无政府主义者的首领被指控犯有所谓的阴谋罪而被处以绞刑。罢工和暴乱导致的动荡局面说明追求全面幸福与满足的旧时代已经过去。

爱国主义的呼声逐渐超过劳工组织在政治上的要求。1865年,参加过南北战争的老兵尚年轻,现在已经步入中年。他们被政治影响,同时出于个人利益进入美国政府。贸易保护支持者们认为,为了国家利益

密尔沃基街头一隅,绘于19世纪末

应当给予制造商们一些特权。政府也有同样的想法，通过授予制造商们一些贸易特权作为对他们过去付出的回报。

老兵们组成了一个叫美国内战联邦退伍军人协会的机构，这个协会从一个不重要的怀旧联盟变成了争取抚恤金的工具。其他受到诱惑的公民也纷纷要求争取抚恤金，而士兵选民的数量让政客们不得不接受他们的条件。1879年，随着《待付抚恤金法案》的出台，老兵运动开始了。依据该法案，老兵有权要求补发自退役之日起开始计算的抚恤金，而不计丧失工作能力的时间。下一步的行动包括为无工作能力者和依赖抚恤金生活者分配抚恤金，无论这种情况出于何种原因，都要为公职人员打开发放养老金的通道。1887年，斯蒂芬·格罗弗·克利夫兰总统否决了《待付抚恤金法案》。1890年，在其继任者的任期到来之前，他一直阻止通过该法案。因为监督公职人员的行为，他得罪了很多支持者，现在又因阻止老兵对财政部的攻击和否决《待付抚恤金法案》而得罪了更多人。没有人反对给那些在南北战争中负伤的老兵发放抚恤金，但在此案律师的利益驱动下，美国内战联邦退伍军人协会领袖的要求演变成针对财政部有组织的攻击行为。他们制定了特殊的私人抚恤金条款，对一般性法律进行补充。四年中，斯蒂芬·格罗弗·克利夫兰总统先后审阅了一千八百七十一项相关法律条款，否决了其中的二百二十八项，大部分条款内容都是在为因理由不充分或欺诈而被抚恤金管理局拒绝的人争取补助金。这在政治上对他大为不利。随着时间的推移，斯蒂芬·格罗弗·克利夫兰总统已经"彻底厌倦不停地反对将公款作为礼物发放给那些不应享有此待遇的人"。他坚持抚恤基金应作为"士兵基金"，其分发与使用应该"排除非正当使用以确保应得者能充分享有这份充满慈善与爱的待遇"。到了1889年，十年间，国会共拨款六亿四千四百万美元用于抚恤金的发放。而在接下来的十年，国会在此项目上的拨款高达十三亿五千万美元。

第 8 章　斯蒂芬·格罗弗·克利夫兰总统

生产过剩造成浪费现象出现，美国社会开始呼吁减少浪费，而关税似乎是解决这一问题的最佳途径。1883 年，民主党控制了众议院，立即就关税政策修订展开讨论，民主党内部很快出现了不同意见。上一位众议院民主党议长是来自宾夕法尼亚州的塞缪尔·杰克逊·兰德尔。他接受过亨利·克莱哲学的熏陶，一直致力于建立一个强大的制造业之州，在信念与联盟归属上都是贸易保护主义者。1883 年 12 月，他得到提名成为第四十八届美国国会议长候选人。从那时起，他就不再领导众议院民主党了，而成为一个内部派系的领袖。后来肯塔基州的约翰·格里芬·卡莱尔继任众议院议长，带领众议院支持关税纳入财政收入。在接下来的六年里，众议院的民主党承诺修订关税，但他们需要面对来自共

肯塔基州的约翰·格里芬·卡莱尔

和党的持续反对以及塞缪尔·杰克逊·兰德尔和其他民主党贸易保护主义者在背后对他们的抨击。

斯蒂芬·格罗弗·克利夫兰的当选使民主党人控制了美国政府的两个分支,但参议院的控制权却落在了共和党手中。在一个分裂的政府讨论改革和任何政党方针都是徒劳。斯蒂芬·格罗弗·克利夫兰总统也因为没有能力履行政党承诺而烦恼。生产剩余的不断累积使国会有了浪费的空间,也激起民众的贪欲。1887年,斯蒂芬·格罗弗·克利夫兰总统在给第二届国会的咨文中对关税问题的关注与努力震撼了整个美国。他为民主党设定了一个无法回避的主题,尽管当时还没有任何理由相信两个议院会通过关税法案。在发出该咨文之前,他与约翰·格里芬·卡莱尔进行了深入讨论。约翰·格里芬·卡莱尔将改革的重任交给了得克萨斯州的自由贸易主义者罗杰·夸尔斯·米尔斯,并任命他为筹款委员会主席。

1888年4月,关于《米尔斯法案》的辩论拉开序幕,"自美国南北战争以来,伴随着对关税纳入财政收入问题的争论,将关税降到和平基础上的第一次真正尝试"终于开始了。罗杰·夸尔斯·米尔斯与西弗吉尼亚州的一位大学校长威廉·莱恩·威尔逊共同呼吁将税收减至五千万美元以下。他们的主张遭到共和党的一致反对,但议案做得非常详尽,让人震惊。筹款委员会被指秘密起草议案,而且其中大多数民主党成员都是对制造商需求一无所知的南方人。

因为感受到欧洲贫困劳工带来的竞争威胁,美国劳工也反对《米尔斯法案》。据称,该议案的提出是出于亲英策略,有关英国黄金的传闻从科布登俱乐部流出,颠覆了美国人的观念。尽管遭遇重重阻力,但在民主党的努力下,该议案得以在众议院通过。在共和党把控的参议院,《米尔斯法案》连投票的环节都未能进入,后来只能作为竞选议题搁置。许多顾问都奉劝斯蒂芬·格罗弗·克利夫兰总统不要发布关税政策修订

约翰·格里芬·卡莱尔

威廉·莱恩·威尔逊

的咨文，以免引起对手的攻击，但他还是冒着个人与其政党失败的危险争取该议题最后的胜利。自1864年以来，这是第一个在政治上能被广泛接受的议题。

　　推进《米尔斯法案》是斯蒂芬·格罗弗·克利夫兰总统当局最重要的一个政党方针，虽然最后以失败收场，却再次反映了在1883年就经历过的关税立法困难，也为1888年的竞选提供了议题。1885年，相关法律得以通过。1889年，这些法律条款几乎没有任何党派特征，并且在重新调整联邦法律以适应美国经济新问题方面产生了极大的影响力。联邦政府开始施展并试验自己的能力。自美国《宪法》施行以来，这种能力就已存在，但在一个以农业为主的国家并不能派上用场。然而，随着时代的进步，通信方式的变革使美国不得不考虑如何使用这种能力。

第9章 最后的边疆

19世纪80年代，得到斯蒂芬·格罗弗·克利夫兰总统签字认可的五条法令显示了美国目前面临的新问题，表明了美国政府的态度倾向。可以看出，美国政府的主要功能不再是调和各州之间的关系，而转移到调节国家层面的利益关系上来。1887年2月4日，《州际商务法》得以通过，承认了美国交通运输系统的国有性质。四天后，主张印第安人享有土地权的《道斯法案》通过，美国边疆的野蛮印第安人从此消失。1889年，美国农业部已经在内阁拥有一席之地，一部针对远西灌溉农业区的法律得以通过，美国开始关注到国内所有地区与人口的利益。1889年到1890年间，随着法律允许六个新州加入联邦，美国北部边界第一次从大西洋横跨到太平洋。自有人踏上詹姆斯敦和普利茅斯岩起，对美洲开疆拓土的过程至此达到顶峰。

1862年，联合太平洋铁路得到许可开始修建。1869年完工的这第一条横贯大陆铁路是公认的国家铁路。目的是在地方主义对国家统一形成威胁的时期，将太平洋沿岸各州与美国东部连接起来。该线路的开通是完成向太平洋延伸的铁路交通网的第一步。联邦政府以土地赠与、赋予先行权与债券借贷的方式对该项目给予直接支持。

19世纪60年代后期，其他横贯大陆铁路也先后得到授权。1864年，出于将苏必略湖和普吉特海湾连接起来的需要，北大西洋铁路公司应运

《州际商务法》通过后成立了州际商务委员会。上面的标志为州际商务委员会的印章

而生。1866 年，大西洋－太平洋铁路得到授权开始修建，该铁路从位于斯普林菲尔德的西南部起点到密苏里州，一直延伸到加利福尼亚州南部。1871 年，得克萨斯州的太平洋铁路连接起什里夫波特和德克萨肯纳附近的红河通航起点，直到尤马堡和圣迭戈。丹佛－格兰德河铁路，芝加哥－伯灵顿－昆西铁路，艾奇逊－托皮卡－圣菲铁路等附加线路得到了西部各州的修建许可，并间接接受了国家为吸引铁路公司而赠予的公有土地。1871 年，在实行铁路赠地二十年后，国会停止了对铁路公司的土地赠予。

1873 年之前，所有横贯大陆铁路工程已经启动，在五年大萧条时期中止，到 1878 年得以恢复。与此同时，通洋运河项目重新启动。

自第一个白人站在地峡上方俯瞰太平洋之时，就已预见修建一条跨越两大洋运河的必要性。1848 年到 1849 年，金矿的发现和加利福尼

第9章 最后的边疆

19世纪70年代的尤马堡

亚的移民热潮刺激了通洋运河的修建。1850年，美国与英国签订的条约对此进行了规划。但当时尚没有修建运河的具体方案，工程就此搁置。直到法国人斐迪南·德·雷赛布完成了苏伊士运河的修建，美国大陆运输系统的发展带来的新利益促进了巴拿马运河的施工。1878年，斐迪南·德·雷赛布创建的法国公司获得了哥伦比亚的特许权。1880年，此工程一开工就立即引起美国的嫉妒。这一点从拉瑟福德·伯查德·海斯、詹姆斯·艾伯拉姆·加菲尔德总统和切斯特·艾伦·阿瑟总统在取消《克莱顿－布尔沃条约》并为美国争取地峡处理权而做出的努力中就可以看出。1885年，斯蒂芬·格罗弗·克利夫兰总统重新采用中立的运河政策，但三十年来双方都没有积累修建运河的经验，技术上还很不成熟。

1881年到1885年期间，许多横贯大陆铁路建成引起公众对交通运输事业的特别关注。在南北战争时期，德国通讯记者亨利·维拉德创立了北太平洋铁路公司。自1873年起，他便负责帮助外国投资者管理投

斐迪南·德·雷赛布的漫画形象

通航后的苏伊士运河

资，通过一家叫俄勒冈州横贯大陆铁路公司的控股公司接管了部分完成的北太平洋铁路以及俄勒冈州的地方铁路工程。1883年9月，亨利·维拉德在其公司开通的铁路上乘坐满载贵宾的专列，在蒙大拿州赫勒拿附近见证了该工程最后一颗道钉敲进铁轨的历史时刻。最后，他们在俾斯麦停下为达科他准州雄伟的新议会大厦奠基。从德卢斯到塔科马港，新的铁路线带来了众多以货运为主要营生的移民。

北太平洋铁路南段也就是联合太平洋铁路公司最初修建的干线铁路，从奥马哈市沿普拉特河小道经夏延修到了奥格登，并延伸出一条从

亨利·维拉德

第 9 章　最后的边疆

堪萨斯城到丹佛和夏延的支线。1882年5月，负责修建芝加哥－伯灵顿－昆西铁路的公司在干线与支线之间又修建了一条通向丹佛的线路。这样，1883年，拥有狭窄轨距的丹佛－格兰德河铁路经阿肯色河峡谷延伸至大盐湖，贯穿了这个分水岭。在长度上，这两条铁路与联合太平洋铁路公司修建的从密苏里河到奥格登的铁路线形成竞争关系，使该铁路线南起海湾地区、北到俄勒冈州延伸出许多支线铁路。

再向南，艾奇逊－托皮卡－圣菲铁路贯穿了整个堪萨斯州，又沿通往圣菲和格兰德河的老路直通向墨西哥旧城。该铁路的拥有者、大西洋－太平洋铁路特许权的拥有者和加利福尼亚州南太平洋铁路公司合作，共同修建艾奇逊－托皮卡－圣菲铁路线上的阿尔伯克基与科罗拉多河沿线的尼德尔斯之间的铁路。南太平洋铁路公司的工程横穿了加利福尼亚州的众多山谷。1883年10月，一列列火车沿着这条铁路从旧金山开到了圣路易斯。

加利福尼亚州南太平洋铁路与其他横贯大陆铁路在尤马堡交汇，跨过了科罗拉多河。在1873年大萧条之前，得克萨斯州太平洋铁路只修到了沃思堡市。现在，这条铁路已经跨越得克萨斯州修到了厄尔巴索。南太平洋铁路公司旗下的子公司在厄尔巴索与尤马堡之间修建了一条铁路，1882年1月，开通了直达圣路易斯的联运业务，1882年10月，开通了直达新奥尔良的联运业务。另外一条南太平洋铁路线开通了到圣安东尼奥市和休斯顿的业务，带动了海湾地区的商业发展，1883年2月，开通了前往新奥尔良的列车。

19世纪80年代早期，美国各大铁路的开通是世界铁路运动的重要组成部分。在加拿大，唐纳德·亚历山大·史密斯爵士，也就是后来的斯特拉思科纳勋爵，刚开始修建从阿瑟港到温哥华的加拿大太平洋铁路。1883年，欧洲大陆第一列"东方快车"从巴黎开往君士坦丁堡。1883年11月，美国各铁路公司在意识到它们属于一个统一的国家系统之后，

大盐湖，摄于20世纪初

太平洋海岸的旧金山

同意将所有列车的发车时间统一为标准时间。在这之前,各铁路都以当地时间为标准,导致乘客乘车时间混乱。

大多数横贯大陆铁路都接受了大量的政府赠地,通常每铺设一英里的铁路政府赠予二十到四十平方英里的土地。无论铁路公司是否会将这些土地出售,都对铁路经过地区的殖民情况充满兴趣。因此,它们鼓励人们到这些地区移民和殖民。铁路公司的宣传资料散布到了欧洲,成为1878年人口大量迁移的一个重要原因。十年内,随着各铁路的竣工,美国西部六个州先后成立。

19世纪80年代,美国最年轻的准州是1868年建立的怀俄明准州,而最年轻的州是1876年加入联邦的科罗拉多州。继科罗拉多州之后,又有八个准州加入西部行政区:加拿大太平洋铁路沿线上的达科他、蒙大拿、爱达荷和华盛顿,中部的怀俄明和犹他,以及墨西哥边境的亚利

美国一家铁路公司发行面值100美元的股票

桑那和新墨西哥。除了这些准州之外，剩余印第安部落地区称印第安领地，吸引着附近的西部各州拓荒者的贪婪目光。

农业是涌向铁路沿线平原拓荒大潮的主要依靠。北部的红河谷是小麦的主要产区。正如原来的南方地区将棉花作为主要作物，所以这一新地区选择小麦作为单一作物，在生产中运用机器，雇佣了白人劳工，并采用改良的工厂模式。在小麦产区南部，玉米成为堪萨斯州、艾奥瓦州和内布拉斯加州的主要作物，作为粮食或加工成饲料上市或囤积起来。得克萨斯州的棉花种植区开始向新的地区延伸。这样，农田彻底将印第安领地包围。在那里，人们认识到多样化农业的可能和好处。

从加拿大穿过美国到墨西哥，这条农业带从井水灌溉的密西西比河谷底部向落基山脉的平原延伸。对于一般的农业需求来说，西经97度线附近地区降雨量常年不足，但出售土地的人将殖民者吸引到了这个半湿润地带。19世纪80年代，只有极少年份降雨量超过了年平均值，乐观者还在幻想出现永久性的气候变化。1886年，堪萨斯州长称："堪萨斯州西部三分之一的广阔土地必将肥沃起来。"1888年，东部一位见多识广的参议员预测道："整个达科他准州地区能留住如艾奥瓦州一样多的人口。"

在以农业为主的边疆与山区之间，铁路为畜牧业带来了新的市场。在利益的驱动下，牧人扩大了牧场范围。从得克萨斯州到蒙大拿州的"漫长车程"在边疆地区已司空见惯。牛仔们在孤单的眺望中发展出一种典型的美国民歌文学。因为羊群破坏了牧牛人的牧场，所以牧牛人与牧羊人之间一直存在矛盾。虽然这双方都是公有土地的非法侵入者，但牧牛人还是厌恶羊群入侵他们的地盘。

作为西部与西南部铁路和东部铁路的交汇地，堪萨斯城突然变得重要起来。位于稳定农业区与平原游牧区分界线附近的堪萨斯城成了农产品和畜牧产品的便利市场。在那里，新鲜的牛肉经过包装加工，通过新铁路的冷藏车厢运送至各地。东部的农民已经不能满足城市对鲜肉的需求，而远西部平原的鲜肉供应商解决了这一问题。

铁路带给山区的改变没有远西区多。南北战争期间，山区吸引了众多人口开拓营地。后来这些营地得到了扩张，发展得也更为稳定。山区从此变得重要起来，虽然还有很多山谷等着灌溉，很多农田等着耕种。如果没有农业的发展，美国西部地区不可能获得繁荣。

19世纪80年代末，人口越来越多，因而需要更多的宅地。在这样的压力下，俄克拉何马诞生了。在大半个世纪里，印第安部落一直完全占有此地。南北战争之后，平原部落也在这里定居下来。如今，依据《道斯法案》，土地被统一分配给印第安人，原先部落的所有财产一并上交，而广阔地域则分配给白人殖民者。经过了十年被驱逐与限制的岁月，1889年，俄克拉何马州向白人移民开放。加斯里和俄克拉何马城仿佛是一夕之间建立起来的。1890年，俄克拉何马准州也初具规模，基本稳定下来。

在横贯大陆铁路竣工之前，各准州纷纷请求恢复它们州的地位，并为此展示出它们在人口上的优势。1883年，当亨利·维拉德在俾斯麦为议会大厦奠基时，达科他准州已经有三个界限清晰的群体，最后加入进来的是殖民群体。十年中，达科他准州的殖民者们不断制订各种法规并签署了请愿书。国会中的共和党人为达科他准州争取申请为州。另一方面，1883年到1889年间，众议院为民主党人控制。他们认为没有理由支持那些可能为共和党控制的准州，所以就找出各种借口阻止相关议案通过。发展情况不如达科他准州的蒙大拿准州，以及生产方式还比较落后的爱达荷准州和怀俄明准州，也申请成立为州。亚利桑那准州和新墨西哥准州也加入申请的行列。自1850年起，犹他准州就开始了申请之路。随着普吉特海湾和斯波坎市人口的不断增长，华盛顿准州即将迎来加入联邦的时刻。

铁路线穿过西部落基山脉

19世纪90年代的俄克拉何马城

第9章 最后的边疆

出于党派原因，民主党一直压制各准州的请愿。这一情况一直持续到1888年竞选，共和党在美国政府各机构的势力得到巩固。从此以后，民主党再也没有反对的理由了。1889年，斯蒂芬·格罗弗·克利夫兰总统签署"综合"法案，北达科他州、南达科他州、蒙大拿州和华盛顿州终于成立。爱达荷和怀俄明的申请未能获得通过，直到1890年它们才在共和党的支持下成立为州。以前无组织的边疆地区消失了，新州的拓荒者们现在像美国其他地区的市民一样，享受着卧铺车厢，读着手里的各种月刊杂志。

1889年到1890年，亚利桑那州和新墨西哥州先后被剥夺了州的资格。因为共和党控制的国会认为这两个州受民主党控制，所以在接下来二十多年的时间里它们一直以准州的身份出现。有着充足人口的犹他准州因为教会组织的种种行径也一直没有被批准为州。联邦政府想以此控制它。1850年，摩门教在犹他准州兴起并发展起来。其他美国人厌恶摩门教徒的一夫多妻制，因而一直反对犹他准州加入联邦。1882年，犹他准州由一个委员会管辖，从此，一夫多妻将受到惩罚。1890年，犹他准州教会放弃抵抗并且正式废除了令人生厌的一夫多妻制。为时已晚，犹他准州没能赶上这一次被政府接纳的机会。

1890年，美国适合耕种的土地几乎全部归私人所有。1885年至1890年，个人很容易得到公有土地。加之铁路公司所做的努力，个人很快就占有了这些土地。随着自由土地的消失，美国开启了一个新的时期。美国人立刻就注意到了这一点，后来，这一点变得更加清晰。

1912年，美国四十八个州共拥有十九亿零二百万英亩的土地，其中二十九个州十四亿四千二百万英亩的土地被国会划归公有土地。1781年和1853年，这些土地曾通过转让、购买或者征服的方式划分出去，现在作为国有资产为国会所管控。到1903年，美国将近一半的公有土地和农田转移到个人名下。国家则保留了数百万英亩的土地，但这些土地大都是山区或沙漠，对于西部典型以个人为劳作单位的农民来说并不可用。

  1880年，统计学家们意识到自由土地的时代已经过去，开始关注地产管理中的滥用现象。一开始，强迫西部尊重国家土地法是一件很难的事。没有得到授权非法占有土地的人一直都是统一管理土地的障碍。西部很少有人反对这样逃避法律管辖的行为，希望以最快的方式将公有土地收至个人囊中。在进行文官制度改革之前，受固有观念的影响，美国政府要想在这些地区执行土地法的相关规定几乎不可能。政府必须以正当统一的政策来执行土地管理方案，就像设置土地管理局一样，技术难度很高。《优先购买权法》《宅地法》和《鼓励西部草原植树法案》等都是为了小土地所有者的利益而制定的，但因为在执行的过程中充满欺诈和勾结而失去了原有的意义。美国政府没有为那些需要大面积土地的行业制定合法占有土地的条款，导致大量欺诈现象出现。

  非法占有土地的现象比比皆是，已经到了无可挽回的地步。畜牧公司得到并守护着所需的一切，用武力赶走"侵入者"。邮政承包商抱怨，他们不敢拒绝的非法附件，使美国邮政偏离了合法的路线。土地基本法反对除美国政府以外的任何土地所有者保留占有的土地。如果美国政府不能或不去干涉，他们将得不到任何补偿。

  多年来，这种非法占用土地的现象已被关注，又被少数拥有大量资产的英国贵族广而告之。那几年，外来地主的土地所有制问题刺激了爱尔兰人。斯蒂芬·格罗弗·克利夫兰总统上台之后，土地总局局长威廉·安德鲁·杰克逊·斯帕克斯大力加强土地所有制改革，并对此信心满满。同时，他也经常谴责将这种混乱局面归结于共和党的管理不力。出于审查的目的，威廉·安德鲁·杰克逊·斯帕克斯停止授予宅地及优先购买权，要求撤销《优先购买权法》，并成功收回了一些先前因为支持铁路建设而赠予铁路公司的土地。

第 9 章　最后的边疆

土地总局局长威廉·安德鲁·杰克逊·斯帕克斯

　　接受了土地赠予的铁路公司声名狼藉，因为铁路很少能按照合同签订的时间完成，所以按照规定，赠予的土地理应没收。据估计，赠予铁路公司的土地达到二亿一千四百万英亩，但现在的问题是到底没收多少土地。铁路为西部带来了人口，铁路公司的规模也得以进一步扩大。看到这些铁路竣工，民主党眼红起来，因而千方百计地想收回之前赠出的土地。在这场斗争中，五千万英亩的政府赠地被收回。但收回土地仅仅强调了一个事实，即大多数的良田都已流失。

新美国：从门罗主义、泛美主义到西奥多·罗斯福新国家主义的蜕变

在要求公共土地改革的声音中，剩余未被划分的土地有了新的意义。在斯蒂芬·格罗弗·克利夫兰总统任期的最后，美国农业部得以成立，本杰明·哈里森任命杰里迈亚·麦克莱恩·腊斯克州长为首位农业部长。杰里迈亚·麦克莱恩·腊斯克愉快地接受了这个被喻为"内阁之尾"的职位，表示自己迫切期待能"将这些苍蝇驱走"，并着手重新整理和科学设置一批相关的管理部门。如果不进行灌溉，大多数的剩余土地都不能用于耕种。国会进行了大量调查，开启了公共科学的新阶段，实证保护理论开始受到关注。

虽然横贯大陆铁路的完工给美国带来了一系列的问题，如通信系统中存在的问题、西部殖民问题以及公共土地问题，但铁路本身也赋

本杰明·哈里森

予美国交通运输新的意义。格兰其运动的那些年，人们认为铁路的性质是准公有，并且需要接受政府管理。1877 年，在格兰其的案例中，美国最高法院允许各州依据法律自主决定运价。即使作为联运运价的一部分，它们制定的运价偶尔也会对州际商业产生影响。19 世纪 70 年代，人们普遍认为这个问题只存在于地方或部分地区。大多数州先后通过了铁路法，并且通过《温德姆和赫本报告》这样的公共调查以及法律诉讼记录暴露出特别优惠和折扣的真相，继而积累了大量铁路行业数据统计信息。

在各州铁路改革继续深化之前，人们发现美国没有哪一个州可以恰当、公正地管理州际铁路事务。亨利·维拉德与杰伊·古尔德以及康内留斯·范德比尔特与科利斯·波特·亨廷顿建立起来的伟大铁路系统主导着几乎所有地区的铁路运输业，同时引出政府行为有效性的问题。长长的横贯大陆铁路必然要穿过几个州，突显了州权力与可能出现的问题之间的不对等。铁路的国家属性则指向了国家对铁路的控制。

1873 年之后，国会一直想要出台一部州际商务法。1885 年，以伊利诺伊州参议员谢尔比·摩尔·卡洛姆为首的委员会做了一项新的调查，并在 1886 年出具报告，说明了监管与宣传的重要性，指出联邦委员会加大取证与账簿检查的力度便是最佳途径。该委员会以及公众都已经达成一致，认为监管州际商务是国家问题。

1886 年，美国最高法院在沃巴什铁路公司诉伊利诺伊州案中做出新的决议，认可了这一观点，却在格兰其案件中调转方向，修改了决议。1877 年，最高法院曾规定铁路受国家管理，而各州在其警力的配合下也可以管理铁路。现在，最高法院坚持履行这一主要承诺，却宣称因为这种管理影响到州际运价，所以应由联邦专门管辖。最终，最高法院规定这些铁路只能由国会来管理。

州际商业管理并不是政党方针。两党中都有人呼吁对铁路事务进行

康内留斯·范德比尔特

伊利诺伊州参议员谢尔比·摩尔·卡洛姆

管理，而铁路方游说团体反对任何政府干预铁路事务的行为。铁路拥有者和主管者在接受铁路事务的准公有性质上比公众要慢。他们需要面对激烈的反对意见。因为铁路系统的规模和影响太大，任何小小的举动都有可能或者实际上影响个人客户的数量，甚至可以成就或毁灭整个西部地区。随着铁路越来越受欢迎，对消除该行业中歧视现象的要求上升到新的高度。

1887年2月4日，《州际商务法》正式成为一项法律。随后，一个拥有六年任期的五人委员会成立了，并附有限制性条款，规定不得有超过三人以上的委员属于同一政党。《州际商务法》禁止导致不公平待遇的一切行为，并赋予委员会调查与干预不公平现象的绝对权力。该法后来做出解释，撤销了之前赋予委员会的几项权力。在1887年至1906年间，州际商业委员会都是管理铁路问题的核心角色。该委员会的工作，如灌溉与农耕等，都属于技术性较强的工作，需要向专家咨询。该委员会的很多职能都是第一次发挥作用，推动着国家行政进行角色转变。

第 10 章 垄断资本主义

19世纪80年代，运输业是美国两大关键问题之一。随着自由土地和边疆地区的消失，运输业影响了整个美国，为美国西部带来的变化最明显。随着资本的集中和信托的发展，运输业的发展大多发生在拥有资本积累、广阔市场和充足劳动力的东部地区。

随着通信方式的进步，每个州都有可能通过总部的统一指挥高效地运营业务。不仅铁路和电报做出了贡献，电话、打字机、摄影与打印技术的进步以及快递业的发展都意义非凡，改变着美国人生活的各个方面。随着新闻业的扩张，其管理更加集中。周刊、月刊甚至是都市日报的发行范围都得以扩大，同时，新闻媒体之间互相竞争，实力较弱和地方性较强的报刊容易被淘汰。插图的引用改进了期刊文献的外观。

拥有全国规模和国家视野的社会组织也利用起新的通信方式。商业联盟、慈善机构以及职业协会增加召开年度会议的频率，也使成员深入了解自己的组织。一些杂志和制版师们纷纷开始传播各种时尚潮流信息，服装制造商们纷纷效仿生产，地方小店的老板们开始零售各种潮流服装。邮购业务也因此得到发展。新潮又统一的外观进入了美国人的生活，而落后的地方观念对人们衣着、言辞与行为的影响越来越小。几年之内，在美国到处都有可能"与穿着世纪初带荷叶边装饰的衣服，甚至

19世纪80年代的电话机

19世纪80年代的打字机

几名摄影工作者将多台摄影机安装在一个可旋转的架子上,这样可以360°无死角地摄影

是戴着整个丝囊假发的绅士"坐下来吃饭。但新的潮流标准是大众的标准，贵族要想拥有专属风格或者是与大众迥然不同的生活方式已经变得越来越难。

全国统一的发展趋势也体现在集中管理上。随着竞争领域的不断扩大，要在竞争中胜出越发困难。一个人的能力不仅体现在其所在城镇或是州内，还体现在整个美洲大陆。许多公司首脑将通信设备看作行业扩张的基础。在具备了各种可能的条件后，各公司看到了其中的利益，便开始扩大业务范围。

当时，不需论证，很多整合经济的优势已经十分明显。如果一个公司可以承担五个或五十个公司的业务，那么它就能通过更大更好的工厂、更精细的劳动分工以及对副产品更细致的利用来提升利润。公司可以通过裁减大批从事同类工作的销售员以及减少功能重复的行政机构以减少开支。同样的管理经济学理念也使原来的南方地区朝着大型种植园的模式发展，就像之前使美国工业社会向经济整合和托拉斯的方向发展一样。

信托组织的技术形式并不重要。严格来讲，它是一系列相互竞争的公司组合。为了统一管理，这些公司的一切控制权都交予受托人。信托的名字由此得来，但在被人描述为任何可以影响其所在行业整个贸易过程的大企业，也就是托拉斯之后，这个名字才为人所知并广泛流传。信托的逻辑结果是垄断，而且信托最初就是出现在那些因为在竞争、专利控制或商业机密中损失太多而存在垄断倾向的行业。

第一个引起公众注意的托拉斯出现在运输业和石油及油品制造业。19世纪60年代，石油提纯的工业化生产过程已经形成，促进了国内照明技术的发展，也刺激了石油产品市场的扩大。石油行业从本质上来说属于投机性质，因为油井里的原油非常廉价，但运送到每个顾客手里时却价格高昂。价格的轻微上涨都会造成生产过剩，使市场陷入困境，而该行业的控制权则落入那些控制运输业的人手中。

第10章 垄断资本主义

出井后,廉价的大桶装原油便首先会被拉去精炼,然后作为成品油卖给顾客。用来装石油的容器造价高昂,而整个操作中最廉价的运输环节在初期的建设成本却最高。油桶价格便宜,但要搬运油桶却很贵。油罐车的费用更高,但最后的利润也足够补偿那些负担得起它的人了。由于个人无法修建石油运输管道,拥有石油管道的公司能获得很高的回报。

19世纪60年代,在美国俄亥俄州、宾夕法尼亚州和西弗吉尼亚州的油田竞争中,一些商人认识到运输方式控制价值的策略以及其中的潜在利润。而约翰·戴维森·洛克菲勒碰巧比其他操纵运输业的人都更成功。他的石油精炼厂规模不断扩大,收购或击败了众多对手。到1882年,大多数运输石油的系统都已经在他的控制之下。他的成功与精明、睿智

炼油厂工人工作的场景

密不可分，但更多得益于运输系统的重要影响。因为铁路运价还没有被法律约束，所以每家铁路公司都尽可能以最高价格出售其运输服务。约翰·戴维森·洛克菲勒逐渐学会对运费讨价还价，获得铁路公司的特别优惠运价和折扣而拥有超越所有竞争者的优势。他的游说集团让人们很难通过立法手段打击他，而他的律师团面对法庭比起诉人更加游刃有余。对折扣存在的认识促进了《州际商务法》的通过。一批因为折扣发展起来的公司后来都发展成大型托拉斯企业。到了1882年，约翰·戴维森·洛

约翰·戴维森·洛克菲勒

克菲勒的附属公司已经非常多了,而且非常复杂,所以后来他就把这些公司交给一些受托人,像单独的企业一样来管理。

1887年,威士忌酒和糖托拉斯成立。在酿酒和制糖行业中,运输并不是主导因素,但存在生产过剩和毁灭性的竞争。为了消除这些负面因素,酿酒厂和炼糖厂签定了信托协议,正如当年标准石油公司的选择一样。为了跟上了这一潮流,其他制造行业极尽所能。在斯蒂芬·格罗弗·克利夫兰总统就职以前,这种趋势既引起了关注,也遭到了压制。

反对托拉斯的声音主要来自那些深受其扰的人。竞争是残酷的,

漫画:约翰·戴维森·洛克菲勒站在油桶上,头戴代表着庞大商业帝国的皇冠,这说明他已经成为美国石油工业当之无愧的王者

有时甚至跨越了道德底线。因为托拉斯而遭遇毁灭性打击的人都痛恨这个始作俑者。各行各业都发生着日新月异的变化,很多公司如雨后春笋般冒出并与时俱进。工厂的规模不断扩大,做工越来越精细。与19世纪其他年代相比,19世纪80年代,在美国改变职业角色的工人数量最多。每个人都必须重新调整自己以适应新的环境。像大多数人一样,工人们也认为托拉斯是社会的威胁。

早在1881年,美国就出现了反托拉斯文学市场。1881年3月,《大西洋月刊》发表了文章《大垄断的故事》。这篇文章的作者亨利·德马雷斯特·劳埃德后来成为打击托拉斯行动的领袖之一。因为看到美国的

新美国：从门罗主义、泛美主义到西奥多·罗斯福新国家主义的蜕变

亨利·德马雷斯特·劳埃德

成功，美国人的精明得到了广泛认可，其他国家纷纷效仿，至于获取成功的方法并没有人考虑太多。标准石油公司吸引了世界的目光，也引发人们去关注工业对社会造成的影响。

托拉斯带来的恶果与社会和政治都密切相关。从社会的角度来考虑，个人主义是造成托拉斯恶果的元凶，因为人们创造出大量的子公司并交给独立的生产者去经营。作为垄断企业，它们通过要高价来威胁、勒索大众。人们强烈怀疑，那些大型的托拉斯企业破坏了所有的竞争体系以达到肆意定价的目的。经济学家们则认为价格不可能定得过高，托拉斯企业仍有利可图，因为这些企业不敢核查资源耗费情况。但任何经济法都不可能消除人们对经济压制的恐惧。

第10章 垄断资本主义

托拉斯也给政治带来了恶劣影响,并且通过贿赂官员或施加压力来获得特别优惠待遇。美国人已经习惯了以金钱来影响政治的丑闻,并且对政府官员已经不甚信任。这一时期制定的州宪法已经延伸出具体法律条款以捍卫公众利益,但托拉斯的腐败才刚刚开始,还很少有人能意识到抵制托拉斯的必要性。

亨利·德马雷斯特·劳埃德以及很多跟他一样的人相信规范与控制的力量。其中一部分人成了社会学家,另一部分人希望依法恢复竞争机制。给公众留下印象最深的是反托拉斯者的文学盟友爱德华·贝拉米。

爱德华·贝拉米

1888年初，爱德华·贝拉米出版了传奇之作《回顾》。这本书的主人公朱利安·韦斯特在1887年陷入沉睡，耳朵里不断听到劳动争议和对托拉斯的谴责，直到2000年才醒过来。主人公醒来时，社会主义已经建成，工业放任自流的状态已经结束。这本书引起公众的广泛关注。狂热推崇此书的人组成一个个俱乐部，试图通过建立贝拉米式的社会来加快国有化进程。那些并不看好未来托拉斯与州融为一体的人越加强烈地要求对托拉斯加以规范。

规范托拉斯的立法进程正如规范铁路的进程一样，因为国会与各州权力的分化而越发艰难。一个州能否控制全国规模的垄断企业呢？这是一个有趣的问题。各州纷纷通过反托拉斯法，就像当初通过铁路法一样。从前，在很长一段时间内，各州制定的习惯法通过贸易管制杜绝了阴谋的出现。现在，它们要照搬这个模式。其中，俄亥俄州仅根据习惯法对标准石油公司提起诉讼，并在1892年，通过了反对该公司的禁止令。根据经济法的基本精神，打击托拉斯的正式组织相对容易，但这样的集中打击却没能阻止更大的合并企业继续出现。

除施加规范外，同样支持关税政策修订的反垄断者还拥有一个有力武器。他们认为，这些公司的迅速发展有一部分原因来自不必要的贸易保护。这种保护使美国失去了这些公司的潜在竞争对手欧洲制造商的援助。反垄断者们坚称关税政策修订会极大地减轻托拉斯带来的负担。1888年，众议院在审议无足轻重的《米尔斯法案》时下令对托拉斯进行调查，为接下来的总统竞选提供了议题。

政党方面，1888年，共和党积极采取行动。斯蒂芬·格罗弗·克利夫兰总统强调减轻关税的重要性，但没能得到民主党全党的积极支持。制造商们因修订关税政策的持续威胁而提心吊胆，因此他们转而支持在野党——共和党，并通过在该党内部成立组织改变自身的处境。1888年，制造商领袖改变论调，不再为关税问题辩解，转而依据相关原则——早

第10章 垄断资本主义

先亨利·克莱关于美国制度的原则——来维护自身利益，并呼吁继续完善该原则。詹姆斯·吉莱斯皮·布莱恩先是从佛罗伦萨，后来从巴黎回应了斯蒂芬·格罗弗·克利夫兰总统1887年度的国情咨文。直到詹姆斯·吉莱斯皮·布莱恩明确表示拒绝候选人的资格后，共和党才在芝加哥召开代表大会，确定了包括约翰·谢尔曼、沃尔特·昆廷·格雷沙姆、昌西·米切尔·迪普、拉塞尔·亚历山大·阿尔杰、本杰明·哈里森和威廉·博伊德·艾里森在内的候选人名单。票选结果最后锁定了印第安纳州的参议员本杰明·哈里森以及纽约州的银行家利瓦伊·帕森斯·莫顿。当时，共和党的政治纲领是"坚定不移地支持美国贸易保护制度"。这一纲领谴责斯蒂芬·格罗弗·克利夫兰总统以及主张修订关税政策者为"欧洲利益"服务，并指责"《米尔斯法案》整体上对美国商业、劳工和农民利益都造成了损害"。

民主党则如同往常一样对执政党权力充满渴望，早在共和党之前就召开了代表大会。民主党人一致同意再次推选斯蒂芬·格罗弗·克利夫兰为总统候选人、艾伦·格兰伯里·瑟曼为副总统候选人，并且虽然没有在名义上支持《米尔斯法案》，但对总统和国会众议员在关税下调上做出的努力表示肯定。很多民主党人对捍卫关税政策修订的要求忍无可忍，以至于选择脱离自己的政党，并指责正是斯蒂芬·格罗弗·克利夫兰总统的所作所为让他们不得不选择脱党。

1888年，游说活动并没有受到1884年关于性格讨论的影响，两党都真诚地讨论贸易保护的问题。从欧洲归来的詹姆斯·吉莱斯皮·布莱恩则带领共和党向对手发起了攻击。竞选活动中唯一的意外事件跟"默奇森来信"事件和竞选基金有关。

共和党竞选委员会主席、宾夕法尼亚州财务主管马修·斯坦利·夸伊也没能免于受责。据称，在竞选期间，他对受保护的制造商应缴纳的税款进行了评估，并保证一旦共和党胜出便会免除这部分税收。他至少

沃尔特·昆廷·格雷沙姆

昌西·米切尔·迪普

利瓦伊·帕森斯·莫顿

新美国：从门罗主义、泛美主义到西奥多·罗斯福新国家主义的蜕变

是利用了这些制造商的恐惧心理，大力支持自己的政党对贸易保护所做出的承诺。他的竞选委员会四处散布斯蒂芬·格罗弗·克利夫兰总统对美国不利的言辞，指责其自由贸易政策是亲英政策，并指责布斯蒂芬·格罗弗·克利夫兰总统通过否决抚恤金议案获利。在游说活动快要结束的时候，英国公使韦斯特爵士莱昂内尔·萨克维尔掉进了共和党的圈套，写信给一位自称默奇森、假装入了美国国籍的英国人，称投票支持斯蒂芬·格罗弗·克利夫兰对英国最有利。这个不明智的做法铸成大错。结果，在华盛顿，他被立即撤职，帮了共和党，就像1884年塞缪尔·迪克森·伯查德事件一样。

本杰明·哈里森的总统就职典礼

第10章 垄断资本主义

1888年11月,本杰明·哈里森作为"少数票总统"当选。而事实上斯蒂芬·格罗弗·克利夫兰赢得了更多的支持,但他获得的选举人票太少了。与本杰明·哈里森总统一同上任的还有一届共和党主控的参议院与众议院。自1883年以来,共和党首次实现了全面执政的目的。

当选前,本杰明·哈里森从未做过共和党领袖。他有着良好的战绩,并且曾经做过一整个任期的参议员,能得到提名并不是因为实力而只是因为符合候选人的条件而已。本杰明·哈里森来自立场不明的印第安纳州,因为共和党的州长候选人是美国内战联邦退伍军人协会的领袖,他很有可能接管该州。在政党领袖遭到攻击的一刻,本杰明·哈里森展现出的个性和虔诚成为非常宝贵的财富。在政府工作时,他一旦稍微表现出冷漠或是无理,就会失去那些自认为比他实力更强大的同僚支持。

詹姆斯·吉莱斯皮·布莱恩是本杰明·哈里森总统同僚中实力最强的一位,现在已经是国务卿了。不久,他如愿召开在1881年就提议召开的泛美会议。随着深入参与美国事务的欲望越来越强烈,他失去了作为贸易保护主义者的敏锐,开始对外贸燃起热情。后来,他又一次陷入与英格兰的辩论。这一次是关于白令海的海豹,但很遗憾他没能获胜。

本杰明·哈里森总统做出的某些任命可以说是在偿还共和党在竞选时所欠下的债。威廉·温德姆又回到了财政部,虽然纽约州的前参议员托马斯·科利尔·普拉特声称共和党曾许诺,若竞选成功会将该职位赠予他。约翰·沃纳梅克曾在费城筹得大量资金用于协助马修·斯坦利·夸伊竞选,但后者最终只成为美国邮政总长。抚恤金管理局因为与士兵结成联盟而显得尤为重要。现在,该机构由一位美国内战联邦退伍军人协会的领袖接管。这位领袖最出名的一句话表明了他的意图:"上帝保佑盈余!"

1889年12月,第五十一届国会召开会议,带着极大的热情接管了

总统任上的本杰明·哈里森

本杰明·哈里森（左一）与他的内阁成员

选举工作。在共和党看来,国会是为贸易保护而修订关税政策。国会选择了缅因州的托马斯·布拉克特·里德为众议院议长,并且修改相关规定以加快立法进程。威廉·麦金利在众议院起草了一份关税修订议案,而另一位俄亥俄州人约翰·谢尔曼则负责在参议院处理托拉斯问题。

1890年7月,经过十年的广泛讨论之后,《谢尔曼反托拉斯法》终于颁布。此法虽然由共和党人约翰·谢尔曼、乔治·富兰克林·埃德蒙兹和乔治·弗里斯比·霍尔制定,却并不是一个比《州际商务法》更

乔治·弗里斯比·霍尔

清晰的政党方针。依据《宪法》中有关州际商业的条款，该法规定："任何用来限制州际与国际贸易或商业的契约、以托拉斯形式或其他形式出现的联合、共谋均属于非法性质。"同时，该法还提供了违犯该法的处罚方案。对《谢尔曼反托拉斯法》最重要的一场辩论是关于密苏里州的众议员理查德·帕克斯·布兰德提出的一项修正案。他主张将禁令的范围特别延伸至铁路公司。而参议院的意见是，该法是一部具有普遍适用性的法律，其中已经涵盖铁路公司，并不需要在修正案中做特别说明，因而驳回了该修正案。在近十五年的时间里，《谢尔曼反托拉斯法》都没有对相关内容做出明确且完整的解释，因为该法最初只是由几位个人请愿者发起，况且美国司法部长对普通的商业行为并无敌意。1893年，美国的金融大萧条反倒对托拉斯起到了暂时的遏制作用。有人怀疑，最初制定这部法律的目的可能并不是用于实施，而是作为与当时等待审议的《麦金利关税法案》对抗的手段。

  1890年，关税政策修订找到了三个理由，生产剩余依然是其中一个原因。1889年，美国财政盈余高达一亿零五百万美元，而这笔财富却持续困扰着财政部。第二个理由是，1888年，共和党在选举中大获全胜，共和党领袖将这次胜利视为大众对斯蒂芬·格罗弗·克利夫兰和关税制度改革的谴责，也是对更高级别贸易保护的呼吁。事实上，更多的美国人把票投给了斯蒂芬·格罗弗·克利夫兰而不是本杰明·哈里森。第三个理由来自反对的声音，即履行马修·斯坦利·夸伊和其竞选管理人员对为竞选基金捐款的制造商的承诺——这些制造商在改编的歌谣中被调侃为"玛丽"：

    玛丽有只小羊羔，
    她早已经决定好，
    脱去洁白厚羊毛，

新美国：从门罗主义、泛美主义到西奥多·罗斯福新国家主义的蜕变

马修·斯坦利·夸伊

利润百分之五十六，
卖得价钱好。

1890年4月，威廉·麦金利提出法案要求"平衡对所有进口产品征收的关税，并减少部分税收"。到1890年5月，国会一直在斟酌该法案的具体细节及相关问题。1890年6月，国会为政府中的士兵盟友制定了《伤残军人抚恤金法案》。该法案规定凡是服役九十天以上的伤残军人，以及接受过相关法律援助的士兵，可以在接下来的十年中从美国十三亿五千万的盈余中分得抚恤金。1890年7月初，《谢尔曼

反托拉斯法案》通过。1890年7月中旬，国会暂停对关税问题的讨论，应来自落基山脉各州共和党参议员的要求通过了《谢尔曼白银采购法》。这些人是想通过这种形式得到贸易保护。他们人数众多，让此事陷入僵局。

1890年10月1日，关税问题进入立法，成为南北战争以来首个成功通过的关税立法。该法扩大了贸易保护的范围并减少对部分商品的税收。减税部分主要体现在免除对原关税政策中回报率最高的原糖关税，同时给予美国糖厂每磅原糖2美分的补贴，进一步缓解了剩余危机。有关糖业的条款成为《麦金利关税法》的显著特征之一，并且与进口农产品的一系列关税紧密相关。关税保护政策并没有为美国农民带来什么好处，农民因此怨声载道。政府制定农业方面的计划以压制这些抱怨的声音。

《麦金利关税法》的另一个创新点在于将关税保护延伸至还未出现的行业。比如，以马口铁为例，无论何时，只要总统得知美国工厂开始准备生产马口铁，他就有权对其征收关税。这就是应用这一原则的案例之一，已经超过大多数关税保护支持者的要求。

最后一个创新点是互惠原则，也是国务卿詹姆斯·吉莱斯皮·布莱恩个人最喜欢的一项计划。他发现，当前对外政策支持的关税壁垒阻碍了友好贸易关系的发展，因此国会允许在互惠互利的基础上对从南美洲进口的主要产品征收关税。随着经验越来越丰富，威廉·麦金利完全接受了这一原则，在临终之际还对此念念不忘。1890年，多数贸易保护者倾向于绝对的排外政策，而不考虑对外关系，并且准备一旦进口商品总额较高就提高关税税率。

在通过《麦金利关税法》的过程中还有一点值得注意，即第三方在这样的立法中受益颇多。两院先后通过该法案，但对修正案的制订出现分歧，因而交由两院联合会议委员会仲裁。委员在报告中称，按照规定，

《麦金利关税法》的提出者威廉·麦金利

19 世纪 90 年代的詹姆斯·吉莱斯皮·布莱恩

《麦金利关税法》不可修正。通过委员会的努力，该法案得以最终形成，并且制定得十分完备，大多数共和党人都不得不接受。两院联合会议委员会中的党派领袖形成拥有专制权力的第三个议院，但他们与制造业发达地区或利益保护的密切关系也引起了公众对其决策公正性的怀疑。共和党对关税是托拉斯之母的说法做出回应，称关税将继续提高，并且禁止托拉斯进入州际商业圈。

第 11 章 农村、农民与农业

共和党的保护政策最坚定的支持者在东部工业区。那里集中了美国制造业的大部分财富。西部的主要农产品能产生的利益很有限，基本与原来南方棉花作物的产出并无二致。即使在共和党管辖的地区，贸易保护的好处也受到质疑。格兰其各州与草原各州也基本上由共和党管辖。19世纪80年代，正如南方的棉花所遭受的情况一样，格兰其各州与草原各州经历了玉米和小麦价格下跌，因而受到鼓励接受了关税改革的建议。1887年，斯蒂芬·格罗弗·克利夫兰总统发布的咨文深深地影响了这些州。1888年到1889年，各种国家文件转移到关税政策修订问题上来，而农民社团和农业期刊纷纷谴责贸易保护政策。共和党领袖感受到了舆论的不满，便通过实施《麦金利关税法》的相关农业计划来平息这种不满情绪，但1889年到1890年，不满情绪在大多数农业区不降反增。

南方农民受到棉价下跌的直接影响，他们内心对保护性关税的厌恶仿佛是世代相传下来的。他们不能相信哪个政党会为了他们的利益而努力。19世纪80年代，政党主要议题与他们所面临的问题没有丝毫关联。南方农民对文官制度改革并不感兴趣，因为文官制度改革认同并重视专业性，是社会分化的产物。他们习惯了各种纷繁的工作，而对政府管理几乎一无所知，只是认为政府应当把官职分配出去。几乎所有的美国农民都有这样的观点。

美国南方棉花种植园,棉农们在为棉苗疏松土壤

南方农民对抚恤金制度也不感兴趣,而且有批判该制度的倾向。《第十四条修正案》强硬地否认了邦联的所有债务,并强制南方老兵纳税,却将征得的税收作为联邦老兵的福利,将南方老兵排除在外。南方农民虽然在自己的党派中找不到发言人,但也不可能转投共和党。

在北方,农业持续低迷,农民苦不堪言。许多地区的农田几乎荒废。人们开始关注科学种田,但很少付诸实践。运输方式的进步让西部肥沃的新土地成为东部土地在城市市场的竞争对手。在平原地区饲养的牛被运往堪萨斯城或芝加哥屠宰,然后在纽约和费城上市出售。西部生产的优质水果与东部生产的普通水果一同上市竞争。在这里,正如在南方,农民注意到党派之间就制造业相关问题争执不下,而丝毫不关心农民问题。

第11章 农村、农民与农业

西部农民最为不满。没有任何地区像西部这样,在如此广袤的土地上集中了如此统一的状况。格兰其各州见证了这样强烈的不满情绪是如何影响政治决策的。19世纪80年代末,在密苏里州和艾奥瓦州西部的新地区,铁路刺激移民到可开垦的大草原周边安居落户。1885年左右,得克萨斯州、堪萨斯州、科罗拉多州和达科他准州开始进入繁荣时期,也促使普通年景不适耕种的地区开垦出新的农田。只有盲目乐观者才会相信半湿润的草原气候会发生改变。年景好时,作物种植向西一直发展到落基山脉,而年景差时,就连堪萨斯州东部也面临干旱。

铁路公司为了利益吸引新移民来铁路沿线落户,而他们的投机活动更谨慎了。这几年的风调雨顺也帮了铁路公司的忙,使新移民将草地开拓为居住地或谷仓用地。与此同时,移民的素质参差不齐,增加了社会的不稳定因素。

19世纪90年代美国西部的肉牛养殖场

西进运动早期,各边疆地区都已有移民分布。他们主要是之前边疆的占领者,了解怎样的气候和条件适宜农业的发展。越往西偏移,铁路公司提供的便利交通吸引到向平原迁移的农民就越少。他们中有一部分是业余务农者,另外一部分则十分了解不同类型的的耕种方式。必须要面对新情况的人群较之前的开荒者更不容易成功。

19世纪80年代,美国边疆地区的降水极不稳定,给试图在此处开荒种田的农民带来了困难。同时,移民定居点周边情况不容乐观。对于那里的生活而言,运输如同对于格兰其各州一样至关重要,但处于几近失控的状态。1887年,《州际商务法》并没有立即起到显著作用。歧视、

美国画家约翰·加斯特笔下的"西进运动"。这幅画展示了美国从大西洋扩展到太平洋的信念。在圣母玛利亚(象征西方文明)的指引下,殖民者们拖家带口向西部迁移,火车、轮船等现代交通工具开向西部,野蛮的印第安人生存空间受到挤压,随之往西迁徙。文明之光渐渐地将黑暗驱散。"西进运动"使美国西部得到了开发,但也是一部印第安人的血泪史

不合理定价和过多投资等负面因素仍旧影响着西部的发展。1885年和1886年,劳工组织在西部的罢工运动给需要不断接受培训的农民增添了新的障碍。反铁路运动在各地均有萌芽。

在美国的新边疆地区,反公司运动的出现在情理之中。那里的居民只能生产农业初级产品,必须从遥远的地方购买生活必需品。高昂的日常开支和低廉的收入形成鲜明对比,使他们举步维艰,渐渐成了反托拉斯煽动者演讲的听众。

像许多边疆地区一样,新边疆地区靠着借贷发展起来。开拓者们依赖借贷,并且对此满怀希望与投机心理。靠着借贷,他们修建的城镇与铁路已经远远超过实际需要。而他们背负的沉重债务只有在很长一段时间的繁荣后才能还清。

开拓者们受到通货膨胀理论的煽动,改变了之前的观点。绿背纸币已经开始通货膨胀。自1879年恢复硬币支付之后,绿背纸币仅仅成为

铁路穿过美国西部地区一处定居点

新美国：从门罗主义、泛美主义到西奥多·罗斯福新国家主义的蜕变

一个毫无根据的政治威胁，支持者寥寥无几。绿背纸币党与劳工和反垄断人士站到了一起。1880年和1884年，他们分别提名詹姆斯·贝尔德·韦弗和本杰明·富兰克林·巴特勒为候选人。然而，即使在通货膨胀论者中，投票支持他们的人也不多。通货膨胀新时期比绿背纸币时代要有趣得多，也导致呼吁自由银铸币的声音高涨。

在西部农民的众多呼吁中，最大的问题是偿还债务。其中，最常听到的是要求发行更多廉价货币。东部农民虽然很少有债务负担，但他们知道发行的货币越多物价就越高的道理，认为这样会带来更高的利润。

本杰明·富兰克林·巴特勒

第11章 农村、农民与农业

南方农民则债台高筑，但并不考虑眼前和长远的发展问题，因为他们常常提前就把作物抵押出去，让乡下的店主们为他们出资。他们也对通货膨胀十分感兴趣，将其视作常用的补救措施。1878年，《布兰德－艾利森法案》①通过后，美国各个地区的农民都在敦促各政党推进自由铸造银币进程。随着银价的下降，白银通货膨胀能够带来的利润相应增加，农民们因此加入开采银矿的行列中。

在蒙大拿、爱达荷、科罗拉多、犹他、内华达、亚利桑那和加利福尼亚，银矿一直都是重要产业之一。在西部的多数地区，银矿也备受重视。1873年以后，由于银矿产值下降，银矿主们与东部制造商一致要求政府给予帮助和保护。他们想通过恢复银币支付获得所需的"保护"，要求国会将所有白银用于铸币，并将白银与黄金同列为货币基础。在补救措施方面，银矿主们是农民通胀论者的同盟，但双方都没有意识到他们的真实目的水火不容。采矿者希望政府允许自由铸造银币以提高银价进而获取更多利润；农民则想要提高货币流通量以降低货币的价值。如果一方关于自由铸造银币的结果预言正确，另一方则注定会失望。但在整个19世纪80年代，双方的共同要求被一再重申。在年景好的时候，这一要求还不太激烈，但任何对西部繁荣或信誉的打击都可能刺激不满者爆发一场新的运动。

1889年，降水不足，庄稼歉收，一场危机的到来使西部的不满情绪开始牵动政治领域。1889年，平均降水量达十八英寸的阿肯色州河谷流域的总降水量只有十三英寸。自1869年起，纳尔逊·阿普尔顿·迈尔斯将军一直在平原上追逐着对美国人充满敌意的印第安人。他看到新村庄一英里接一英里地向周边延伸，也看到干旱带来的可怕后果。对于

---

① 《布兰德－艾利森法案》又称"1878年布兰德重要计划"。其前身是上文提到的《布兰德法案》，由理查德·帕克斯·布兰德提出，后来威廉·博伊德·艾利森补充了修正案，规定联邦政府每月购买两百万到四百万美元的白银并铸为流通的银币。——译者注

19世纪美国西部一处银矿生产的场景

纳尔逊·阿普尔顿·迈尔斯将军（左）

西部农民的遭遇，他预言道："先是忍受，然后抵押，紧接着是丧失抵押品赎回权，直至最后被完全逐出。"他写道："如果即将出现的恶劣情况持续数年，没人能预料到之后会发生什么。"19世纪80年代早期，那些令人印象深刻的承诺都成了空谈，所有的城镇郡县都已荒废，农民不得不向政府求助。

西部发生剧变之后，政党因为失信于民而备受抨击。人们普遍认为政党不守承诺，而美国政府则只为那些本就受到优待的人群争取利益。不满的农民自然会选择投靠已经存在的农业组织，如格兰其会员那样，把选择转移到政治目的上来。

自格兰其运动进入高潮开始，总有各种社团、联盟游走在农民和其组织之间争取选票。在打击了铁路之后，格兰其作为一种社会与经济的纽带继续发展。美国农民联合会和农业动力等农民组织相继出现。劳工骑士团和美国劳工联合会获得的巨大成功刺激美国出现了很多效仿组织，但这些效仿组织的运动并不算成功。农耕能赚取的利润还比较可观，给不了这些组织足够的发展空间。在繁荣时期，农民都是个人主义者。一篇关于美国农民的文章描述了一种新的农民活动，反映出当时农民想要不断争取合作优势的心态。

19世纪80年代，规模最大的农民组织是一个组织松散的农业社团联盟——农民联盟，反映了西部和南方的具体情况。1888年，农民联盟以"迅速成长"的态势在南方受到关注，但"只是偶然间在政治上变得重要起来"。自1885年以来，农民联盟在达科他变得活跃起来，为其成员买了火灾和冰雹灾害的保险，并设有采购部门和一家电梯公司。在得克萨斯州，农民联盟还拥有棉花与羊毛加工厂。农民通过该组织为他们共同的事业发声。1890年，随着目标的拓宽，农民联盟并入人民党。1890年夏，在堪萨斯州，农民运动打破了两个老党派的界限，获得了巨大的成功，以至于运动的发起者认为一个新的政党就此诞生。

第11章 农村、农民与农业

农民联盟的旗帜

1889年,年景艰难,农民的不满情绪上升,引起各方关注。只是当时,还没有任何方法可以衡量他们不满的程度。直到通过《麦金利关税法》之后,国会宣布休会,其成员回到各州准备1890年的国会竞选活动,这部法案成了摆在面前的主要议题。1888年,竞选体现出所谓对贸易保护的普遍需求,但只得到了少数人的投票支持。关税问题以及关税法案通过的渠道被民主党和农民联盟用来作为反对国会的依据。

关税法案通过不久,竞选就开始了。人们甚至还没来得及看到它的真实影响。反对者分析了它可能会带来的负面影响,但关税法案并未被驳倒。在1888年及1892年的竞选之前,支持共和党的制造商都利用如果自由贸易者获胜就关门大吉的说法来威胁工人。这一次,形势扭转,制造商开始对他们承诺高额回报。

人民党成员合影

在制订计划的过程中,各种腐败现象使整个西部出现一种具有影响力的观点。即使在东部,关税改革者们声称,在利益的驱使下,一些人得到了过多的关照;制造商们通过给马修·斯坦利·夸伊的竞选基金捐款为其带来豁免权,因而获得更多的保护。农民认为这些指控貌似可信却又无法证明,因为他们倾向于认为两大政党只是为了政客的利益自私地利用政府职权而已。

在每个州,共和党候选人都不得不面对这种怒火以及当地的各种问题。缅因州的托马斯·布拉克特·里德就遇到了这些问题,也得到了来

托马斯·布拉克特·里德

第 11 章 农村、农民与农业

自需要保护一方的支持而获得了大多数的选票。在俄亥俄州，威廉·麦金利失去了职位，一方面因为该州人民对他的强烈反感，但更多的是因为控制州议会的民主党为政党利益改划了他的选区以反对他连任。伊利诺伊州的约瑟夫·格尼·坎农已经连任九个任期，并且即将迎来第十个任期甚至更久，现在却失去了他的职位。威斯康辛州的罗伯特·马里昂·拉弗莱特备受贸易保护主义者重视，但因为该州一个教育方面的问题使他原本前途光明的职业生涯早早结束。宾夕法尼亚州本质上是维护贸易保护主义的，其民主党前州长罗伯特·埃默里·帕蒂森因为反对马修·斯坦利·夸伊集团而再次当选。

在东部，民主党打败了共和党。在西部，农民联盟渐渐削弱了共和党的根基。在堪萨斯州和内布拉斯加州，农民联盟控制着最终的结果，

罗伯特·马里昂·拉弗莱特与妻子、女儿的合影

使其成员入驻华盛顿，并且让堪萨斯州议会首次拥有了一位人民党参议员。在民主党和农民联盟的支持下，几个州成功争取到了政党联盟的票。在南方，民主党发现此举帮助它赢得了提名——因为真正的南方竞选是在民主党党内进行而并不是全民公投——并坚称民主党以前到现在都是农民。

国会竞选的票选结果显示了事态的发展趋势。在第五十一届国会的各议院共和党均占多数。1890年，新当选的第五十二届国会失去了众议院大多数主张高关税者的支持。该届国会只有八十八位共和党人入选，却有二百三十六位民主党人和八位农民联盟成员。共和党保留了原参议院阵容，因为刚刚被接纳的爱达荷州和怀俄明州是"有名无实的选区"。

民主党以压倒优势获胜的最关键因素在于关税，但这很大程度上仅仅因为关税问题是积攒了十年的不满情绪的爆发点而已。执政党受到了惩罚，因为在其执政期间，一切都进行得不太顺利：托拉斯大肆发展、劳工焦虑不安、物价下降、公有土地和抚恤金管理局不时曝出丑闻、降水不足导致平原地区不断缩小。在新一届的众议院，佐治亚州的查尔斯·弗雷德里克·克里斯普当选议长。本杰明·哈里森总统的后半个任期平静地结束了。美国人对农民联盟的未来有太多猜测。竞选结束六个月后，辛辛那提大会试图联合新生力量组成美国的第三个重要政党。

人民党发起者的目标是将劳工骑士团和农民联盟在政治上联合起来。他们想要将平原上处于水深火热中的人民从眼前的遭遇中解救出来，并取得政府的控制权。在下一个总统任期到来之前，他们有充足的时间组织改革运动。

1890年，美国开始感受到通信机构在瓦解地方主义和引入比较经验上的影响力了。活跃在战前的一代若能活到现在，会发现他们珍视的理念已经逐渐消失。在公众生活、行政管理、文学乃至宗教等各个领域，旧秩序已经被一扫而空。美国已经成为一个国家，这个进程无法阻挡。

第11章 农村、农民与农业

查尔斯·弗雷德里克·克里斯普

即使在教区自主权占重要地位的公理教会,似乎也很适合成立一个全国委员会。每一个重要贸易活动都属于这个国家,唯一保留原先地方主义的力量只有法律,而现在法律也必须面对新的秩序。无论从任何角度来看,托拉斯问题都是法律系统漏洞导致的结果,在各州地方权力和国家行为之间留下了一个巨大的"灰色地带"。但作为国家,已经发展起来,并开始施展其能力。对铁路、移民和劳工的管控、农业实验、土地的灌溉和开垦等只是新铁路带来变化的其中几个方面,伴随而来的还有新的行政机构以及如善政和任期制度这样与时俱进的官员任命观念。那些希望州政府仍为政治权力重心的人已经落后于时代。

新美国：从门罗主义、泛美主义到西奥多·罗斯福新国家主义的蜕变

美国的本土文学逐渐增多。查尔斯·狄更斯也见证了 1868 年一个新文学流派的诞生，出现了像《咆哮营的幸运儿》和《扑克滩放逐的人们》这样的作品。1890 年之前，这些作品的作者布勒特·哈特就已声名鹊起。塞缪尔·兰亨·克莱门①也见证了美国本土文学的成长，并用自己的力量开拓了这个领域。19 世纪 80 年代，新英格兰流派出现，代表作家

塞缪尔·兰亨·克莱门

---

① 即马克·吐温。——原注

有拉尔夫·瓦尔多·爱默生、亨利·沃兹沃思·朗费罗、老奥利弗·温德尔·霍姆斯和詹姆士·拉塞尔·洛威尔。但比起同时期写边疆主题的年轻作家,他们欠缺了一点美国味道。《汤姆·索亚历险记》《哈克贝利·费恩历险记》《康州美国佬在亚瑟王朝》等作品既是生活也是艺术。1885年,这个时代另外一位作家威廉·迪恩·豪威尔斯的作品《塞拉斯·拉帕姆的发迹》问世,描绘了一个完全不同的新社会阶层。《小勋爵弗契特勒里》的风靡则证明美国读者的期待比书里描绘的生活更丰富。

1890年,纯文学开始越来越多地关注美国主题,用文学手段探索美国人苦苦追寻的各种社会问题的根源并做出解释。亨利·乔治的作品,特别是《进步与贫穷》,让他在六年的时间里成名。到了1885年,这些作品已经"形成了经济思想史上一个值得注意的新纪元"。爱德华·贝拉米创作的乌托邦式的传奇获得了巨大的成功,也证明了读者对于文学的热望。老一辈的弗朗西斯·帕克曼和乔治·班克罗夫特,年轻一辈的亨利·亚当斯、约翰·巴赫·麦克马斯特和詹姆斯·福特·罗兹,则通过历史途径来阐释美国遇到的种种情况。经济学、社会学和政治学都开始有了属于各自领域的文学作品。这些领域得到的最后的也是最强烈的冲击来自詹姆斯·布莱斯那部引人深思的《美利坚合众国》。

在期刊方面,美国人越来越高的审美标准支撑着杂志往更宽广的领域发展。在美国颇有名望的老牌杂志《北美评论》仍是政治讨论的阵地。1890年,该杂志刊登了威廉·尤尔特·格莱斯顿和詹姆斯·吉莱斯皮·布莱恩就保护性关税的好处进行的深入探讨。《哈珀月刊》和《大西洋月刊》聘用了南北战争以来的美国文学领军人物。19世纪60年代,《莱斯利周刊》和《哈珀周刊》对新闻附以插图,在期刊中占有一席之地。作为美国主要的宗教报纸,《独立者》享有自己的地位。《国家》作为批判主义期刊出现。《斯克里布纳杂志》和《世纪》后来也加入到月刊

拉尔夫·瓦尔多·爱默生

老奥利弗·温德尔·霍姆斯

的清单之列，后者主要刊登一些南北战争的重要战役和领袖的回忆录，还有约翰·乔治·尼古拉及约翰·米尔顿·海伊为林肯撰写的传记。铸排机和插图的发展以及收集新闻和分发出版物的便利条件使期刊更快地遍及全美国。

期刊以其独特的方式获得了以前报纸在美国读者心里的地位。随着霍勒斯·格里利时代的那些伟大的编辑相继离世，报纸作为表达个人观点平台的时代已经过去。而年轻一代的编辑们将报纸作为投资手段而不是新闻工具。商业广告利用报刊媒体接近客户。新闻素材收集得更加迅速也越来越丰富，但报纸表达的观点却越来越少。报社像买纸和油墨一样从辛迪加企业和社团购买新闻。在这样的管理制度之下，会计室比编辑部的地位还高。

约翰·米尔顿·海伊

第 11 章　农村、农民与农业

美国人的生活在本质上发生的变化通过新文学呈现出来,而在国有化的影响下生活经历了重塑的过程,宗教的接触面不再狭窄。当时同类小说中,宗教小说《罗伯特·埃尔斯米尔》也许是阅读量最大的一部了。正统观念与新批评主义之间的竞争让专业的神学家们失控,渗透到凡人中间。在文本方面,《旧约》和《新约》修订版给了神学以新的讨论基础。查尔斯·罗伯特·达尔文以及他的学派所做的科普工作影响到了宗教领域,使其不得不改动宗教观点的相关措辞。现在,通过科学的途径让人们接受宗教理念已经比较普遍。随着竞争的深入,正教会的普及程度并没有受到影响。新教士开始宣扬新的宗教,正如他们之前在美国所做的那样。

查尔斯·罗伯特·达尔文

新的宗教中规模最大的是玛丽·贝克·艾迪女士的宗教，其教义也许可以成为与人民党政治革命并行的宗教手段。基督教科学派的出现使清教徒"脊椎动物耶和华"的说法更易于接受。它是繁荣社会发展的产物，以"治愈系宗教"的形象向普通人展示自己。

1890年，知识、精神、经济和政治上的革命在美国非常普遍。在经历了过去十年的工业革命之后，它们的出现是必然的。美国再次成为一个整体。南方承受了战争和社会重组的最坏结果，并且再次以独立的方式发展起来。美国当下需要面对的问题是革命对政治的影响。

第 12 章 新南方

原来的南方是美国两大政党曾以同等条件进行竞争的地方，在南北战争时期毁于一旦。就算经历了重建，南方也没能彻底振兴。最后，新南方在政治上只受一党控制。由于黑人选举权引发的种族问题带来的影响，有社会地位的白人无一例外地投票支持民主党。从南方自治的重新建立到农民联盟政治的出现，南方各州都没有出现任何可以对占主导地位的票选结果造成威胁的议题。19 世纪 80 年代末期，在经济压力之下，以前的白人领袖分道扬镳，甚至为他们的政治方案互相争夺黑人的选票。

在南方，农民联盟对政治的影响不能像在西部一样通过简单的民意测验来衡量。1888 年和 1890 年，在美国大多数州，经常与共和党融合在一起的农民联盟得票量均有所增加。但更大的影响在于民主党在其候选人初选会或代表大会上制定的方针路线。在民主党提名的候选人中，职业政治家受到质疑，律师在政治上已经没有利用价值，而那些声称自己靠近土地的人拥有一项得天独厚的优势。

心怀不满的农民们拥有的选票有了价值，这一点在参议员和众议员为第五十二届国会的《国会名录》撰写的自传纲要中有所体现。那些以前从来没有担任过任何公职的人骄傲满满地证明了这一点。得克萨斯州选区的约翰·辛尼格·里根在八届国会中都作为代表出现，自称"美国农业保护者协会"会员，并对其劳工伙伴的事业充满兴趣。现在，他是得克萨斯州格兰其的工头，得克萨斯州农民合作出版协会的会长。还有几位这种类型的众议员来自佐治亚州。其中一位"自1886年起就将自己的全部时间投入到农业上，同时是农民联盟的成员"。第二位作为"农民联盟成员和民主党员"入选。第三位"曾做过十一年佐治亚州立农业协会副会长，也做过四年的会长，现在是佐治亚州农民联盟的主席"。第四位是律师、编辑、历史学家和新运动的领袖托马斯·爱德华·沃森，"无论以前还是现在都对农业充满兴趣"。还有一位是来自南卡罗来纳州的众议员，自称南卡罗来纳州"农业发展组织的成员"。

南方政治动乱在农业上的根源在于最近出现的土地使用权和财政上的变化。南方并不是没有像西部那样前来拓荒的移民。在南方，很多提

托马斯·爱德华·沃森

第 12 章 新南方

包客开始发展农业生产。随着西部自由土地的减少,农村投机活动的吸引力增加,机会相应增多。一个债务人阶层就此产生,并为通货膨胀埋下根源。

南方在新领域上的发展比不上其工业的发展。19世纪七八十年代,美国各种植园逐渐解体。1880年第一次体现出来的所有权问题和1890年人种问题的调查数据夸大了这一点。因为这里列举的很多小块地产实际上都是由雇佣劳工在耕种,而登记问题导致数据偏差。地产的面积明显减小。一部分黑人种植园主正逐渐发展起来,进一步导致地产面积缩小。1900年,被解放的奴隶身上展现出的节俭与勤奋让黑人拥有种植园成为可能。当时,整个美国共有五百七十万个农场。其中,南方有两百七十万个农场,而奴隶区就有十四万九千个农场——农场平均面积五十五英亩。黑人佃户、种植户以及很多白人地主监管下的雇佣劳工增加了农民的数量,和其他人一样以种植棉花为生。

南方农业发展所用的资金来自北方的制造商和批发商。这些商人现在成了面向南方的零售商,通过预估作物产量来提高他们在客户面前的信誉度。交易一旦受阻,农民便从银行家和商人手里以后者认为合适的价格购买所有物资。在这样的体制之下,商人之间几乎不存在竞争,因为沉重的债务负担让种植户不能另找合作伙伴。价格过高和利息沉重的双重负担,加之现金不足和目前财政制度的弊端,令南方大部分地区受到严重影响。

无论在农业还是财政方面,南方都受到制度的压制。因为棉花销路较好,不能被狡猾的债务人直接消费,所以商人们都想要棉花。这样一来,单一种植得到过度推崇,而多样化的农业和作物的循环种植却几乎没有什么发展。肥料的使用因此得到了极大的推动,但农业整体上并没有什么发展。

南方紧紧依附于一个如南北战争之前的种植园制度那样死板的体

美国黑人在农场劳作

一个农场黑人家庭

制，几年间遭受了不成比例的棉花价格下跌。19世纪80年代末90年代初，萧条加重了债务人的负担，导致通货膨胀运动的出现，使南方和西部联合起来要求发行更多的廉价货币。作为南方合理表达不满的工具，农民联盟要求控制铁路、限制托拉斯、进行银行业改革和实行自由铸造银币政策。

自南北战争以来，南方白人就紧密地团结在一起。1890年，他们面临一个与种族无关的问题。这个问题将社会分成债务人与债权人两个阶级。二十年来，北方心照不宣地达成一致，在法律范围之外对黑人进行压制。在重建时期，偶尔也有黑人得到公职甚至供职国会。一个自称为"聪明的白黑混血儿"的人成为第五十一届和五十二届国会议员。但在南方的大多数地区，黑人还是被禁止参加选举或者在民意测验中被"排除在外"。只有共和党在零星的几个案例中——多数是在山区，可以得到足够的选票使其黑人候选人当选。

农民联盟将白人的选票分散开来，并赋予黑人一项特权。从被所有人打压到成为众人献殷勤的对象，这个燃起他们希望的变化最后却让他们摔得更惨。南方一看到黑人选举可能起到平衡两个平等白人派系权力的作用，就立即采取措施，剥夺这个"不受欢迎"阶层的选举权。

制定《第十四条修正案》和《第十五条修正案》的目的是保证被解放奴隶的平等公民权以保护他们。依据1875年国会通过的《第十四条修正案》，《公民权利法案》规定，禁止歧视任何公民"完整、平等地享有住宿、优惠、使用公共设施和旅馆的权利，以及乘坐陆上和水上公共运输工具、享受剧院和其他公共娱乐场所服务的权利"。对南方教育制度感兴趣的北方慈善家们阻止种族之间同校制度的实施。南方基本无视该法案的强制力，因为在那里种族平等根本不可能。旅馆和铁路公司仍然区别对待他们的顾客。一些经营者也因为这些行为违反法律而被告上法庭。他们为自己辩护，认为《第十四条修正案》禁止各州有任何歧视行为，但这跟任何公民的个人行为无关；修正案维护了公民的权利，但这些权利在法律通过之前就已经出现，并没有延伸到社会关系领域——去剧院看戏根本不是一项公民权，可以在不违背《宪法》的前提下通过警力进行恰当的规范。1883 年，在民权相关案件中，美国最高法院释放了被告人，并宣布《第十四条修正案》的范围太过狭窄，因此国会通过的相关法规并不合理。重建计划中关于禁止种族歧视的相关工作就此搁浅，而黑人群体则落入其白人邻居的自由裁量权中。

1890 年之前，《第十五条修正案》对黑人的保护力受到限制。该修正案禁止美国任何州剥夺公民的选举权。最高法院很快做出规定，禁止在投票过程中以非法手段恶意排挤黑人。在 1890 年之前，这条规定就得以宣布，但黑人对于个人歧视却毫无防备。是否通过法律剥夺黑人们的选举权还有待考证，但他们绝对得不到任何赔偿。直到农民联盟危

讽刺种族歧视的漫画：山姆大叔教授四名儿童，他们分别被标注为菲律宾、夏威夷、波多黎各和古巴。一个黑人男孩在擦窗户，一个土著美国人坐在教室里，一个中国男孩在门外。字幕上写着：学校开学了（上文明的新班级）

机爆发，南方人呼吁为黑人争取选举权，南方才采取最后措施应对破坏重建工作的行为。

《第十五条修正案》的条款说明并不十分清晰。该修正案并没有直接规定黑人拥有选举权，而通过否定的说法规定不得因为"种族、肤色或曾被强迫服劳役"剥夺和限制公民的选举权。种族、肤色和强迫服劳役这三大特征将美国的种族分成了几个部分，但该修正案并没有用其他特征将种族分类。这是公民权利存在的基础，南方十分清楚这一点。黑人普遍都很贫困，任何以财产为基础的条件限制都可以将他们排除在外。他们通常都是得过且过的流浪者，因此只有人头税和居住条件这些问题才能触及他们。而且他们都是文盲，不能通过教育测试。1890年，南方厌倦了武力和欺诈手段，开启了合法回避《第十五条修正案》的模式。

1890年，密西西比州制定的新宪法对公民权进行明确的规定，对黑人的生活产生很大的影响。在密西西比州大会的辩论中，与会人员自由而坦诚地讨论取消黑人选举资格的意图。但宪法条款并没有涉及歧视的内容，规定任何二十一岁以上且拥有一定居住条件的男性公民均可参加选举，须在选举之前缴纳两年的人头税和其他相关税，并且在宣布任何宪法章节时，可自行阅读、理解和解释该章节。在此条款之下，在累积税和负责登记选民的官员的极大自由裁量权之间，黑人选民在密西西比州被一再减少直到可以被忽略。其他南方州纷纷效仿。

除了佛罗里达州和得克萨斯州以外的所有棉花种植州以及大多数前蓄奴州都修改了未来二十年的选举条款。1893年，阿肯色州将公民权建立在一年人头税的基础上。1895年，南卡罗来纳州用居住权、登记制度和人头税来剥夺黑人的选举权，并通过了一系列支持古巴独立的决议。1897年，特拉华州设立了一项教育测试。1898年，路易斯安那州建立了教育制度以及人头税制度。1900年，北卡罗来纳州建立同样的

第 12 章　新南方

制度。1901 年，亚拉巴马州利用居住权、入职机会和人头税限制黑人的选举权。1902 年，弗吉尼亚州将选举权建立在财产、读写能力或者人头税的基础上。1908 年，佐治亚州做出同样限制。1910 年，新加入联邦的俄克拉何马州延续了南方的这一惯例。

用这样一些条件排挤黑人相对容易，但每条惯例都面临尴尬局面，因为每一条排挤黑人的条款同时排挤掉很多白人选民。几乎在每一个案例中，这些条款都会相应地做出修正以维护白人的利益。为了达到这一目的，在永久性的登记制度之外，南方又增加了一种临时性的登记办法。

19 世纪末的种族主义明信片，展示了白人对黑人漫不经心的诋毁

其中，路易斯安那州制定的办法最受欢迎。该州宪法规定，在特定的时间内，1867年之前参加过该州选举的公民或者其后裔，即使不符合基本条款也可被纳入选民名单。这一条款一出台就被戏称为"祖父条款"，缓解了贫困白人的境遇，并很快被北卡罗来纳州、亚拉巴马州、弗吉尼亚州和佐治亚州效仿。1898年，路易斯安那州长就大肆赞扬这一新发明的条款："长久以来我们为白人至上的观念而斗争，并为此付出了宝贵的财富甚至是血的代价。现在这个观念融入了宪法，成为整个有机系统的重要组成部分，没有任何托词和借口。因为这条伟大原则得以进入宪法并且被严格执行，所以我们再也不需要为未来竞选的公正和纯粹而忧虑。"在1898年威廉姆斯诉密西西比州案和1903年贾尔斯诉迪司利案中，美国最高法院拒绝修正这些条款里天真的说辞。

在此之前，法院已经表示并不愿意介入此事，而国会也持同样的态度。在共和党占优势的1889年到1891年，人们主要讨论两种补救措施。其中一种措施是基于《第十四条修正案》的相关规定，即被剥夺选举权公民的比例相应减少，并减少众议院中的南方代表数量。虽然人们已经不止一次愤怒地呼吁，但这一措施并没有付诸实施，也不会影响上述案件的结果。事实上，在上述案件中，人们通过武力强迫而不是法律途径来抵制这一措施。为应对之前的形势，1888年，共和党承诺将努力实施这一措施。将南方选举交由联邦管理的《武力法案》被纳入考虑范围。该法案得到了亨利·卡伯特·洛奇的大力支持，也意味着另一个挥舞"带血迹的衬衫"的机会来了。在托马斯·布拉克特·里德的帮助下，众议院通过了该措施，但参议院核心会议放弃了这一措施。1891年，这一措施销声匿迹，黑人问题留给南方自行处理。一位南方州长曾说道："摆在每个人面前的只有两面旗帜——要么白，要么黑。你会站在哪面旗帜之下？"

新南方禁止黑人参与政治，但黑人仍是工业领域和社会生活中的一

亨利·卡伯特·洛奇

个问题,并受到了越来越多的关注。在刚解放时,黑人基本上都是文盲,与破产者为邻。北方的慈善家们从中看到了机会。跟随被解放黑奴事务管理局来到南方的教士们写的家书引起了人们的兴趣。1867年,乔治·皮博迪在英国和巴尔的摩的善行受到关注。他还设立了一大笔用于贫困地区文盲教育的基金。他的受托管理委员会成了教育信息交流的平台。1882年,康涅狄格州的约翰·福克斯·斯莱特创立了一个类似的基金会。前总统拉瑟福德·伯查德·海斯也是这个基金会的领袖之一。19世纪末期,这些组织密切合作,共同研究南方教育事业的发展,并在经济上

约翰·福克斯·斯莱特

给予援助。1901年，这些组织的领袖们成立南方教育委员会以宣传知识的作用；1903年，国会成立了普通教育委员会，就连约翰·戴维森·洛克菲勒也为该委员会捐赠数百万美元用于教育事业。

受过一定教育的黑人面临新的压力。1880年，十岁以上的美国黑人有百分之七十都是文盲。但1881年至1890年，这个比例下降到百分之五十七，1900年，下降到百分之四十五，1910年，则下降到百分之三十。虽然黑人在不断地进步，但黑人领袖和其白人朋友的社会地位还是天差地别，因此他们必须增强自己的力量以面对新的局面。黑人们追求社会地位的途径各不相同。最有能力的黑人众议员中，威廉·爱德华·布格哈特·杜波依斯对自己曾经遭遇过的歧视与选举权被剥夺的境遇愤恨不已，他采取的初步措施是坚持种族平等。1881年，在亚拉巴马州，布克·托利弗·华盛顿成立了一个备受关注的职业学校，并且希望通过通识教育和技术教育解决黑人问题，以引领黑人走向自尊和独立之路。

在黑人解放之后，南方的种族摩擦不断升级。自由和政治压力使很多黑人堕落，他们表现出的独立情绪让很多白人恼怒。南方社会仍然带有很多边疆的特征。在那里，人人持有武器，稍有挑衅就会引发暴力袭击。即使在19世纪80年代，这种抗争和袭击事件也没有引起严厉的抨击，而被解放的黑奴就生活在这样不把自制作为主流道德价值的社会中。1880年，亚拉巴马州所拥有的步枪、匕首和手枪的估价几乎是该州所有图书馆价值的两倍、所有农具价值的五倍之多。种族在区域上的分布不均：在亚祖河底部土地上的黑人聚居区，黑人数量远超白人，比例达到十五比一甚至更多；在山区，这个比例则反了过来。但不管在什么地方，无论是黑人还是白人，都有一些品行不良的人，正是这些人的过激行为阻碍了社会的发展。

19世纪80年代，尽管南方的种族问题难以解决，但在工业革命的

威廉·爱德华·布格哈特·杜波依斯

布克·托利弗·华盛顿

影响之下，南方逐渐走向繁荣。北方资金仍是南方农业发展的主要支柱。南方的运输业、制造业和城市发展也从北方得到资金上的支持。1884年，美国农场主协会举行了纪念第一批美国棉花出口的一百周年庆典。在新奥尔良的一个大型博览会上，这些农场主展示了新南方在发展上的实力。

1880年至1900年，美国南方成长为一个现代工业区。其煤矿年产量从六百万吨增加到五千万吨；生铁年产量从三十九万七千吨增加到两百五十万吨；制造业年总产值从三亿三千八百万美元增加到十一亿七千三百万美元，工资总额从七千六百万美元增加到三亿五千万美元。棉花加工厂里使用的纺锤也从六十一万个增加到四百二十九万八千个。随着工业的进步，南方人口发生变化。据人口统计图显示，黑人人口主要集中在黑人聚居区，而白人人口则在煤矿和铁矿附近有所增加。因为能源廉价，皮埃蒙特开始出现工业区，并且吸引着来自临近乡村的技工。新南方的工厂不受北方童工和工厂相关法规的影响，雇佣了妇女和儿童，并且到1900年，消耗掉美国棉花产量的七分之一。亚拉巴马州的伯明翰成了第二个匹兹堡。

南北战争结束之后，南方整体重建铁路系统。1860年，美国铁路全长约三万英里，而南方铁路就占了其中的三分之一。由于战争爆发，这些铁路因为疏于管理而荒废。19世纪60年代末，在联邦的资助下，南方部分铁路逐渐恢复使用。1878年，正如之前所有美国铁路的经历一样，南方的铁路系统突然扩张、发展起来。

1865年至1915年，得克萨斯州经历了彻底的改变。该州的铁路长度从三百零七英里增加到一万四千多英里。1860年，南方邦联各州只有阿肯色州所修铁路的里程数较少。1910年，没有任何其他州的铁路长度能超过得克萨斯州铁路长度的一半。南方邦联地区的铁路总长度从1870年的一万一千英里增长到了1880年的一万七千英里，1890年，

第12章 新南方

达到三万六千英里，1900年，增长到四万五千英里，到了1910年则高达六万三千英里。1880年后，没有一个邦联州能比得上得克萨斯州。该州拥有广阔的地域，在铁路服务的影响下，为美国出产了大量棉花。19世纪末期，仅得克萨斯一个州就提高了美国作物产量的四分之一。通过扩大交通运输系统，利润可观的棉花种植区扩展速度超过了需求。20世纪早期，由此造成的生产过剩可能是棉花价格下降的原因之一。这一趋势刺激了南方多样化农业的发展。随着棉花价格的下降，农民开始尝试种植其他作物。1899年之前，十个棉花种植州的玉米种植面积已经超过了棉花种植面积。随着多样化种植的普及，棉花产出总量并没有减少，而且农业的整体发展水平也越来越好。在许多地区，果树种植和卡车辅助种植在很多利润可观的农业类型中一马当先。

1910年，尽管南方在工业和交通方面发生了巨大变化，但与美国其他地区相比，南方仍然属于农业区。1910年，美国拥有五万以上人

得克萨斯州的棉田

新美国：从门罗主义、泛美主义到西奥多·罗斯福新国家主义的蜕变

口的一百一十四个城市中，只有十五个属于南方邦联地区。但与其之前的水平相比，南方城市的发展可谓突飞猛进。1880 年，南方只有新奥尔良和里士满两个城市居民超过五万人。1890 年，亚特兰大、查尔斯顿、孟菲斯和纳什维尔也加入这一行列。直到 1900 年，得克萨斯州才有了这么大规模的城市。但到了 1910 年，该州已经拥有四个这样规模的城市，分别是达拉斯、沃斯堡、休斯顿和圣安东尼奥。随着南方城市越来越多，这些城市通过贸易和社会的纽带与美国其他城市联系在一起，南方的地方主义逐渐消失。南方排挤黑人的基本问题仍然存在，但在表面上，南方人逐渐变得和美国其他地区的同胞一样。

在战争平息之前，地方主义已经将南方划分为一个独立的政治区域。在 1883 年关于关税的辩论开始之后，为了共同的目标，一群南方贸易

19 世纪末的沃斯堡

第 12 章　新南方

保护主义者与北方共和党联合起来。糖业、钢铁业和棉花产业也从局限于地域的旧生产模式向自由贸易转向。由于害怕被国家力量控制，原来的南方普遍反对政府对其生产发展的资助。太平洋铁路被推迟修建或多或少也是出于这个原因。但这种忧虑很快就消失了，因为美国在密西西比河周边发现了一个受南方欢迎的发展领域。

在南北战争之后，密西西比河一直没有完全恢复它的重要地位，但它仍是西部各棉花种植州最重要的交通干线。洪水反复无常地冲刷着密西西比河的河岸，肆意地切断新修的渠道，并且每年春天都会淹没数百万英亩的土地，波及范围之广超过战争和重建期间贫困的南方各州的承受能力。1879 年，国会建立了密西西比河委员会。1882 年，罕见的洪水爆发引起人们对这种灾害的关注。此后，美国国会便成立用于开罗河岸和海湾地区之间堤防系统的基金会。

1879 年，常年被泥沼阻塞的密密西比河口被疏通。西部的工程师詹姆斯·布坎南·伊兹设计了一种可以将洪水从原有河道泄入大

詹姆斯·布坎南·伊兹的伟大设想：建设越洋铁路

海的方案。1874 年，圣路易斯开放的铁路桥已经证明他治理"江河之父"[①]的能力。1892 年，其他工程师建成了孟菲斯大桥。

---

① 美国密西西比河的美称。——译者注

新南方的飞速发展缩小了它跟美国其他地区的差距，并带领它走进工业革命时代。到 1884 年时，这个趋势还不太明显。到了 1890 年，白人在北方和西部的政治问题上出现分歧。随后的几年，对于南方而言，平民主义[①]就像对于美国其他地区一样成了一个大问题。

---

① 又称民粹主义。——译者注

第 13 章 平民主义

1890年，选举让美国的两大老牌政党感到震惊和迷惑。共和党失去了对众议院的控制，而民主党为胜利付出了代价——要与新运动势力建立党派联盟。至于新运动的影响力只能靠预估。最初，平民主义因西部和南方的地方问题产生，但这个名字现在在全美国流传开来，形成一个全国性的组织。

通过1889年和1892年召开的一系列会议，人民党已经发展成一个拥有州代表和全国委员会的完善组织。1889年12月，农民联盟举行全国大会，为其进一步发展壮大打下基础。会议决定，将劳工、农民和单一税种支持者合并为一个党派。劳工骑士团和美国劳工联合会的领袖们对此都不反对，虽然后者认为自己的组织优于其他所有党派。1889年，劳工骑士团的欲望并未因1866年美国劳工联盟衰落暴露出的政治风险而受到抑制。政党领袖们不难发现这一点。他们在未进行民意测验的情况下，承诺支持劳工组织。圣路易斯代表大会结束后，农民党虽然没有赢得劳工组织中平民百姓的支持，但还是将自己的名字并入了"人民党"这个含义更广的名字中。

1890年12月，农民们在佛罗里达州奥卡拉市召开会议，庆祝其在国会取得的胜利，也为1892年制订发展计划。1891年5月，因为原来的两大政党被指不关心人民疾苦以及贪污腐败，美国第三个永久性的政党确立,并且在辛辛那提市召开大会正式成立。人们坚持的各种改革最后都被通货膨胀论者的要求所掩盖。绿背纸币党之前的总统候选人——艾奥瓦州的詹姆斯·贝尔德·韦弗是辛辛那提市的领袖人物。他身边最著名的助手是明尼苏达州的伊格内修斯·洛约拉·唐纳利,是"培根思想"①和"消失的亚特兰蒂斯"②的信徒,现在积极投身于自由铸造银币事业。1892年2月,一场会议之后,又一个全国委员会在圣路易斯诞生了。1892年7月2日,这个新的党派再次在该城召开首届全国提名大会。

人民党的政治纲领主要针对各种灾害。该党派宣称:"我们在一个处于道德堕落、政治衰退和物质毁灭边缘的国家相遇,民主选举、立法

伊格内修斯·洛约拉·唐纳利

---

① 即弗兰西斯·培根(1561—1626)的哲学思想,主要包括自然观、物质论等。——译者注
② 亚特兰蒂斯是虚构的岛屿,出自柏拉图的对话集《蒂迈欧篇》及《克里底亚篇》。它代表着围攻"古雅典"的海上力量。亚特兰蒂斯最后沉入了大西洋。——译者注

机构、国会中都充斥着各种腐败现象，连法官也未能幸免。国家面临世风日下、道德沦丧的危机……各报社接受了大量的贿赂，或者被钳制言论自由，公众对此保持沉默；商业不景气，我们的房子也被抵押了出去；劳工陷入贫困；土地集中在资本家手中。"

放眼望去，最大的罪恶莫过于一个"反人类的巨大阴谋"。这一阴谋使白银退出流通，增加了黄金的购买力，减少货币供应"养肥了高利贷者"。为了弥补这些财政弊端，人民党的政治纲领呼吁"自由且无限量地以现在十六比一的比率铸造银币"，并发行法定货币达到人均五十美元的流通量。其他诸如邮政储蓄银行、累进所得税以及政府经济等问题都是次要的。

毫无疑问，自由铸造银币是所有人民党主张中最受瞩目的一项，但人民党的政治纲领实际上涉及了改革的方方面面。在运输领域，人民党主张政府拥有铁路、电报和电话通信系统。它还呼吁禁止土地垄断，收回部分公共土地，禁止外国人拥有土地。人民党还希望实行澳大利亚式投票制①、限制移民、实行自由抚恤金制度、实行八小时工作制、禁止总统和副总统连任的制度、实行参议员直接选举制度和取缔平克顿私家侦探公司，并且对公民立法提案权和公民投票权也很感兴趣。这些主张都是对美国未来二十年改革工作的预言。

在这样的政治纲领下，在思想先进的改革者的支持下，詹姆斯·贝尔德·韦弗以及詹姆斯·加文·菲尔德作为人民党候选人，带着西部和南方数量可观的追随者们迎接1892年的竞选。很少在选举中支持人民党的工人有明确的政治立场，他们大多是年轻人。因为联盟，人民党候选人得到西部几个州民主党人的支持。在南方，人民党则与共和党合作。从一开始，这个美国第三个党派就发现独立发展很难立足，所以选择与地方上发展较弱的党派结盟。

---

① 即无记名投票制。——译者注

新美国：从门罗主义、泛美主义到西奥多·罗斯福新国家主义的蜕变

詹姆斯·加文·菲尔德

共和党的所作所为使艰难时期雪上加霜。本杰明·哈里森总统执政的第一届国会通过一系列法律引起了人们的反对与批评。在他就任时，《州际商务法》才刚刚通过。紧接着，1890年，新加入联邦的各州以及俄克拉何马准州迎来了《伤残军人抚恤金法案》《谢尔曼反托拉斯法案》《谢尔曼白银采购法》和《麦金利关税法》。在推广这些法案中，起到主导作用的大多数人为达目的不择手段，给对手留下很多把柄。1891年之后，因为1883年到1889年间政治上的无能表现，众议院中的大多数民主党对其行政机构进行了精简。

本杰明·哈里森总统在其任期结束时并没有获得什么威望。他本来只是因为符合条件才获得提名，就连竞选歌曲也频繁提到他的祖父[①]，

[①] 威廉·亨利·哈里森，美国第九任总统，人称"提帕卡农英雄"。——译者注

第13章 平民主义

几乎比提到他自己都多。他对官员的任命既没能让政客们满意，也没能让改革者们高兴起来，只有得到任命官员的亲朋好友才感到开心。他的任命中最令人瞩目的部分恐怕也最令人尴尬。

国务卿詹姆斯·吉莱斯皮·布莱恩在他任期的前半部分最感兴趣的是有关运河的外交问题。英国和德国在对待入籍美国人问题上的争论已经平息。北大西洋的渔业问题也已经在斯蒂芬·格罗弗·克利夫兰总统的处理下暂时恢复了平静。白令海的海豹捕杀得到了控制。但这并没有为詹姆斯·吉莱斯皮·布莱恩带来新的荣耀。

毫无疑问，在大多数滨海国家，成群的海豹遭到无情的猎杀，数量急剧下降。在美国的岛屿上，海豹们得到了很好的保护。每年夏天，它

捕杀海豹

们都聚集在这里交配、繁殖。但那些在海上拿着猎枪对准它们的人并不属于任何陆上组织，因此很难被控制，除非其他国家允许美国警方跨越三海里领海界限对其实施抓捕。在巴黎，詹姆斯·吉莱斯皮·布莱恩在与英国的仲裁中，竭力想要证明那些海豹属于美国，所以美国有权保护公海领域的海豹，而北太平洋水域也应属于美国领海。仲裁的结果却处处与其理念相悖。

唯一一段可能引发战争的插曲发生在智利。本杰明·哈里森总统将一个新加入美国国籍的爱尔兰人——詹姆斯·吉莱斯皮·布莱恩的追随者帕特里克·伊根派去智利做公使。1891年，帕特里克·伊根支持的保守党革命失败。他的对手控告他利用合同不当得利以及近乎本能地反对英国在智利获利。那场革命之后，一名瓦尔帕莱索暴徒通过袭击正在登岸度假的美国水手表达了自己对美国人的不满。帕特里克·伊根惩戒暴徒的极端要求得到了准备让美国海军出战的本杰明·哈里森总统的支持。最后，智利政府不得不对美国道歉。

同年，在新奥尔良一名美国暴徒对几个意大利人处以私刑，詹姆斯·吉莱斯皮·布莱恩拒绝在审讯和判决之前协议补偿的要求。在当地的刑事诉讼方面，美国政府无能为力，就连承诺进入审判程序也做不到。因此，意大利公使巴伦·法瓦离开华盛顿，直到美国国会通过为受害者家属提供补偿以修复两国关系后，他才回来。

政府内部关系并不比外部关系乐观。在詹姆斯·吉莱斯皮·布莱恩的影响下，本杰明·哈里森总统也被激怒了，因而疏远了许多共和党的主要领袖，以至于能否保证自己再一次得到提名都不得而知。马修·斯坦利·夸伊和托马斯·科利尔·普拉特也被触怒。费城政策性银行失败以后，马修·斯坦利·夸伊辞去了全国委员会主席的职务。没有人急于筹备总统竞选事宜，本杰明·哈里森总统自己在这一方面也没有表现出什么技巧。1892年6月4日，也就是召开明尼阿波利斯市大会的三天前，

《哈伯周刊》的讽刺漫画:"一个淘气的男孩(帕特里克·伊根)"想挑起一场针对智利的战争

未来的情况还不明朗，詹姆斯·吉莱斯皮·布莱恩辞去了职务。他这样做是否只是因为生病和郁闷，还是想要获得提名，都无从得知了。

在共和党代表大会上，詹姆斯·吉莱斯皮·布莱恩的实力和威廉·麦金利越来越大的影响力体现得十分明显。第一轮投票中，本杰明·哈里森再次得到提名，詹姆斯·吉莱斯皮·布莱恩和威廉·麦金利每人都得到至少一百八十票。本杰明·哈里森的任期将于次年冬天结束。而威廉·麦金利现在是俄亥俄州长。1890年，威廉·麦金利选举失利，但在1891年，他当选州长。他是再次提名本杰明·哈里森那届大会的主席，并且重申了"美国保护主义"的重要性，对自由铸造银币政策避而不谈。

南北战争以来，除了支持斯蒂芬·格罗弗·克利夫兰外，民主党并没有在党内培养出其他的全国领袖。早在1888年选举失利之前，在民主党中间，斯蒂芬·格罗弗·克利夫兰总统就不受欢迎了。他对关税问题的坚持让民主党中的贸易保护主义者不悦，并因此落寞离任。离任之后，斯蒂芬·格罗弗·克利夫兰来到纽约市，开始了法律实践并重新取得人民信任。1891年，他应邀做了一系列公开演讲，声望逐渐恢复。1892年，斯蒂芬·格罗弗·克利夫兰的支持者们开始为他组织宣传活动。大卫·班尼特·希尔反倒因为斯蒂芬·格罗弗·克利夫兰的反对而受益。

大卫·班尼特·希尔曾当选纽约州长，现在是参议员。他的实力主要来自坦慕尼协会以及纽约州改革者一直抨击的民主党势力。据说，1888年，他击败斯蒂芬·格罗弗·克利夫兰是源于他与共和党政治机器之间的一笔交易。通过这笔交易，本杰明·哈里森在总统竞选中赢得选举人票，而他则获得纽约州长竞选的投票支持。1892年初，随着斯蒂芬·格罗弗·克利夫兰声望的恢复，大卫·班尼特·希尔组织了一场紧急会议以确保他在纽约州的候选人资格。在芝加哥举行的民主党全国

第13章 平民主义

代表大会上,纽约州代表团坚定地支持大卫·班尼特·希尔,但实则帮了斯蒂芬·格罗弗·克利夫兰的忙。因为关税改革者们受到了控制,大会谴责"共和党主张的贸易保护是一种欺诈行为,是为了少数人的利益而对美国绝大多数人民的剥削",并重申斯蒂芬·格罗弗·克利夫兰所主张的"公职意味着公众信任"的说法,并选举斯蒂芬·格罗弗·克利夫兰和伊利诺伊州的阿德莱·尤因·史蒂文森为总统候选人。正如共和党的经历一样,民主党关于货币的政治纲领条款也被选民根据自己的意愿来进行解读。

大卫·班尼特·希尔

新美国：从门罗主义、泛美主义到西奥多·罗斯福新国家主义的蜕变

　　1892年，选举主要有两大辩论议题，表面上只是对关税的重新讨论。《麦金利关税法》，面临被废除的危险，共和党人因而更加审慎地维护着该法案。民主党正式要求削减关税。在会议结束后，一位东部的民主党人对汤姆·约翰逊说："我宁愿看到斯蒂芬·格罗弗·克利夫兰被击败，也不愿看到那个愚蠢的自由贸易纲领被采纳。"然而，只要斯蒂芬·格罗弗·克利夫兰是候选人，威廉·莱恩·威尔逊是大会的主席，民主党贸易保护主义者就不得不勉强接受这一切。关税辩论中暴露出的不真诚帮助了正在就改革基础进行讨论的人民党。

　　斯蒂芬·格罗弗·克利夫兰以多数选举人票和多数普选票当选。詹姆斯·贝尔德·韦弗以及詹姆斯·加文·菲尔德的得票显示了人们对于

阿德莱·尤因·史蒂文森

两大老牌政党的反对程度。人民党一举拿下了科罗拉多州、爱达荷州、内华达州和堪萨斯州，又获得了二十二张选举人票，并在普选中获得了超过一百万张选票。因为各州的艰难时局和人民的不满情绪，人们的抗议很可能击败本杰明·哈里森。如果这种局势再持续下去，人民党组织就会吸引大量追随者。

1893年3月，本杰明·哈里森总统为了掩盖美国在财政上的弊端而苦苦挣扎了几个星期，以避免引起恐慌。从这一点看来，他是极不情愿将政府交给斯蒂芬·格罗弗·克利夫兰的。十多年来，美国立法一直围绕着巨额盈余展开，现在盈余几乎变成了赤字。美国持续繁荣的景象吸引着国会大量拨款。《麦金利关税法》将一部分财政收入用于实行一系列针对糖业的改革方案。《伤残军人抚恤金法案》支出数百万美元。美国国内的发展涉及各个领域。美国的财政盈余从1890年的一亿零五百万美元下降到了1891年的三千七百万美元。1892年和1893年，

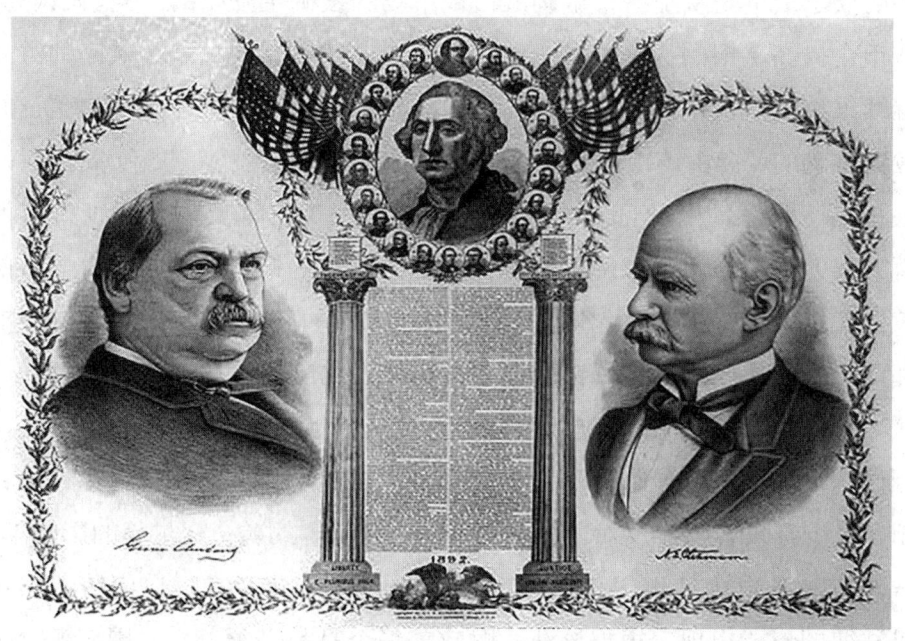

1892年总统选举海报：斯蒂芬·格罗弗·克利夫兰（左）与阿德莱·尤因·史蒂文森（右）

这个数字分别是九百九十万美元和两百三十万美元。1893年春，美国国库已经所剩无几，一旦遭受意料之外的打击就可能造成无法应对的局面。斯蒂芬·格罗弗·克利夫兰总统上任后的第一个任务就是找到美国财政亏空的原因并且提出补救措施。

美国的财政盈余同时受到了支出增加和收入减少的双重影响。收入减少在一定程度上是由于经济不景气，进口贸易减少，进而导致关税收入减少。与此同时，随着资产质量的不断恶化，美国国内出现了越来越多的紧张情绪，对自由铸造银币的恐惧加速了恐慌的到来。

传统的美国硬币一直是由白银和黄金铸造，但自1834年以来，白银就很少用来铸币或流通。1862年至1879年之间，无论是银币还是金币都没有被当作常用货币。1873年，在术语编纂中《铸币法》将白银从标准货币的列表中删去，事实上白银在近四十年中都被忽略。不久之后，银价下跌时银金铸币比率达到十六比一，几乎无利可图。恢复银铸币的要求最早是从那些希望刺激白银市场的银矿主开始的。一些人认为，铸币会提高金银的价格；另一些人则认为，政府将通过黄金赎回的方式继续维持银币价值，就像对待绿背纸币一样。1878年，理查德·帕克斯·布兰德推动的《自由铸币法案》发展成有限制的《布兰德－艾利森法案》。根据这一法案，财政部在十二年的时间里每个月都要购买至少价值两百万美元的银条。财政部不断抗议，认为以这些银币增加了黄金储备的赎回负担。随着白银价格继续下跌，银矿主们的要求日渐强烈。1890年，那些由于其他原因需要白银的通货膨胀论者也呼声高涨。

1890年，没有哪个政党明确表示支持或反对自由铸造银币运动，因而该运动并没有什么政治意义。但两大政党中都有人支持自由铸造银币，很少有政客强烈反对。在参议院的支持下、约翰·谢尔曼的影响下，一场有利于自由铸造银币的运动展开了。1890年7月，自由铸造银币以法律的形式出现。根据该法，财政部每个月都必须以新的国库券支付

第 13 章 平民主义

购买四百五十万盎司的白银。1891 年至 1893 年，美国一直保持用黄金以票面价格兑换南北战争期间发行的绿背纸币、布兰德－艾利森银币和 1890 年国库券。只有不断地按照客户的意愿兑换任何形式的货币，才能防止格雷欣法则①的作用，防止货币贬值到银条价值。

因为害怕蒙受损失，每个债权人都不愿看到白银成为货币基础。不然，他们手里的美元将从其所对应的黄金价值缩减到白银的价值。在不可避免的情况下，一种货币贬值本身就够糟糕了，有意采用这种货币就是一种直接的拒付行为。1890 年以后，人们更加害怕这种情况，这种恐惧阻碍了新企业的发展。最后，企业不得不在合同中添加"黄金条款"。只要有可能，人们都会贮藏金子。1890 年以前，纽约海关收入大部分是黄金，但在 1892 年和 1893 年之间的冬天，其收入只有不到百分之四是黄金。财政部发现财政支出逐渐接近收入，国库中的黄金逐渐减少。商人们非常担心货币的未来，可用资本的实际限度逐渐显现出来。

纽约海关

---

① 指劣币驱逐良币的原理，最早由英国的托马斯·格雷欣爵士（1519—1579）提出，故称格雷欣法则。——译者注

新美国：从门罗主义、泛美主义到西奥多·罗斯福新国家主义的蜕变

1878年至1892年，美国经历了繁荣，金融和经济上的动荡相对较轻，并且每年都有业务扩张。美国对公共基础设施的投资已经超过其年度储蓄额。1893年前，美国经济盈余几近耗尽，并且即将面临强制清算。1893年，美国各银行开始缩减开支自救，资金短缺成了普遍问题，萧条发展成了恐慌。1893年4月，美国财政部用于兑现全部白银和纸币的黄金储备已经低于企业认为的最低安全限度——一亿美元。同年夏，英国关闭了它在印度的造币厂，导致银价继续下跌。1893年7月之前，恐慌已经遍布整个美国[①]。

在本杰明·哈里森总统离任之前，恐慌已经迫在眉睫，而这一切都留给斯蒂芬·格罗弗·克利夫兰去面对。斯蒂芬·格罗弗·克利夫兰总统已经表示坚决反对自由铸造银币和将白银作为货币基础。他在《谢尔曼白银采购法》里看到了惊人的风险。于是，他一方面在1893年8月召集国会准备废除该法案，另一方面又通过发行债券保证了美国未来两年的黄金储备。这是自南北战争以来，民主党第一次全面控制美国政府的每一个分支。但现在它正面临一个问题，一个可能影响其竞选结果的问题，也是导致该党分裂的问题。

大多数人激烈地反对斯蒂芬·格罗弗·克利夫兰总统描述财政危机和要求废除《谢尔曼白银采购法》的咨文。一些来自两党的西部众议员和来自南方的民主党人则属于剩下的那个少数群体。1890年之后，那些曾经视人民党人为敌的人现在成了他们的朋友，并且超乎想象地提升了他们的实力。即使在民主党的命运遭到威胁时，总统也绝不妥协，并且在东部争取到了能够废除该法案的大多数票。1893年11月，《谢尔曼白银采购法》终于被废除。1894年至1897年，危机之后的债务偿还问题受到了影响。

---

① 1893年资金短缺造成的金融恐慌。——译者注

第13章 平民主义

关税改革并未迎来一个良好的开端。第一次关税改革会议就造成党派分裂的局面,导致对关税改革真正感兴趣的民主党人产生不满情绪。在《麦金利关税法》被废除之前,斯蒂芬·格罗弗·克利夫兰总统就丧失了对西部民主党人的影响力。就像人民党一样,这些民主党人认为斯蒂芬·格罗弗·克利夫兰总统维护的是各大公司和东部的金本位支持者的利益。西部的反公司情绪由于这次事件而升级,使公司和农民对白银问题产生了不同的看法。

1890年和1892年,主张关税纳为财政收入的观点占了上风。民主党承诺要通过相关法案。议长查尔斯·弗雷德里克·克里斯普任命威廉·莱恩·威尔逊为筹款委员会主席。威廉·莱恩·威尔逊用行动证明了他完成这一使命的决心。在1893年到1894年的例会上,他就提出了相关提案。和之前的法案一样,这项关税法案在众议院得以通过,在参议院经历改写,后来被两院协商委员会重新改写。参议员谢尔比·摩尔·卡洛姆说:"事实上,我们都是民主党或共和党人,为了保护我们各自所在州的产业,试图对该法案进行修订。"生产盈余不再是削减关税的理由。一群民主党参议员断然否定自由贸易的主张。在他们的领导下,该法案中大部分减少关税的条款都被删去。共和党人抨击这项措施,并愤怒地指责它是1893年恐慌的元凶。1907年,一位共和党总统仍将其描述为"在小麦价格跌破五十美分影响下"的一项措施。当《威尔逊法案》最终呈递给斯蒂芬·格罗弗·克利夫兰总统时,它与《麦金利关税法》一样受到强烈谴责。斯蒂芬·格罗弗·克利夫兰总统曾试图说服民主党对该法案进行大幅修改,但没能成功。因而在1894年7月,他拒绝签署这项法案。这样一来,《威尔逊法案》就成了一项没有总统签名的法案。这部毫无新意只是规定征收所得税的法案是对人民党的让步之举。不久,最高法院就宣布《威尔逊法案》违反宪法。

在与《威尔逊法案》斗争的过程中,斯蒂芬·格罗弗·克利夫兰总统公开冒犯了东部的民主党人,就像他在 1893 年因为废除《谢尔曼白银采购法》而得罪了西部的民主党人一样。1894 年夏,因为干预西部罢工运动,他引起所有劳工组织的不满。

1893 年的恐慌导致劳工群体动荡不安,也在众多失业者中留下了一个不稳定因素。同年夏,哥伦布博览会在芝加哥举行,很多失业者被吸引到那里,警方为此担心了好几个月。1894 年复活节前后,在雅各

政治漫画:斯蒂芬·格罗弗·克利夫兰
在与《威尔逊法案》的斗争中落败

第13章 平民主义

布·塞克勒·考克西的指挥下，一群"失业大军"在华盛顿游行。几周后，普尔曼卧铺车公司的员工集体罢工。在尤金·维克托·德布斯的领导下，美国铁路联盟对普尔曼卧铺车公司发起了联合抵制。劳工骑士团也支持罢工。在此影响下，铁路运输在整个西部都受到了阻碍。然而，伊利诺伊州州长约翰·彼得·奥尔特盖尔德没有镇压在芝加哥附近发生的骚乱和暴动，而命令民兵原地待命。当斯蒂芬·格罗弗·克利夫兰总统派联邦军队到芝加哥扫除铁路暴乱时，他也没有介入。

联邦政府的干预不仅使仍然坚持州权力至上原则的人不满，也激怒了罢工者和劳工组织。他们认为斯蒂芬·格罗弗·克利夫兰总统维护的是铁路公司的利益。当联邦法官颁布禁令禁止尤金·维克托·德布斯干预罢工时，他们认为法院也在替铁路公司说话。最后，罢工以失败告终。努力维护和平的斯蒂芬·格罗弗·克利夫兰总统与科罗拉多州人民党州长的行为形成了鲜明对比。这位州长曾介入矿工大罢工，但他非但并没有逮捕占领矿山的罢工者，还逮捕了地方司法官和驱逐罢工者的地方武装团。戴维斯·汉森·韦特州长表示："让鲜血浸透马的缰绳，我们国家的自由绝不能被摧毁。"1894年，国会将劳动节定为法定假日，但此举并未能安抚劳工组织。

到了1894年夏，斯蒂芬·格罗弗·克利夫兰所属的民主党已经分裂到无法修复的地步，而与他交好的大部分都是共和党人。他始终坚持健全的货币政策、关税改革以及维护法律秩序的稳定。在经历了一系列事件之后，他的所作所为疏远了西部、东部和劳工组织，并强化了民主党并不关心劳工利益的形象，因而无意中助推了人民党地位的上升。恐慌导致美国国内出现越来越多的不满情绪，因而人们有可能为了摆脱困境而求助于一种新的力量。人民党就是这样一股新势力。眼看着人民党的势力越来越强大，由于缺乏对它的了解，东部对它怀着一种复杂的心情，既看不起它又恐惧它。很多漫画中描绘的典型人民党形象都是骨瘦

芝加哥哥伦布博览会

普尔曼卧铺车公司的员工集体罢工

如柴、胡子拉碴、身着衬衫、脚踩靴子、衣冠不整的农民样子。然而，人们并没有认识到这场运动坚持改革的现实基础。一位讽刺作家把人民党描绘成"堪萨斯州的强盗"，称："与生俱来的本能指引着我选择了现在处于上升地位的人民党，因为它爱平庸的法则，我爱无知的法则。"

第 14 章 自由铸造银币运动

金融学者们在经过认真分析之后几乎一致认为，采用自由铸造银币政策将引发格雷欣法则，并将导致美元贬值。然而，与其说现在美国出现的分歧是经济规律使然，不如说是个人利益的驱使。债权人预见到他们的财产有可能因此缩水，所以担心自由铸造银币政策的出现。债务人则认为自由铸造银币政策会减轻他们的债务，因此也会轻易说服自己这项政策是理所应当的，并且这样做对他们来说也是一种道德层面上的解脱。

在西部看来，19 世纪 80 年代的物价下跌与其说是过度生产和机械发明的作用，不如说是美元升值的结果。白银支持者声称，美国的货币供应已经不足以满足日益增长的商业需求，因而被过度使用的美元逐渐获得了一种稀缺价值，但美元升值带给每个债务人的负担却是不公平的。这是西北部绿背纸币党之前的态度，是债务累累的萧条时期带来的结果。考虑到资金短缺的情况，1873 年的法案对西部来说显得格外重要。禁止白银流通成为一种犯罪行为。从西部的立场出发，美元应恢复到以前的价值，即白银的价值。1893 年以前，这条规定引发了人们严重的不满情绪，但还不是西部的主要矛盾。为了自由铸造银币的未来，人们不愿意脱离他们的政党，但恐慌驱使他们不得不走出最后一步。

在 1892 年的竞选中，各大政党选择采用回避性的政治纲领规避自由铸造银币问题,他们普遍对货币规律缺乏了解,最后问题暴露无遗。1890年之前,两大政党都不支持自由铸造银币政策,而国会议员却敢于迎合这一运动。随着自由铸造银币运动迎来了更多的希望,那些自身利益受到不利影响的人、认识到其理论危险性的经济学家以及谴责赖账行为的道德家们在大规模的教育活动中找到了他们共同的事业。

除极端通胀主义者之外,所有人都宣称他们想要"可靠的"或"稳健的"货币。1892年,两大政党都坚持任何形式的货币都必须保证可以在等价原则的基础上进行兑换。它们还强调必须和使用黄金一样使用白银,两党的政治纲领里没有出现与这些主张不一致或不可能实现的条款。等价使用原则满足了东部债权人的要求,而平等使用金银的原则满足了西部和南方债务人的要求。

1873年铸造的银币

第 14 章　自由铸造银币运动

　　许多不支持自由铸造银币的人呼吁采用金银二本位制，因为他们担心一味地坚持黄金本位会对自己的党派造成影响。只要传统十六比一的铸币比率仍然是商业铸币比率，那么两种金属的自由使用在理论上就是行得通的。但美国的经验表明，商业铸币比率的轻微变化必然会使价值较高的美元退出流通，而更便宜的货币投入使用。大多数经济学家都相信格雷欣法则，对商业铸币比率保持得够久就有可能实现复本位制的观点持怀疑态度。随着银价的急剧下跌，金银二本位制已经不可能出现。如果连政府通过黄金赎回的办法也不能控制流通中的白银，那么就没有任何力量可以阻碍银本位的出现了，就连美国法律也无法阻止。唯一的可能就是求助于规定十六盎司白银价值等同于一盎司黄金价值的国际协定以确立这个比例。尽管这种可能性微乎其微，但金银二本位制的支持者抓住了这根稻草，试图通过对国际金银二本位制的呼吁来拒绝自由铸造银币的要求。

　　1893 年的恐慌、白银的贬值以及《谢尔曼白银采购法》的废除进一步刺激了自由铸造银币运动，使其正式步入美国政治领域。1893 年 8 月，在芝加哥举行的关于白银问题的会议谴责了"1873 年的罪行"，而戴维斯·汉森·韦特州长向科罗拉多州议会建议，建立州立造币厂用于铸造作为法定货币的银币。在 1893 年和 1894 年的州议会上，两党政治纲领都涉及白银问题。1893 年，内布拉斯加州的民主党人拒绝了这一政治纲领。1894 年，奥马哈市支持自由铸造银币的民主党人召开核心会议，决定立即恢复自由铸造银币政策，"而无需等待国家的援助或同意"。

　　1894 年，在国会选举中，共和党人重新获得参议院和众议院的控制权，许多支持自由铸造银币政策的候选人也在其中。1895 年 3 月，第五十三届国会中约有三十位成员呼吁将自由铸造银币政策作为一项政党方针。金本位制度下还存在一处因不公而引起众怒的地方，即金本位捍卫者们都是富人阶级，而且通常都是各公司的董事。这项措施的成败已经演变成一场阶级之间的斗争。一本叫《硬币的金融学院》的小书以简单对话搭配插图的形式普及了西部人对于自由铸造银币的认识，并以直言不讳的风格一经出版就达到了数十万册的销量。1895 年，自由铸造银币运动的发展速度已经超越了人民党的控制能力，在任何一个党派对其采取包容态度之前，它的势力已经足以令所有改革措施黯然失色。1894 年，失去公职的《威尔逊法案》发起人写道："我从来没有如此失望过，我看到我们南方人愚蠢地采取了一个虚假和破坏性的方案打击了公共和私人信用的根基，丢弃了来之不易的胜利果实，而让北方获得

《硬币的金融学院》书中漫画：银是如何被法律行为而不是暴力行为"杀死"的

第 14 章　自由铸造银币运动

了在重建热情高涨的日子里都没有获得过的团结。这使南方陷入一片谴责声之中，南方在美国的影响力下降到了前所未有的程度。"

1895 年，第五十四届国会召开会议，托马斯·布拉克特·里德再次作为议长出现，但白银问题带来的情绪削弱了部分党员对党的忠诚。斯蒂芬·格罗弗·克利夫兰总统的年度咨文包含了政府和外交关系中常见的问题，并花了几页篇幅讨论财政部的金融运作和货币问题。最后，该文以强烈呼吁民众支持自由铸币政策作为结尾，呼吁他们"以爱国的立场和熟悉的经验"来重新审视该问题。整篇咨文中没有暗示任何其他议题可能会超越自由铸造银币问题出现在公众视野。十五天后，即 1895 年 12 月 17 日，美国总统向国会发出了关于英国和委内瑞拉之间的那场古老争端的特别咨文，震惊了世界，扰乱了股票市场，并再次带来了门罗主义。

多年来，委内瑞拉与英属圭亚那之间悬而未决的边界问题一直是引发争端的源头。这两个国家提出的索赔要求是高而模糊的，英国矿工的不断侵扰让委内瑞拉这个弱小的国家陷入恐慌。在将近二十年的时间里，委内瑞拉一直向美国求助，要求对争端进行仲裁，但最后总是徒劳无果。美国并没有对这场争端表现出什么兴趣，在斯蒂芬·格罗弗·克利夫兰总统之前还没有人过多地担忧此事。1895 年夏，斯蒂芬·格罗弗·克利夫兰总统答应委内瑞拉说服英国接受仲裁，并通过美国国务卿理查德·奥尔尼起草的一系列报告向索尔兹伯里勋爵[①]施压。

理查德·奥尔尼的论点是，由于两国在国力上的差异，这一争端适合通过仲裁解决，而且美国也对公平地解决领土问题感兴趣。他阐述了约翰·昆西·亚当斯在詹姆斯·门罗执政期间提出的原则，即南美洲各

[①] 即罗伯特·阿瑟·塔尔博特·加斯科因－塞西尔，索尔兹伯里侯爵三世（1830—1903），英国 19 世纪著名的政治家，保守党人，三任英国首相。——译者注

理查德·奥尔尼的漫画形象

索尔兹伯里勋爵

新美国：从门罗主义、泛美主义到西奥多·罗斯福新国家主义的蜕变

国的命运影响着美国，并断言这是美国公法的一部分。他列举了自1823年以来出现的相关案例，并没有在其中发现任何一个断然否定门罗主义的先例。长期以来，理查德·奥尔尼维护美国利益和霸权地位的言论未能说服英国外交部。英国外交部认为理查德·奥尔尼应用门罗主义和该主义约束力的做法是不恰当的，因此两国之间的仲裁被拒。斯蒂芬·格罗弗·克利夫兰总统在提交给国会的信中敦促美国对两国之间的边界问题进行仲裁，并维护仲裁结果。他承认："在提出这些建议时，我清醒地认识到由此产生的所有责任，也意识到了可能产生的所有后果。"

这篇咨文中传达的战争威胁论转移了公众对白银问题的关注。商人们被这一决定震惊了，而明智的时事评论员有的质疑门罗主义的价值，有的否认其恰当性。毫无疑问，公众都会支持斯蒂芬·格罗弗·克利夫兰总统的意见，但与斯蒂芬·格罗弗·克利夫兰总统最亲密的顾问团却持反对意见。政敌们指责他利用这个外交问题以达到团结政党的目的，

漫画：斯蒂芬·格罗弗·克利夫兰扭转了英国狮子的尾巴

第 14 章 自由铸造银币运动

或者制造恐慌来促进股市上的投机行为。英国一方面在媒体上怒斥美国，但另一方面却顺应了美国委内瑞拉委员会的仲裁要求。1897年，该事件以英国同意进行仲裁而告终。

无论斯蒂芬·格罗弗·克利夫兰总统关于委内瑞拉的那篇咨文是出于什么动机，它都没有为任何一个党派带来短暂的平静。民主党被白银和关税问题分割成不同派系，而共和党在1896年的计划也已经变得非常混乱。共和党曾有组织地推进美国的贸易保护进程，但这种热情却受到了压制。

漫画：仲裁庭做出裁决之后。门上写着和平与富足。索尔兹伯里勋爵（咯咯地笑）道："我喜欢仲裁——在适当的地方！"

新美国：从门罗主义、泛美主义到西奥多·罗斯福新国家主义的蜕变

1890年和1892年，尽管共和党失败了，但他们始终在努力争取贸易保护。1888年，马修·斯坦利·夸伊促成了那些在关税和共和党选民身上有金钱利益可图的制造商之间的合作关系。在制造业中，人们普遍认为商业繁荣和贸易保护是联系在一起的。有人预言，如果民主党获胜，美国将会面临破坏性的打击。1893年的恐慌似乎证明了这一点。当民主党通过《威尔逊法案》时，共和党人就曾断言，人们的担忧已经引起恐慌。各党派领袖秘密地与国内市场社团主席达成一致。这位主席在回忆录中写道："该法案……比我们所担心的破坏性要小得多。""在经济不景气的这些年，我们的商业并没有盈利，较以前以及它本该获得的利润少了很多。"很明显，当时的美国还不够繁荣，因此人们就更期待繁荣的到来。1896年提名的候选人中有一位是《麦金利关税法》的起草者，而一位俄亥俄州的漫画家在他身上发现了"繁荣的促进剂"。

《麦金利关税法》的名字来自俄亥俄州坎顿市的威廉·麦金利，其起草者是来自克利夫兰市的马库斯·阿朗佐·汉纳。自1880年以来，

漫画：威廉·麦金利戴上王冠，他的法案得到了很多人的支持

第14章 自由铸造银币运动

马库斯·阿朗佐·汉纳一直游走在商业和政治之间的边缘地带。他很早就认识到，从关税方面可在制造商处获利，并将得到的资金用于政治。几年来，他一直在俄亥俄州为竞选筹集资金，根据制造商的利益对其进行评估，让他们对按需捐款的责任印象深刻。这是一种商业交易。马库斯·阿朗佐·汉纳并没有从中获得特别的收益，但他把对政治的浓厚兴趣和主流的商业标准结合了在一起。1890年左右，他成了俄亥俄州贸易保护主义者的盟友，而后便踏踏实实地为总统选举工作做准备。

威廉·麦金利是一位机智而称职的国会议员，他支持关税改革，而且对关于关税问题的演讲很有说服力。他有很多热心的朋友，却几乎没有什么敌人，并因为1890年的《麦金利关税法》为很多美国人熟悉。1893年之后，他多次在公共场合被高呼为下一个候选人，但随着白银问题的出现，他似乎很难将自己关注的对象转移到新问题上。在一轮接一轮的辩论中，他更倾向于金银二本位制和自由铸币。因此作为共和党大本营的东部不相信他能公正地处理货币问题。然而，如果威廉·麦金利放弃自由铸造银币，那么他是否能控制住西部的局面就难说了。几个月来，马库斯·阿朗佐·汉纳带领着威廉·麦金利的支持者们，用自己的资金努力让公众保持对关税问题的关注度，而这位候选人则在自由铸造银币这个关键问题上保持着谨慎和令人焦急的沉默。

在总统提名中，威廉·麦金利最重要的竞争对手是本杰明·哈里森和托马斯·布拉克特·里德，但他们都没有像马库斯·阿朗佐·汉纳那样精明能干的竞选经纪人。威廉·麦金利在圣路易斯的第一轮投票中就得到了提名，得到副总统提名的是新泽西州的一名公司律师，金本位支持者加勒特·奥古斯都·霍巴特。

整个1896年春天，共和党政治纲领的性质一直处于争论之中。共和党不愿涉及白银问题，而该党预先确定的候选人也对此迟疑不决。在政治纲领委员会中，机会主义者暗暗较劲，他们想要继续采取逃避政策；

新美国：从门罗主义、泛美主义到西奥多·罗斯福新国家主义的蜕变

加勒特·奥古斯都·霍巴特

西部人觉得白银对他们的意义大于党派影响；人口众多、商业发达的东部则致力于提倡金本位制。当金银二本位制的支持者们认识到金银二本位制成立的可能性必须建立在国际性的基础上时，他们的宣传工作才取得了一定进展。后来，政治纲领委员会的成员们出于不同的目的最终采用了有关信贷的政治纲领条款。共和党在严厉斥责民主党制造恐慌并重申贸易保护承诺之后，又谴责了货币贬值及信贷的问题。共和党反对自由铸造银币，声称所有货币都必须保持在"与黄金同等的地位"，并承诺为达成关于金银二本位制的国际协议而努力。

支持自由铸造银币的州代表团在与会人员中发起投票，打响了自由铸造银币之战，最终却因818.5 票对105.5 票①的投票结果惨败。为此，

---

① 为使投票尽量具有广泛性，投票实行半票制，即除拥有完整一票投票权的代表外，其余代表只有半票投票权，有的甚至只有三分之一或四分之一的投票权。——译者注

第14章 自由铸造银币运动

科罗拉多州和犹他州的参议员带领三十四名成员退出了大会以示抗议。就连禁酒党也因对这个议题的不同看法而分裂。幽默周刊《生活》十分严肃地说道:"现在这个国家的两大政党分别是金党和银党。两个旧党派已经暂时失去它们的光芒。"很少有人满意共和党的处理结果,因为在自由铸造银币问题上,虽然共和党的政治纲领指向了一个方向,但候选人的职业生涯却指向了另一个方向。共和党的切身利益和贸易保护问题没有引起任何关注。

1896年7月,民主党在芝加哥召开代表大会,但并没有预先确定总统候选人。人们注意到斯蒂芬·格罗弗·克利夫兰连一个建议性的政治纲领也没有。没有任何总统像他那样孤军奋战。他与共和党人就其主要政策进行讨论,但在自己的党派中却没有追随者。他不紧不慢,耐心、勇敢又固执,曾两次为他的政党兑现了承诺,而且也没有被西部应对财

漫画"先锋克利夫兰":显示共和党走上了斯蒂芬·格罗弗·克利夫兰总统(右)闪耀的金本位之路。加勒特·奥古斯都·霍巴特穿着黑色外套(正中左边),佩戴一条带有他的名字的运动丝带,走在威廉·麦金利和前总统本杰明·哈里森(戴着灰色帽子)之间

政风险的短暂需求而冲昏头脑。他带领国家行政部门走过八年的扩张和重组的岁月，一直是文官制度改革的忠实公仆。1896年5月，斯蒂芬·格罗弗·克利夫兰颁布了新的规定，进一步增加了文官分级职务，增添了约三万一千名员工。这样一来，在十七万八千名联邦职员中文官就达到了八万六千名。因此，在政客们的眼中他的过错又加了一重。在任期结束前至少两年，他就退出了党派政治。1897年，斯蒂芬·格罗弗·克利夫兰选择住在了普林斯顿。从那时起，他坚持写作和演讲了十一年。1908年，在他去世之前，人们已经忘记1896年对他的恨意了。在美国人心目中，他的形象仍然高大，因为他的独立和真诚无可非议。

大势所趋，没有什么能阻挡，民主党与人民党和自由铸造银币运动联盟。1892年，作为弱势党派，它们感到应该联合起来对抗共和党了，对与马库斯·阿朗佐·汉纳和威廉·麦金利的政党做斗争充满责任感，因为这个政党主张在贸易保护和金本位制的基础上发展商业、金融和制造业。人民党和民主党紧密联盟共同抗争并非难事，因为人民党自由铸造银币的观念已经逐渐渗透到西部和南方的民主党人中。在1896年的代表大会上，如1894年内布拉斯加州那样，三十多个州要求立即实行自由铸造银币政策，而大多数民主党代表在他们来芝加哥之前就已经对此做出承诺。他们在大会的第一轮投票中就已经控制住局面占了上风，并提出政治纲领条款，要求"以目前十六比一的法定比率自由且无限制地铸造金银货币，无须等待任何其他国家的援助或同意"。

尽管白银政治纲领条款的通过已经是确定无疑的事，但有关该条款的争论仍然漫长而激烈。这场争论最后终止于内布拉斯加州代表团的领袖威廉·詹宁斯·布莱恩。他是前国会议员，后来曾说道："我从来没想过自己会得到这样一个机会来终止这场争论，我怀疑如果这个机会给了这个时代的另外一个人，结果会不会一样。"经过几天的激烈辩论，与会人员早已疲惫不堪，那些老政客因为坚持不住就先行离开了，候选

第 14 章　自由铸造银币运动

威廉·詹宁斯·布莱恩(右)与埃德加·霍德华(左)

人也不在场。威廉·詹宁斯·布莱恩抓住了这一机会。这一年，他只有三十六岁，其他州没有人熟悉他的相貌或名字，但他一直在用宗教的宣讲力度和演讲技巧宣扬着自由铸造银币的好处。他的演讲通过不断重复而层层深入。当他呼吁实行自由铸造银币政策时，演讲达到了高潮："如果谁敢站出来公开维护金本位，说它是一件好事，我们一定会抗争到底。""在我们身后的是美国乃至全世界从事生产的大众。有商业利益、劳动利益和各地工人作为后盾，我们将对呼吁金本位的要求做出回应：你们不能将带刺的王冠强压在劳动者头上；你们也不应该把人类钉死在黄金做成的十字架上。"由于威廉·詹宁斯·布莱恩对白银的热情

新美国：从门罗主义、泛美主义到西奥多·罗斯福新国家主义的蜕变

给人留下强烈印象，加之没有其他候选人出现，在第五轮投票中，大会提名了威廉·詹宁斯·布莱恩，并选择缅因州的亚瑟·休厄尔作为副总统候选人。

1896年7月22日，人民党在圣路易斯召开会议。一位忠诚的领导人抱怨道："如果选择联盟，我们就完了。但如果我们不联盟，所有支持自由铸造银币的人都会离开我们转向比我们更强大的民主党人。"两党联盟控制住了大会导向，通过投票击败了坚持独立的"中间路线"集团。尽管亚瑟·休厄尔提名佐治亚州的托马斯·爱德华·沃森遭到否定，但威廉·詹宁斯·布莱恩得到了提名。1896年以后，人民党的组织还在，但它的活力却永远消失了。

1896年的竞选活动围绕着教育、情感和恐慌等主题展开。反对势力驱使着威廉·麦金利更加坚定地捍卫金本位制。贸易保护再也无法引

亚瑟·休厄尔（右）与威廉·詹宁斯·布莱恩（左）

第14章 自由铸造银币运动

起人们的关注,而其他问题也逐渐被淡忘。威廉·詹宁斯·布莱恩的党派吸引了共和党和禁酒党的白银派,并吸收了人民党。经历了几周策略上的犹豫不决后,支持金本位制的民主党人选择脱党。1896年9月,他们在印第安纳波利斯召开会议,提名了约翰·麦考利·帕尔默和西蒙·玻利瓦尔·巴克纳。在这次投票中,斯蒂芬·格罗弗·克利夫兰总统和内阁成员选择支持他们。威廉·詹宁斯·布莱恩四处奔走,到处宣讲他的新观念,被数百万美国人视为"美国人民第一次反对垄断的伟大抗议——这是我们国家人民第一次反抗特权阶级的伟大斗争"。在这场斗争结束时,《国家》评论道:"也许再没有人能在人民的生活中成功地引发如此强烈的恐惧,却没有付出生命代价。"

约翰·麦考利·帕尔默

作为全国委员会主席,马库斯·阿朗佐·汉纳组织了共和党的竞选活动。他让大众认为威廉·詹宁斯·布莱恩正在进行的选举活动是"反对十诫"的活动。他筹措资金的来源主要是早就习惯这种要求的制造商和大量的受恐慌影响并且害怕被孤立的捐赠者。各保险公司和国家银行也接受评估并欣然捐赠。这些资金最后流入美国有史以来最广泛的教育活动。

与威廉·詹宁斯·布莱恩不同的是,威廉·麦金利整个夏天都待在家里,各代表团则不得不千里迢迢地来到他在俄亥俄州坎顿住所的阳台

新美国：从门罗主义、泛美主义到西奥多·罗斯福新国家主义的蜕变

上。面对这些人，他讲话简洁有力，带着他在竞选活动中逐渐建立起来的自信。马库斯·阿朗佐·汉纳组织了一群演说家在全国范围内宣传威廉·麦金利的观点。他们通过演讲接触到并努力说服每一个有可能接受白银问题的选民。在竞选活动的最后几天，一场恐慌席卷了保守阶层，也为马库斯·阿朗佐·汉纳的竞选基金带来前所未有的捐款数目，腐败的传闻不绝于耳。

在大选前一周，一位在纽约旅游的英国游客在周志中写道："当然，到周三为止，我们什么事都做不成。所有美国人都兴奋不已。纽约正处

1896总统选举期间的漫画：想象一下威廉·詹宁斯·布莱恩获胜后的最高法院将会是什么样子。其中的"法官"是伊利诺伊州州长约翰·彼得·奥尔特盖尔德（右中站起）。在他左边，手里拿干草叉的是蒂尔曼

第 14 章　自由铸造银币运动

于近乎狂热的状态。我还从来没有见过像昨天那样的场面。整个城市到处都像印有共和党和民主党标志旗帜的海洋——街道上挤满了人,约有超过两百万人。整个商业区都在进行盛大的游行,历时七个小时,而仅在场的商人就超过了十万人。每个人——事实上,不仅是美国人,还有英国人和所有欧洲人——现在都在急切地期待着周二晚上揭晓的最终结果。现在,一个更大的问题越发清楚了:不仅仅是威廉·詹宁斯·布莱恩的主张导致——美元相当于五十美分——而不是标准的一百美分——会产生深远的灾难性影响,而且这整场争斗会对良性的建设性力量形成一种无政府和破坏性的影响。"

这次投票是在四十五个州进行的——犹他州在 1896 年刚被联邦接纳。没有哪场选举获得了比预期更多的选票。威廉·詹宁斯·布莱恩获

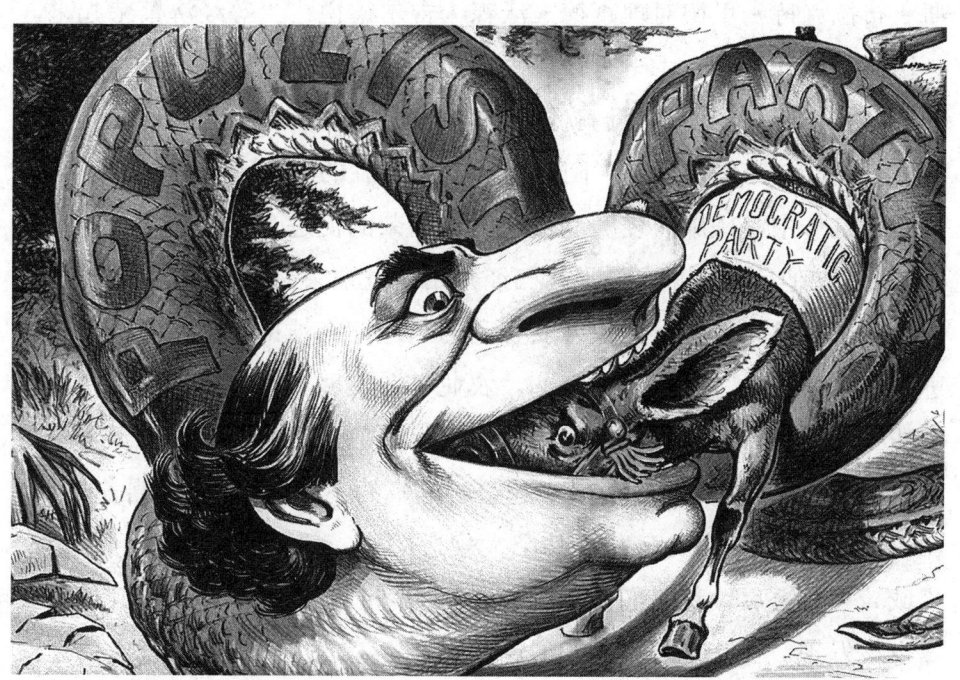

1896 年总统选举期间的漫画:威廉·詹宁斯·布莱恩如果当选总统,他会像一条蛇一样吞噬代表民主党的驴子

得了六百五十万张选票，比历任总统获得的选票都多了近一百万张，但他还是比威廉·麦金利少了六十万张选票。共和党获胜的地区包括弗吉尼亚州和田纳西州北部的每个州，以及密苏里河以东除了密苏里州和南达科塔州的各州。团结的南方与团结的北方和东部对峙，而西部则出现了分歧。威廉·麦金利得到两百七十一张选举人票，而威廉·詹宁斯·布莱恩得到一百七十六票。

竞选宣传对于竞选结果的影响不容小觑，从经济学的观点来看就是恰当的宣传是成功的一半。然而，比起人们的情感倾向和对自身利益的考量，冷静的分析在当时似乎不占优势。1894年，经济萧条到了最低谷。到了1895年和1896年，美国经济状况开始好转。自由铸造银币运动是一种应对艰难年景的运动，但在经济恢复之后它的影响就减弱了。托马斯·布拉克特·里德对理查德·沃森·吉尔德说："等经济繁荣起来，一切都会变好的。"手里有钱能偿还债务的公民不希望通货膨胀出现。一旦具有了偿付能力，他们就能理解稳健的财政理论了。大环境和黄金很有可能都是帮助马库斯·阿朗佐·汉纳获胜的有利因素。

在宣传中，威廉·麦金利被誉为"繁荣的促进者"。事实上，1897年3月，在他就职之前，美国就已经开始恢复繁荣。1893年的恐慌过后，债务的清算已经开始。威廉·麦金利的当选彻底结束了人们对货币制度进入立法的担忧。商业正在复苏，农业也在发展。西部平原上那些时运不佳的农民，有的可以将农场经营得有声有色，有的因为经营不善不得不放弃了农场。1896年之后，引起金融危机的不是白银，而是黄金通胀。1896年，阿拉斯加又开发了几个大规模的矿，吸引大量移民到育空河流域。不久之后，移民们又来到了诺姆的海滩。另外，金矿及其他贵金属也被发现。到1900年，物价不降反涨，高昂的生活成本取代了之前的低物价水平，吸引了美国人的注意。1881年至1896年，黄金的年平均产量高达一亿三千二百万美元。1896年至1911年，这个数字增长到

1896年总统选举期间的漫画《历史会重演》：漫画左半部分显示，威廉·詹宁斯·布莱恩手持文件，上面写着"我们谴责联邦当局任意干预地方事务，这违反宪法"；漫画右半部分显示，杰斐逊·戴维斯在面对面对亚伯拉罕·林肯和联邦军队时也持有同样的文件。该图画暗示美国很有可能再次爆发内战

三亿三千七百万美元。威廉·麦金利的当选是共和党的胜利,但实际上却是稳健货币政策的胜利。他代表的是债权人和制造商的利益,并因为所有党派中的金本位制支持者而得以巩固。如果没有后者的帮助,他极有可能因为各种问题与总统之位失之交臂。威廉·麦金利一就职,共和党便控制了国会两院。共和党是因为货币问题在竞选中获胜的,但因为宣传关税改革而成为一个永久性的组织。在威廉·麦金利就职之前,马库斯·阿朗佐·汉纳宣布这次选举的结果将会启动一项新的保护性关税。威廉·麦金利总统早期的官方行为之一就是在 1897 年 3 月 15 日召开国会特别会议,以履行这一承诺。

第 15 章 反改革运动

自由铸造银币运动像楔子一样导致各党派内部均出现分裂。此时，人民党的使命并没有结束，一系列根本性的改革既使它度过了艰难时期，也让它经历了经济复苏时期。尽管被更大的争议所掩盖，但这些改革还是有一定说服力的。人民党承诺的改革并没有得到认可，但在执政党内部引发了一场反改革运动①。事实上，当时这一运动已经在进行中了。因为在 1897 年至 1911 年间，共和党在国家政府的每一个分支中都占据了主导地位，反改革运动虽然很大程度上是在共和党内部进行的，但本质上却无党派。该运动的支持者主要来自内战以来受过教育的一代人。事实上，运动的许多领袖都或多或少受到过民主高等教育的影响，而支持该运动的材料主要源于历史学、经济学和社会学视角下对美国社会力量的相关研究。

当时，美国政治的实际状况处于内战后三十年的最低点。经过多年的竞争，美国政治已进入疲惫期，美国人关注的重点突然转向各个领域的商业投机活动。公职都留给了有意担任公职的人，公众对政府行为的监督被极大地削弱。行政管理人员自己处于无人监管的状态，利用在选举机构的工作和选民身份获利。在美国的每一个州和城市，政府机关都被选民们占据，而选民们对候选人几乎一无所知，只是根据各个党派的

---
① 与先前改革的结果相反的改革运动。——译者注

推荐来做选择。对提名的控制意味着对选举的控制，而控制权掌握在坚持参加核心会议和代表会议的人手里，但这些人在操纵选举方面并不太谨慎。针对选举腐败的法律并没有涉及初选中的腐败问题。通过制造业和移民迅速成长起来的城市有着大量选民资源，可以逐渐争取来培养成各位"老板"的支持者。

1870年左右，美国"老板"们开始出现在城市里。他们的权力是建立在个人对下层阶级——同时是多数选民的集体影响之上的。在取得了政党机器的控制权后，"老板"们指定了候选人名单并制定了政策，而且像曝光的特威德集团那样，利用政府不断争取支持，使自己的权力得以延续。他们不太考虑政党原则，与新企业建立了紧密的联盟。各企业不断需要新的法律法规，包括建筑法规、运输法规以及合同解除权或经销权相关的法律法规。管理选举的资金也来自联盟企业，而且往往用于直接贿赂，尽管不多但最后却很有必要。

1870年以后，政府邪恶的一面逐渐暴露。在大多数城市，市民偶尔会愤而反抗，但从长远来看，他们并不是职业政客的对手。在欧洲各城市政府迅速做出改善的时候，美国各市政府却在不平等的竞争中变得越来越糟糕。美国各州也都受到了机器政治[①]的影响。1890年之前，占主导地位的国家政党从企业联盟中获得了最宝贵的支持，而这些企业也是通过这种伙伴关系获利的。

随着"老板统治"的罪恶越来越明显，一些美国人开始不断为争取一个更好、更廉洁的政府而努力。其中一位是来自纽约的波特主教，在1887年美国《宪法》的百年庆典上，通过布道拥有了很多听众，并从对国家的祝福谈到了美国政府的现实情况。对这一主题最感兴趣的是《美利坚合众国》的作者詹姆斯·布莱斯。

---

① 机器政治亦称"老板统治"，指美国19世纪后半叶出现的一种政党政治，由一个老板或小集团控制，通过筹款、拉选票扶持某政党上台。——译者注

第15章 反改革运动

波特主教

自1835年夏尔·阿列克西·德·托克维尔在美国出版了《论美国的民主》以来,还没有任何外国学者对美国人的生活进行同样深入的观察与研究。直到19世纪70年代早期,年轻的英国历史学家詹姆斯·布莱斯开始通过一系列的美国之行审视这个年轻的国家。在将近二十年的时间里,詹姆斯·布莱斯断断续续地进行着他的美国访问。在牛津大学任教授期间、在下议院和政府部门任职期间,他就一直过着这样充实的生活。在美国,他认识了每一个值得认识的人,考查过西部的偏远地区,也领略过东部较为成熟的社会。1888年,他在书中提出了自己的研究成果,充满了对美国的赞赏,也对美国不尽如人意的方面进行了剖析。其中一个章节对美国情况的描述非常贴近现实,以至于相关人士以诽谤罪起诉了他。但多数美国人还是认为这本书描绘的是一幅和谐的画面，并认为反对意见其实进一步证明了书中描述的真实性。也许没有一本书能如此深刻地影响这一代美国人的思想，并以如此特别的方式指引美国改革的进程。一时间，这本书成了教科书，揭露了腐败和恶政的无党派本质。人民党将此观点扩大，认为所有的改革运动都是无党派的。

"老板"的权力很大程度上源于美国政府机制。有些人鼓吹进行精神改革的必要，但也有人认为只有改进体制才能取得成果。选举腐败长期困扰着英国和美国的政治，但是一个最容易改善的缺陷。在现行的选举制度下，花钱买选票的人很容易就能看到自己投入的资金带来的好处。各州提供投票地点，而候选人或政党提供印制选票。在投票时，政党代理人将这些选票分发给选民，而在投票之前，收到选票的选民一直受到监视。恐吓或直接贿赂很容易也很常见，但秘密交易并不为人所知。忠诚于某一政党的选民将选票存起来，"老板"们则根据需要来处理这些选票。1888年，据推测，根据纽约州的民主党"老板"大卫·班尼特·希尔和共和党"老板"托马斯·科利尔·普拉特之间的一纸协议，许多共和党人被要求投票支持大卫·班尼特·希尔担任州长，而民主党人则被要求投票支持本杰明·哈里森担任总统。

当时，采用无记名投票制是一项合情合理的选举改革措施，这项措施一经提出便迅速在美国普及开来。1888年，马萨诸塞州采用了基于《澳大利亚投票法》的选举制度。同年，纽约州州长大卫·班尼特·希尔否决了建立该制度的法案，却意外将该制度的优点广而告之。1892年，在下届总统选举之前，公开贿赂或恐吓选民的历史正迅速成为过去，因为有三十三个州采用了由政府当局通过的澳大利亚式投票制，并秘密投票。1892年埃德温·劳伦斯·戈德金用尖刻的文字写道："马修·斯坦利·夸伊、托马斯·科利尔·普拉特和詹姆斯·克拉克森可能会找

漫画：大卫·班尼特·希尔（右）在用放大镜努力看清事物的本质

到一个新的解释，即本杰明·哈里森总统自愿放弃他们提供的竞选宣传服务。"

澳大利亚式投票制能保障投票的廉洁，使公民在保密和安全的情况下进行投票，但提名仍不在法律可控的范围之内。詹姆斯·布莱斯写道："美国政治面临的一大问题就是如何找到所谓廉洁的人担任公职。"只要能主导提名结果，"老板"们还是能接受这种廉洁的选举方式的。在投票改革完成后，党内初选的法律进程才刚刚开始。最极端的初选改革者认为，在每个政党内部都需要进行初步选举，但在法律的保障下，最终应由选民自主选择候选人。直接初选是由年轻人来商讨的。他们雄心勃勃，但由于"老板"们选择候选人的标准十分严格，最终也无能为力。1897年，年轻的前国会议员罗伯特·马里昂·拉弗莱特制定了一个完备的适用于地方乃至全国的初选制度，并为该制度广泛听取意见。初选改革运动必然受到机器政客们的强烈反对，因为虽然该运动进展缓慢，但目标却对准了政客手中的权力。1901年，初选改革运动在明尼苏达州取得了胜利；不久，又在威斯康辛州告捷；直到1911年，初选改革成了改革类政治纲领的核心特征。

初选和投票改革旨在提高公职人员的素质，并辅以直接立法以监督选举结果。瑞士提出了一项新的方案，即公民可以通过请愿的方式制定新的法律或对现行法律投票表决。而在美国，以普选或全民公决的方式提出特别方案的观念由来已久。通过这种方式，各州的宪法和宪法修正案被习惯性地采用，而城市宪章、贷款和特权的问题也往往能确定下来。通过倡议提出方案的观念还比较新颖，一经提出就吸引了改革者们的关注。改革者们对立法机构感到失望，因为立法机构总是否决他们期望通过的法律，也不愿意通过他们认为有价值的法律。1892年，人民党建议对直接立法系统进行调查。1896年，改革者们采纳了这一建议。1894年，美国出现了一本促进改革的杂志。1898年，南达科他州成为美国在宪法修正案中采用倡议和全民公投方式的第一个州。对指责该计划仅仅是政治机器手段的人，改革者们做出的回应是："直接立法并不是解决所有国家问题的灵丹妙药。事实上，对于任何问题而言，它都不是万能药。它仅仅是可以被控制的、用来送药的勺子而已。专项立法才是解决政治问题的灵丹妙药。"

西部比东部更愿意从现有的实践中脱离出来，开始新的改革，因为西部一直都是美国各地区中较为活跃与自由的一个地区。在1800年到1830年之间，西部引领美国扩大选举权的范围，并消除了财富和宗

第15章 反改革运动

教因素对选举资格的影响。现在,西部各州又开始触及选举权中的性别问题。随着1890年怀俄明州加入联邦,各州陆续允许妇女参加选举。1893年,科罗拉多州通过了一项关于妇女选举权的修正案。犹他州——用妇女的话说,"在落基山脉的顶峰上完成了真正意义上共和政体的三位一体",在1896年1月,成为第三个通过妇女选举权提议的州。1896年,爱达荷州也通过了妇女选举权提案。直到1911年,第五个州才加入了这个行列,妇女运动正渗透美国的各个领域。1890年,联邦妇女俱乐部总会成为美国妇女活动的交流中心。妇女运动通过消费者联

联邦妇女俱乐部总会成员

新美国:从门罗主义、泛美主义到西奥多·罗斯福新国家主义的蜕变

盟这样的组织成为美国整体改革的一部分。对政府机制缺陷和社会需求更清晰的认识正在迅速蔓延。1889 年,简·亚当斯开办的赫尔馆使社会工作者能通过劳动阶层研究工业进步的成果,在城市里被竞相模仿。

1890 年,美国开始出现各种新改革。在 1892 年到 1896 年间,这些改革由人民党接手。在 1896 年之前,两大政党都没有注意到改革的进程,但在每个政党中都有一些年轻人对于改革有着自己的观点。在人民党消亡之前,无党派运动就获得了众多追随者,并且让很多顽抗的组织也开始有所改观。改革整体上以让政府能更好地代表选民,并从

简·亚当斯

第 15 章　反改革运动

在赫尔馆求助的劳工家庭

可能或经常利用改革扩张个人势力的人手中接管事务为目的。1896 年，新改革因自由铸造银币运动而黯然失色，在十年的时间里又因种种意外被公众遗忘，从而推迟了实施。美西战争、经济复兴以及关税立法改革转移了公众的注意力。

1897 年 3 月 4 日，威廉·麦金利宣誓就职。他曾在五届国会任职，并担任过三届俄亥俄州长。约翰·米尔顿·海伊曾表示："他（威廉·麦金利总统）对立法机构的结构、方法和思维习惯都非常了解。""他对自己的权威和最根本的公正目标有着坚定的信念和最深的尊重。"威廉·麦金利不会因为直言不讳或缺乏经验而让企业难堪。他性情和善，能认识到政治手段的价值，对调和不同意见有自己独特的技巧，认为自己的职责是及时代表大众表达真实意愿。在这一点上，他与斯蒂芬·格罗弗·克利夫兰有着根本不同，他会为了自己眼中的人民利益行事。与他一同当选的内阁成员也都是先前支持他竞选的人。

1897年，共和党顺应当时的趋势，与商业组织结为联盟。1897年至1909年，这个联盟稳步发展。马库斯·阿朗佐·汉纳是联盟发言人。在为东部报纸创作插图的漫画家霍默·卡尔文·达文波特笔下，马库斯·阿朗佐·汉纳真诚而和善的面孔成了讽刺漫画中为博大众眼球而描绘的商业大亨形象。这是极不公正的。马库斯·阿朗佐·汉纳有着强烈的自尊心，认为保护资产是政府的首要职能，而资产也应该为了这个目的而组织起来。他只是为了利益而从事商业活动，把政府看作附属品，并没有怀着什么恶意。他有着天然的亲和力，在1897年成为公众人物之后，

漫画：汉纳先生关于劳工问题的立场

第 15 章 反改革运动

又在讲演方面极富声誉。在离世之前,马库斯·阿朗佐·汉纳终于摘掉了在 1896 年竞选期间因为对手的恶意攻击而强加给他的恶名,但他仍然认为政府只是商业资产利益的最佳代表。他没有进入威廉·麦金利的内阁,但在约翰·谢尔曼的席位空出时,成为俄亥俄州参议员。

共和党人需要一位财政部长来完成对国际金银二本位制的承诺。约翰·谢尔曼虽然年老不坚定,还是被说服去担任这一职务。财政部的日常事务被分配给总统的老朋友、助理部长威廉·鲁福斯·戴伊。来自密歇根州的火柴托拉斯大亨拉塞尔·亚历山大·阿尔杰进入战争部。芝加哥第一国民银行的总裁莱曼·贾德森·盖奇接手财政部的工作。其他

威廉·鲁福斯·戴伊

部长也都是可靠的人,通常都是白手起家,有望激发人们对商业领域的信心。

当时出现的新参议员同样代表商业和政治联盟的利益。来自俄亥俄州的马库斯·阿朗佐·汉纳和来自纽约州的美国快递公司的托马斯·科利尔·普拉特就是突出的例子。在宾夕法尼亚州,尽管遭到老伙伴约翰·沃纳梅克的反对,马修·斯坦利·夸伊还是提名了另一个同事博伊斯·潘罗斯。只有在支持自由铸造银币的参议员的帮助下,共和党才能保证参

莱曼·贾德森·盖奇

第 15 章 反改革运动

议院的多数席位,使货币立法成为一件不可能的事。但管理者们希望能在国会召开特别会议时,也就是就职典礼两周后,获得多数人对保护性关税的支持。

早在斯蒂芬·格罗弗·克利夫兰总统离任之前,修订关税政策的准备工作已经就绪。托马斯·布拉克特·里德一定会得到大多数人的支持,重新当选议长。同样,缅因州的纳尔逊·丁利也肯定会成为筹款委员会的主席,并在 1897 年举行关税听证会。制造商向委员会陈述的观点显然带有贸易保护的强烈愿望。比如,经常有人讲起《威尔逊法案》的低利率是如何引起 1893 年的恐慌的,而一位纽约州的"东方地毯"制造商则要求受到贸易保护以避免与德国制造商而不是东方的竞争,让人哭

博伊斯·潘罗斯

纳尔逊·丁利

笑不得。自 1890 年以来，共和党的力量都用在关税修订上，其领导人暂缓了白银问题，以免计划被取消。现在，尽管货币计划得以继续，但共和党仍然能控制一切，就好像 1896 年让关税问题占据主导地位一样。对修订关税的呼吁表明了关税立法的必要性。托马斯·布拉克特·里德通过拒绝任命委员会成员来阻止众议院的工作，因为如果没有委员会，其他事务就无从谈起。

在一场敷衍了事的辩论之后，众议院通过了《丁利法案》，所有人都认为这只是参议院和两院协商委员会真正斗争的开始。在参议院，该法案的内容成了财政委员会的一项新举措。财政委员会秘书西蒙·牛顿·德克斯特·诺斯也是羊毛制造商协会的秘书。税收在任何地方都是为贸易保护服务的，直到统计局局长沃辛顿·昌西·福特宣布，将暂缓

第 15 章 反改革运动

《丁利法案》的通过以解决赤字问题。在该法案最后通过的时候，来自路易斯安那州的民主党参议员塞缪尔·道格拉斯·麦克内里选择了脱党，转而投票支持糖业贸易保护。1897 年 8 月，尽管"背叛"了自己的政党，但塞缪尔·道格拉斯·麦克内里还是受到有四百名副会长的接待委员会的欢迎。在内华达州的约翰·珀西瓦尔·琼斯的领导下，支持自由铸造银币的参议员们都支持该法案。1890 年，他们曾以同样的策略获得了《谢尔曼白银采购法》的通过。现在，为了平衡权力，他们为自己争取了一系列修正案，涵盖了兽皮、羊毛和矿石等行业。1897 年 7 月初，《丁利法案》在参议院获得通过，1897 年 7 月 24 日，成为一项法律。尽管该法的最后通过主要归功于来自艾奥瓦州的参议员威廉·博伊德·艾里森，但还是继续以其被遗忘的创始人纳尔逊·丁利的名字命名。

1897 年，共和党无论如何都不可能成为人民党所提倡的无党派改革的载体，但许多年轻的共和党人已经接受这一点。关税立法几乎吸引了所有全国性组织的关注，而经济复兴却打击了人们的改革热情。1897 年和 1898 年美国在政治上做出的反省并不比自 1890 年以来面对社会混乱和强制经济时期容易。文官制度改革和竞选改革是在经济上升的过程中开始的，但政党机器继续控制着各大组织。

1897 年春，参议院的行为让许多改革者感到失望。斯蒂芬·格罗弗·克利夫兰总统把和英国签订的仲裁协议留给参议院处理，但当他离任时该事项却仍然没有任何进展。仲裁是处理英美关系时常用的国际工具。边界、捕鱼权和索赔等问题不断提交给不同的法院或委员会来裁决，甚至影响英国名誉的索赔案也在日内瓦通过仲裁解决。委内瑞拉事件过后，各国在天湖举行的会议上心平气和地讨论仲裁方法的延伸问题。英国在与委内瑞拉的争端中，英国接受了仲裁原则。1897 年 2 月，斯蒂芬·格罗弗·克利夫兰总统也接受了在华盛顿签署的一般性仲裁条约。公众舆论也真诚地接受了该原则，但参议院却迟迟不采取行动。1897 年春末，

塞缪尔·道格拉斯·麦克内里

天湖

辅以一系列修正案的仲裁原则得到了批准，但去了原有的力量，表明参议员们并不愿接受仲裁原则。和睦稳定的对外关系因此迟迟未能建立。不断升级的古巴起义将公众的注意力从外交和改革问题上转移过来。

第 16 章 美西战争

1895年，古巴起义爆发，这只是古巴众多暴动的其中之一而已。自1878年十年战争结束以来，这个岛屿表面上风平浪静，但一直都吸引着美国的注意力。美国的外交政策不只一次关注古巴，在不同时期重申了门罗主义的内涵。美国购买古巴计划的目的是扩大奴隶区，控制加勒比地区或扩大水果和甘蔗种植区。《麦金利关税法》允许糖业进行

马丁内斯·坎波斯将军进入哈瓦那，标志着古巴十年战争告一段落

新美国：从门罗主义、泛美主义到西奥多·罗斯福新国家主义的蜕变

自由贸易，但 1894 年这一政策终止。几乎从那时起，当地居民就开始要求独立。

1895 年，因为西班牙殖民政府的种种过错，古巴起义因其捍卫主权得到了公正的处理。社会等级制度与垄断在古巴人的生活中扮演了重要的角色。西班牙人掌管着公职的任命权，享受着由此带来的各种利益，并且拥有着管理商业的特权。古巴西部人口最稠密，受西班牙的影响最大，对起义的支持最少。而在东部，古巴人和黑人以种植甘蔗、榨糖或放牛为生。在不公正的制度和种族歧视下，不满的人民成为重要的政治力量。东部的起义者很快在圣地亚哥、波多普林西比和圣克拉拉等省立足。在丛林或山区，他们派出游击队破坏统治阶级的制糖厂和种植园。军队来追击时，他们便隐藏武器，假装无辜农民。组织这场革命的政府成员却安全地坐在纽约指挥起义，利用美国人对自由的热爱来筹集资金，并将武器、军需品和志愿者用货船运送到前线。为了避免激战和流亡国

古巴甘蔗种植园生产蔗糖

第 16 章　美西战争

外，西班牙爱国人士要求西班牙政府在古巴部署二十万大军，并在西班牙控制的每一个地区驻军。

从 1895 年到 1896 年，战争继续。西班牙当局并没有获胜的希望，美国却对这场战争越来越感兴趣。美国公众同情古巴人，因而来自前线的消息非常受欢迎，很多有胆识的报社都派出了战地记者。这些报道几乎无一例外地夸大对古巴领导人品格的描述和获胜的希望，并抨击西班牙的镇压政策。

1895 年，起义者开展了一系列恐怖活动，破坏了反独立者田地里的甘蔗，并烧毁了他们的糖厂。为了保护反独立者和镇压反政府武装，1896 年，西班牙摄政王后派瓦莱里亚诺·韦勒将军前往古巴，并下令结束战争。瓦莱里亚诺·韦勒集中力量反击起义者的破坏行动。由于无法将忠诚于西班牙政府的古巴人与不忠诚的人区分开，或者阻止后者帮助叛军，他把可疑分子聚集到大型集中营里，用哨兵和铁丝网在驻扎的城镇和村庄筑起防御工事，并尽力减少防线之外区域的人口。这一代美国公众没有见过战争场面，现在被古巴集中营里的苦难震惊了，在道德层面对西班牙提出抗议。1896 年和 1897 年，美国人对起义者的同情与日俱增，并通过"黄色"报纸散布并夸大苦难和残暴的故事。这些证据是片面的、不完整的，而且往往描述的并不是事实，但它在引导公众舆论干预事件上却十分有效。

在这场与自己关系密切的争论中，美国政府因为中立执法而惹上麻烦。当时的战争并没有公开，因此西班牙在进入真正的古巴水域之前，无法扣押或检查美国船只。突破西班牙的封锁向起义军提供补给并不难，而且这也是经过允许的交易。策划、组织并出兵抢夺补给也很容易，但这样做极不合法，美国试图阻止这一行为。据了解，美国阻止了七十一次袭击中的三十三次，而其他国家，包括西班牙在内，也只截获了十一次。不断被运送上岸的物资极大地帮助了古巴人，也

摄政王后与她的儿子阿方索十三世

瓦莱里亚诺·韦勒

引起西班牙对美国的不满。针对公民的不友好行为，斯蒂芬·格罗弗·克利夫兰总统发布公告，并极尽所能对其执法，而公众和陪审团却同情那些违法的人。因为斯蒂芬·格罗弗·克利夫兰总统坚持中立，即使在国会也没有得到什么支持。

国会感受到美国民众对古巴人民的同情，并对此做出回应，也对在古巴投资的美国人的要求做出了回应。1896年春，两院达成一项决议，承认古巴的交战状态。斯蒂芬·格罗弗·克利夫兰总统却驳回了这项决议。1896年12月，美国参议院外交关系委员会报告了一项关于承认古巴独立的决议。国会个别议员经常从报纸上读到关于恐怖事件的报道，发表了慷慨激昂的演讲，要求承认古巴独立并调停战争。但斯蒂芬·格罗弗·克利夫兰总统一直控制着局势直到卸任，就像尤里西斯·辛普森·格兰特总统对待十年战争以及"弗吉尼厄斯号"事件①那样。他把最终调停的时间和方式的选择留给了自己的继任者。

1896年，一项共和党纲领主张美国有责任"利用其影响力和良好的政府职能帮助古巴恢复和平与独立"，但没有证据表明威廉·麦金利总统在组其内阁时曾考虑过强制介入古巴独立。任参议员时，约翰·谢尔曼曾发表自由言论对古巴表示同情。任国务卿时，他从马德里召回了汉尼斯·泰勒，并派出了斯图尔特·林登·伍德福德将军，指示他寻找和平解决问题的途径。直到1897年秋，古巴问题才得以提上日程，因为西班牙经历了两次内阁更迭，古巴首相被谋杀。1897年9月底，西班牙政府得到消息：威廉·麦金利总统希望在1897年12月的会议上向国会做出积极的和平保证。

---

① "弗吉尼厄斯"号事件是十年战争期间，1873年10月到1875年2月，美国、英国和西班牙之间发生的一场争端。古巴起义者租用美国快船"弗吉尼厄斯"号运送军队及军需物品以反抗西班牙统治，后为西班牙捕获。西班牙以海盗罪处决了五十三名船员（多为美国人和英国人），直到英国政府介入才停止。——译者注

第16章 美西战争

1897年10月,在圣巴西德·马特奥·萨加斯塔领导下,西班牙自由党政府牙成立。该政府拒绝美国调停,反驳道,如果美国保持中立,那么战争很快就会结束。西班牙召回瓦莱里亚诺·韦勒,派出了一个更加温和的新总督,修改了曾激怒美国的内部命令。1897年11月25日,西班牙政府为古巴建立自治制度。1897年冬,西班牙政府尽力不为美国干预提供任何借口,同时采用温和手段恢复古巴和平。在古巴的西班牙人反对自治政策,最后自治政府的建立演变成一场闹剧。1898年

圣巴西德·马特奥·萨加斯塔

1月,一些忠于西班牙的古巴人在哈瓦那发动暴乱。在西班牙的边界之外,起义军嘲笑自治政策,他们下定决心为独立孤注一掷。与西班牙政府保持联系的斯图尔特·林登·伍德福德认为,从长远来看,西班牙人民会让摄政王后从自治走向独立,而不久古巴可能会从西班牙的控制中解脱出来。

1897年12月,国会还是没有任何积极的消息。到1898年2月,古巴的情况已经成了当时美国最引人关注的问题。《纽约杂志》得到并发表了一封西班牙驻美公使恩里克·杜普伊·德洛姆的私人信件,这封信将威廉·麦金利描述成一个见风使舵的政客。这位公使刚被召回,一艘从北大西洋舰队分离出来的军舰——"缅因"号就被派往古巴保卫那里的美国公民了。1898年2月15日,"缅因"号在哈瓦那港被炸毁。

"缅因"号驶入哈瓦那港

第16章 美西战争

没有证据表明"缅因"号的毁灭和任何人有关,但报纸肆无忌惮地利用这一事件,并以"记住缅因"这样的字眼来煽动公众的同情和愤慨。1898年2月之后,美国政府只有坚定信念、鼓足勇气才能经受住介入古巴争端、挑起美西战争的代价。

1898年2月至1898年4月,美国迅速采取行动,一直在与西班牙谈判。在西班牙的敦促下,威廉·麦金利总统没有对这起事件进行仲裁调查,但他希望尽快结束美国民众对这一事件的关注,为受苦的古巴民众提供救济,并争取古巴的全面自治。他并没有为古巴独立做出努力,而且提出的每个要求都是经西班牙同意的。尽管如此,1898年4月11日,他还是将古巴信件递交国会并要求进行干预,并把对局势的控制权移交给了这个两年来一直要求强行干涉古巴争端的机构。九天之后,国会做出决定:"古巴人民应享有绝对的自由和独立。"1898年4月21日,美西战争爆发。

"缅因"号被炸毁后创作的漫画:正在玩玩具船的阿方索十三世即将遭到报复

新美国：从门罗主义、泛美主义到西奥多·罗斯福新国家主义的蜕变

美国政府的行政部门在发出声明之前就开始为战争做准备。备战的海军规模虽小，但现代化程度很高。美国海军的历史可以追溯到19世纪80年代早期。当时，国会意识到陈旧的内战海军已经过时，并开始下令建造现代化战舰。1893年之后的几年，"白色舰队"逐渐成形。本杰明·哈里森总统离任时，服现役的军舰只有两支装甲巡洋舰，但军舰数量增加得非常迅速。到威廉·麦金利总统执政时，可以使用的战舰就包括二等战舰"缅因"号和"得克萨斯"号、装甲巡洋舰"布鲁克林"号、一等战舰"艾奥瓦"号、"印第安纳"号、"马萨诸塞"号和"俄勒冈"号。从威廉·麦金利执政开始，包括所有等级的轻量级战舰在内的战舰，都经过了重重演练和精心编排。美国海军部副部长西奥多·罗

西奥多·罗斯福

第 16 章 美西战争

斯福对美西战争早有预料,并全力支持这场战争。他把应急基金全部投入到射击训练。"缅因"号被炸毁时,美国海军的射击水平已经达到最高。1898 年 3 月 9 日,国会在几小时内就给威廉·麦金利总统拨款五千万美元用于国防建设,海军部则将得到的份额用于新战舰的制造、运输和装备。在海军准将司令乔治·杜威的指挥下,远在香港的东方战舰也调动起来;在太平洋上待命的"俄勒冈"号接到命令后,绕哈恩角的漫长海岸线回国;在切萨皮克附近,大西洋上的战舰进行装备。后者的其中

乔治·杜威

一部分作为一个机动作战部队在温菲尔德·斯科特·施莱的指挥下开始巡航。1898年3月底，威廉·托马斯·桑普森晋升为众多高级军官之首，并受命指挥整个北大西洋舰队，包括温菲尔德·斯科特·施莱的舰队。

美国海军备战之时，国会正在就一项新的陆军法案进行讨论。直到1898年4月22日，国会才允许小型正规陆军扩增二万五千万人。到战争开始时，这些志愿者中约有二十一万六千人加入此次战争，他们不能被召回，也不能为即将面对的战场做好准备。战争的部分准备工作由美国战争部负责，但那些小职员已经习惯和平时期的日常琐碎工作，没有做过任何扩大或调动军队的计划，所以备战工作几乎没有取得任何进展。海军已经做好准备等待宣战，但陆军还没有做好列出作战计划、招募士兵、准备战服、完成训练等工作。只有等这些工作做好后，士兵才能赶赴前线。海军战士们深知责任重大，做了充分准备；但陆军成千上万的平民战士不得不为完全陌生的职责而胡乱应付。威廉·詹宁斯·布莱恩接受了内布拉斯加团陆军上校的职位。西奥多·罗斯福辞去海军部的职务，组建了一支志愿骑兵团。政客们纷纷为自己和盟友在军队中争取职权。内战老兵为重新得到任命而战，很多南方邦联士兵们身着蓝色制服参战，或者派其子弟参战，这说明北方与南方之间的裂痕得到了修复。而战争开始两个月才集结起来的美国陆军显得热情有余而实力不足。

古巴是美西战争的起因和目标，也是整个战略计划的中心。美国海军的任务是保护大西洋沿岸不受西班牙舰队的攻击，而国际社会普遍认为西班牙舰队比美国舰队实力更强。在陆军方面做好进攻古巴的准备之前，美国海军必须维持对古巴的封锁，并阻止敌人增援部队登陆。乔治·杜威指挥的太平洋舰队接到命令，消灭菲律宾群岛上的西班牙海军，便立即从马尼拉出发。这时，英国宣布将对美西战争保持中立，乔治·杜威的舰队不能在香港水域停留了。

第 16 章 美西战争

经过重重堡垒，越过危险的水雷区，1898 年 5 月 1 日一早，乔治·杜威终于带领舰队到达马尼拉湾海峡。菲律宾群岛上的西班牙军队已经与当地的起义军开战，不到夜晚就全军覆没。乔治·杜威展开进一步战略部署，发现此时就是攻城的绝佳时机，并通知美国军方，在港口等待占领军的到来。做好准备后，占领军匆匆赶往旧金山，在韦斯利·梅里特将军的指挥下出发了。乔治·杜威俘获了菲律宾首领埃米利奥·阿吉纳尔多，并把他带回了菲律宾以煽动菲律宾人叛乱，埃米利奥·阿吉纳尔多因此遭到驱逐。1898 年 6 月底，第一批美国援军抵达马尼拉。1898 年 8 月 13 日，美军占领了这座城市。

在马尼拉意料之外的胜利消息传到美国之前，大西洋沿岸地区都在为西班牙主舰队不确定的作战计划而紧张。1898 年 4 月 29 日，在海

马尼拉湾海峡战役，美军大获全胜

军上将帕斯夸尔·塞尔维拉·托佩特的指挥下，该舰队离开佛得角群岛，随时可能出现在纽约或波士顿。海军战略家们断定，西班牙主舰队一定会去西印度群岛的。沿海的国会议员们迫切地请求保护，而那些耸人听闻的报纸则将海岸地区描绘成轰炸后的废墟。

威廉·托马斯·桑普森和温菲尔德·斯科特·施莱接到保护海岸地区的任务后，要继续封锁海岸，并且要在帕斯夸尔·赛尔维拉·托佩特的舰队抵达美国水域的港口之前找到它。圣胡安、古巴圣地亚哥、西恩富戈斯和哈瓦那是该舰队可能的几个目的地。威廉·托马斯·桑普森留意着古巴北部和波尔图，而温菲尔德·斯科

帕斯夸尔·赛尔维拉·托佩特

特·施莱和机动作战部队则转移到了基韦斯特，1898年5月19日，开始在古巴沿海巡航。就在同一天，帕斯夸尔·赛尔维拉·托佩特却从古巴东端溜进了圣地亚哥港。当威廉·托马斯·桑普森得知他抵达基韦斯特的消息时，温菲尔德·斯科特·施莱已经出发。温菲尔德·斯科特·施莱坚信帕斯夸尔·赛尔维拉·托佩特的下一个目标就是西恩富戈斯。

在古巴附近时，受运煤船和补给船拖累的机动作战部队故意转移到西恩富戈斯，在其港口之外停留了两天。此时，威廉·托马斯·桑普森下令让温菲尔德·斯科特·施莱立即前往圣地亚哥。1898年5月26日，温菲尔德·斯科特·施莱的舰队到达圣地亚哥港的入口，并在附近又逗

第 16 章　美西战争

留了两天。温菲尔德·斯科特·施莱却没有得到帕斯夸尔·赛尔维拉·托佩特在这里的消息。他担心煤会用完，或是海上风浪太大会阻碍运煤船给他提供补给。尽管已经接到命令，但重新考虑后，他还是决定回到基韦斯特。1898 年 5 月 29 日星期日一早，他再次实行封锁，终于发现西班牙舰队就在此处的海峡停泊，并且已经在那里停留了九天。

当威廉·托马斯·桑普森听闻温菲尔德·斯科特·施莱决定离开圣地亚哥时，便自己带领舰队冲向那里。1898 年 6 月 1 日，威廉·托马斯·桑普森到达圣地亚哥，加强了封锁。后来，两支舰队合并，温菲尔德·斯科特·施莱到了比他的级别更高的威廉·托马斯·桑普森的旗舰"布鲁克林"号上任职。白天，舰队沿着一个巨大的半圆路线巡查着港口狭窄的出口。到了晚上，舰队成员则轮流用探照灯看守入口处。五个星期以来，他们一直保持着这个状态，但没有进入港口，因为他们接到明确的

"布鲁克林"号

命令不能冒失去任何作战部队的风险，要等待援军到来与他们一起对抗圣地亚哥的陆地防御。

1898年6月初，威廉·托马斯·桑普森向其上级请求军事援助。1898年6月7日，美国战争部下令从坦帕市调遣一支军队支援他。该军指挥纳尔逊·阿普尔顿·迈尔斯将军没能领导这次远征，而是被留在了美国。威廉·鲁弗斯·沙夫特将军则在现场指挥战斗。坦帕市面对的是几乎毫无希望的混乱局面。因为给军营运输供给的单轨铁路无法快速转移人员和弹药，所以军需部在没有提单的情况下用列车运送军需品。军队终于登上运输船队，在河上待了一个星期，才接到命令出发挺进圣

威廉·鲁弗斯·沙夫特将军

第16章　美西战争

地亚哥。1898年6月14日，大部分是正规军的一万六千名士兵以及近千名军官和两百名战地记者起航。1898年6月20日，他们与威廉·托马斯·桑普森会师。

在这次会议上，有人对战略产生了误解。威廉·托马斯·桑普森认为美军可以直接登陆并沿着海岸线抵御港口密集的炮火。尽管威廉·鲁弗斯·沙夫特并没有发出这样的命令，但他还是决定向内陆进军圣地亚哥。1898年6月22日和23日，美国海军既没有备用小艇也没有驳船，因而选择登陆。第一批美军在达基里的铁路码头登陆，然后沿着西波涅海岸向西推进。每个团都独立地沿着通往圣地亚哥的丛林小道向内陆行进。威廉·鲁弗斯·沙夫特也拖着肥胖而病弱的身体随军行进。在陆地上形成对敌军的控制之前，1898年6月24日，该总队的先头部队就已经与敌人在距离圣地亚哥九英里的拉斯瓜西马斯交战。在伦纳德·伍德上校的指挥下，为了参加第一次战斗，西奥多·罗斯福担任中校的第一志愿骑兵团几乎整夜都在行军。在圣地亚哥激烈的交战之后，西军撤退，美军继续以一种更加有序的方式追击。

沿海的西波涅和圣地亚哥之间的狭窄小道大约有十二英里长，小道两边都是茂密的森林。1898年6月底，美军就沿着这条小道行军。那里几乎没有流动的野战医院或马车。如果他们人数再多一些，就更用不上这些了。前线的口粮用骡马运送。美军穿着正规军厚重的深色冬季服装赶赴热带地区，饱受酷热天气、雨水和口粮供给时有时无的折磨。在他们面前，圣胡安河直角穿过了这条小径。远处还有一些低矮的山丘，上面筑有圣地亚哥的防御工事、壕沟和铁丝网。西班牙军队在防御工事的后方可以利用一切有利的优势来战斗。在美军行军路线的右边大约五英里是在埃尔卡尼一个碉堡里的西军左翼。1898年7月1日前的晚上，美军经过商议采取计划，逆着整个西班牙军队的路线行进。

亨利·韦尔·劳顿带领右翼部队朝着埃尔卡尼的方向行进。他想攻

威廉·鲁弗斯·沙夫特在达基里的铁路码头上岸

拉斯瓜西马斯战役

下这个地方,把西班牙的左翼团团围住。纵队主力沿着这条小径穿过圣胡安河,冲向远处的山丘并发起猛攻。1898 年 7 月 1 日,这场战斗持续了整整一天。美军在西军的战壕里睡了一觉,第二天又重新与敌人交锋。1898 年 7 月 2 日和 3 日,发生了更多大大小小的战斗。在此之后,圣地亚哥被美军从陆地上包围,就像 1898 年 6 月 1 日它在海上被包围一样。

看着逐渐逼近的美军,帕斯夸尔·赛尔维拉·托佩特越来越绝望。他有自知之明,知道自己舰队的作战效率低下。他的舰队从西班牙起航时毫无准备,缺乏枪支弹药,士气低迷,仅因为公众舆论要求立即

圣胡安山丘战役

第 16 章　美西战争

采取行动。如果他们继续留在港口很快就会被美军攻克，如果出海则会被威廉·托马斯·桑普森消灭。他们唯一的机会就是冲出去，四散奔逃，搏搏运气。1898 年 7 月 3 日，帕斯夸尔·赛尔维拉·托佩特带领舰队成一列纵队驶出港口，向西转向保卫美军左翼的"布鲁克林"号，试图逃跑。

为防帕斯夸尔·赛尔维拉·托佩特出逃，威廉·托马斯·桑普森发出了战斗命令。与威廉·鲁弗斯·沙夫特协商之后，威廉·托马斯·桑普森带领着他的旗舰"纽约"号出海。到达港口入口东大约七英里时，他发现敌军舰队并开始战斗，并立刻沿着古巴海岸开始了对西班牙战舰漫长的追逐。帕斯夸尔·赛尔维拉·托佩特的目标——"布鲁克林"号没有逼近他，而是在他的右翼盘旋。在重新回到追捕战队的领头位

执行作战任务的"纽约"号

置之前,"布鲁克林"号还差点撞上临近的"得克萨斯"号。温菲尔德·斯科特·施莱虽然是这场战役中的高级军官,但没有人需要听从或留意他对其他船只发出的命令。在日落之前,西班牙舰队就被全部歼灭。

圣地亚哥登陆行动和海战使美西战争走向了终点。数周以来,美军持续进行封锁,士兵健康状况逐渐恶化,士气开始低迷。1898年7月17日,圣地亚哥的西军投降。1898年7月27日,美军在纳尔逊·阿普尔顿·迈尔斯的指挥下进攻波尔图。1898年8月12日,法国驻华盛顿大使代表西班牙签署了初步和平协议。第二天,马尼拉沦陷,战争结束了,美国军队占领了西班牙剩余殖民地中最有价值的殖民地。

1898年10月,在巴黎西班牙和美国的和平专员会面,为解决后续问题奠定了基础。初秋,美国要求古巴恢复自由而无需赔款,并受美国监护,波尔图划归美国所有。是否将菲律宾列入美国的殖民地还有待商议,因为国内保守人士反对接纳外国殖民地,美国扩张领土的欲望受到了制约。反战人士描绘了帝国主义的恶劣影响,但把这些岛屿归还给西班牙比保留岛屿要困难得多。因此威廉·麦金利总统最终决定,割让地区必须包括菲律宾群岛以及莱德隆群岛上的关岛。美国专员的首领是威廉·鲁福斯·戴伊,在战争早期就接任约翰·米尔顿·海伊做了国务卿。1898年12月10日,在他的主导下,美国和西班牙签订了《巴黎条约》。

美西战争和对菲律宾的征服加速了美国对另一地区的和平扩张。自从19世纪30年代美国传教士开始在夏威夷群岛传教以来,那里一直都是美国的兴趣所在。在美国,依靠糖业生存的人群不断增长,一直希望兼并土地。1893年前不久,他们成功地进行了一场革命。本杰明·哈里森总统与临时政府达成了斯蒂芬·格罗弗·克利夫兰曾拒绝批准的兼并条约。1898年7月7日,《纽兰兹决议》完成了对夏威夷共和国的吞并。1900年,美国在夏威夷群岛正式建立准州政府。"俄勒冈"号围绕着哈恩角的伟大航程重新唤起人们对地峡运河的渴望。美国人突然又有了

"得克萨斯"号

《巴黎条约》签订现场

漫画《巴黎条约纳评述》:乔纳森兄弟(18世纪英国土兵对美国民兵的谴称)挑选了一个被限制了自由的西班牙人的口袋

扩张领土的想法，而对此很多媒体引用约瑟夫·鲁德亚德·吉卜林在《白人的负担》中总结的一个关于责任的新概念。

　　美国国内的争论似乎一下子从自由铸造银币转到了战争和征服的主题上来。1898年年底，美国战争部几乎在战争的每一个阶段都暴露出不足。时局变化使它不得不临时为波多黎各和菲律宾制订殖民政策，并引导古巴走向独立。战争部仍然由拉塞尔·亚历山大·阿尔杰指挥，但由于战争备受争议与批评。1899年，拉塞尔·亚历山大·阿尔杰被勒令退休，纽约州的伊莱休·鲁特接替了他的职位，美国战争部完成了使命。

第 17 章 西奥多·罗斯福总统

美国人就战争、拉塞尔·亚历山大·阿尔杰和威廉·鲁弗斯·沙夫特的能力、军粮供应和野战医院、威廉·托马斯·桑普森的失败和与威廉·鲁弗斯·沙夫特的合作、温菲尔德·斯科特·施莱的战术和所谓的弱点、威廉·麦金利外交的诚意等问题展开了无休无止的辩论。在这些可耻的辩论中，只有一个名字吸引了公众的关注，唯一能吸引士兵参与政治、寻求晋升的就是西奥多·罗斯福。那时，他还不到四十岁。在近二十年的时间里，他一直积极进取。1880 年，从哈佛大学毕业后，西奥多·罗斯福进入了动荡的纽约州政坛。当斯蒂芬·格罗弗·克利夫兰还是州长的时候，他就主张立法改革。1884 年，他是与詹姆斯·吉莱斯皮·布莱恩竞争总统提名的对手之一。他并没有为自己拉选票，也没有进入超然派，因为他已经形成一种政治哲学，即只有坚定留在党内的人才有能力进行改革。但他选择辞职，在西部开始了牧场生活。后来，本杰明·哈里森总统任命他为文职机关事务专员，并支持他用文官录用制度严格管理相关事务。1895 年，在离任原职就任纽约市警察局长之前，西奥多·罗斯福对政治腐败进行坚决有力的打击已经成为他作为新改革家的标志。他始终是一个积极进取的政治家和共和党人，从来没有丧失过对改革的兴趣。作为警察局长，他赢得了新的声誉和更多的支持者。1897 年，西奥多·罗斯福担任海军部副部长一职，为发动战争做准备。他还抽出时间写了许多关于美国西部、改革、海军历史和户外生活的书。1898年4月,战争前夕,他辞去原有职务,组织志愿骑兵团,公众很快将其命名为"莽骑兵"。战争期间,哪里有战斗,哪里就有表现英勇的志愿骑兵团。1898年秋,西奥多·罗斯福冒着违反所有学科理论的风险抨击政府的卫生政策。1898年10月,尽管托马斯·科利尔·普拉特公开反对,西奥多·罗斯福还是获得了共和党纽约州长的提名。

在1898年的竞选中,作为候选人的西奥多·罗斯福来到纽约州各地的选民面前,日复一日地站在讲台上演讲。西奥多·罗斯福的政党和身着制服的"莽骑兵"强化了他的善政主张和爱国热情。1898年11月,

西奥多·罗斯福与"莽骑兵"

第 17 章 西奥多·罗斯福总统

西奥多·罗斯福当选纽约州长,同一天,共和党对国会的控制也得到了保证。这样一来,共和党就有可能履行 1896 年选举时所承诺的最后一项义务。

1900 年 3 月通过的《金本位制法案》就是共和党努力的结果。它依法将黄金美元作为本位货币,建立了一亿五千万美元的黄金储备,并将维持黄金价值列为财政部的一项职责,用于兑换内战时期三亿一千三百万美元的绿背纸币、五亿五千万美元的白银和银元券、七千五百万美元的

漫画:金本位凯旋

新美国：从门罗主义、泛美主义到西奥多·罗斯福新国家主义的蜕变

《谢尔曼白银采购法》国库券以及 1900 年国家银行发行的三亿美元纸币。这项货币法案远不能令人满意，它依赖于赎回政策，容易导致价值的突然变化。但这项法案消除了人们对自由铸造银币的恐惧。

1900 年春，国会不得不考虑殖民政府的基本问题。自夏威夷和波尔图建立了准州政府之后，美国也准备在菲律宾群岛建立类似的政府，但因为一场叛乱而受到阻碍。在美西战争爆发之前，这些岛屿上的当地人发动叛乱，使美国更容易推翻西班牙的统治。这些岛屿不像古巴那样得到了独立的保证，而是成为美国的领土。1899 年 2 月，在当地领导人埃米利奥·阿吉纳尔多的带领下，一场针对美国的暴动爆发了，获得了很多美国人的支持。美国镇压菲律宾独立势力刺激了反对兼并这些岛

埃米利奥·阿吉纳尔多（居中坐者）与同僚

屿的反帝国主义运动。菲律宾的共和体制和美国其他外国殖民地格格不入。统治阶级专政的负面影响和罗马帝国灭亡的教训都摆在公众面前。卡尔·克里斯汀·舒尔茨是此次抗议活动的领导者之一。他的追随者包括许多在倡导关税和文官制度改革方面的著名人士。1901年,美国最高法院支持了领土扩张和帝国控制的合宪性。事实上,早在1900年,它就根据自身利益做了决定。

在1900年的竞选中,所有提名都毫无争议。1896年,威廉·詹宁斯·布莱恩通过一个偶然的机会确立了领导地位。尽管保守派民主党人仍然不信任他,但被民众对他诚实和仁慈的认可所淹没。在堪萨斯城举行的民主党代表大会上,约翰·彼得·奥尔特盖尔德说道:"四年前,我们不再走中间路线,不再使用具有双重含义的语言。我们带着坦诚赋予的力量来参加美洲大陆有史以来最伟大的竞选活动……在这个国家的历史上,美国民主第一次如此一致地支持一个人。"威廉·詹宁斯·布莱恩以重复1896年货币改革需求并谴责帝国主义的政治纲领得到一致提名,阿德莱·尤因·史蒂文森作为副总统候选人得到提名。

对帝国主义的强烈谴责使威廉·詹宁斯·布莱恩和阿德莱·尤因·史蒂文森得到一群独立人士的支持,也就是共和党媒体所称的"牵着你的鼻子投票"团体。他们强烈支持金本位制度,但认为货币政策没有帝国主义的问题重要。共和党认同美西战争,认为美国在战争中存有善意,并在费城毫无争议地重新提名了威廉·麦金利。副总统加勒特·奥古斯都·霍巴特在任时就去世了,否则他很可能还会得到提名。作为替补者,西奥多·罗斯福因为谣言的攻击而名誉受损。参议员托马斯·科利尔·普拉特则不愿让他再次竞选纽约州长,鼓励他努力竞选副总统。1900年春,西奥多·罗斯福曾多次宣称他不会争取或接受副总统候选人提名。马库斯·阿朗佐·汉纳和威廉·麦金利不希望西奥多·罗斯福得到提名,但代表们在大会上力排众议使他不得不接受这项提名。

新美国：从门罗主义、泛美主义到西奥多·罗斯福新国家主义的蜕变

1900 年，威廉·麦金利延续了自己在 1896 年维护美国尊严的设想，其副总统候选人则表现出与威廉·詹宁斯·布莱恩一样的游说能力。在几乎遍及所有州的数百次演讲中，他们向选民们展现了自己的个性。帝国主义和自由铸造银币这两个问题将选民划分为不同阵营，但政府在各个方面给商业复苏提供了经济基础。共和党人因为国内普遍出现繁荣景象而受到赞誉，支持共和党的漫画家则强调了"满满的饭盒"这一概念作为继续支持他们的理由。与 1896 年相比，1900 年，竞选者的议题并不明确，公民参与投票的比例较小。对两位候选人不满的许多选民把选票投给了禁酒主义者或社会主义者。最后，共和党候选人得到二百九十二张选举人票当选，而威廉·詹宁斯·布莱恩和阿德莱·尤因·史蒂文森获得了一百五十五张选举人票。同时，共和党对国会的继续控制也得到了保证。

继尤里西斯·辛普森·格兰特之后，威廉·麦金利成为又一位获得连任的总统。1901 年，他的内阁几乎没有什么变化。伊莱休·鲁特留在美国战争部，他拒绝考虑副总统一职，致力于整顿菲律宾、古巴和美国军队的秩序。国务卿约翰·米尔顿·海伊一直与有关中国的反叛势力存在信件往来。

成功的美国外交部长中，只有威廉·亨利·西华德和约翰·昆西·亚当斯能与约翰·米尔顿·海伊相提并论。1838 年，约翰·米尔顿·海伊出生在美国的中西部，整个内战期间都担任林肯的私人秘书。在此之后，他接受了一些不太重要的任命，并经常在文学作品中引用他的外交经验。《亚伯拉罕·林肯传》就是他其中一部不朽的作品。他优美的诗句吸引了众多读者。他匿名发表的小说《养家糊口的人》是研究早期劳工运动的重要文献。1897 年，威廉·麦金利总统派约翰·米尔顿·海伊驻伦敦担任大使，而按照惯例只有美国精英才能去圣詹姆斯法院任职。1898 年秋，威廉·麦金利总统将他召回担任国务卿。1900 年，中

威廉·亨利·西华德与女儿

新美国：从门罗主义、泛美主义到西奥多·罗斯福新国家主义的蜕变

国爆发义和团运动，首次为美国的新外交提供了机会。美国一直都致力于实现它的国际理念，这次事件让因为美西战争而变得狭隘的美国外交得以扩大。在约翰·米尔顿·海伊的领导下，美国进入中国解决争议，镇压义和团运动，同时打开了中国对外贸易的大门。当威廉·麦金利总统被一名无政府主义者刺杀的时候，约翰·米尔顿·海伊还在忙着交涉。1901年9月14日，西奥多·罗斯福继任美国总统。

在威廉·麦金利总统去世的布法罗住宅，西奥多·罗斯福仓促地举行了就职典礼，并宣布将继续完成威廉·麦金利总统未完成的任期。他

威廉·麦金利被刺杀

第 17 章　西奥多·罗斯福总统

坚持任用内阁的原有成员,继续先前的工作。他接手了前任总统搁置的工作。几个月来,从政党行政部门到个人行政部门,变化并不明显。西奥多·罗斯福总统富有进取心,与威廉·麦金利一样和蔼可亲、热忱宽容。通过约翰·米尔顿·海伊娴熟的政治技巧,美国新的政治氛围深刻地影响了世界政治,超越了自乔治·华盛顿提出中立原则以来任何一位总统执政的时期。

古巴问题一直悬而未决。在伦纳德·伍德将军的领导下,美国军队彻底整顿了这个岛屿。当地的医疗机构已经学会驱蚊,并抵抗了黄热病

总统任上的西奥多·罗斯福

的侵袭。1902年5月20日，古巴人制定的宪法生效。也是在这一天，美国撤出了这个国家，让其自行管理国家的事务，条件是古巴须承诺永远保持独立，并且不会在没有任何解决方案的情况下陷入债务危机，而美国将依法干预古巴事务以维护其独立性及其政府职能。1901年到1902年之间的冬天，西奥多·罗斯福总统敦促国会采取与古巴商业互惠的政策。他的这一提议得到了古巴和美国糖业托拉斯官员的支持，但在参议院却遭到了由甜菜糖业大亨支持的共和党和甘蔗糖业大亨支持的民主党的共同反对。1902年，这一措施没能实现，并且造成西奥多·罗斯福总统和国会之间的矛盾。到了1903年，修改后的互惠条约得到了批准。

1902年，在海牙，美国成为第一个试验新仲裁法庭效力的起诉方。1898年，在圣彼得堡，俄国沙皇邀请各国代表参加裁军会议。他的动机受到了质疑和嘲讽。1899年夏，在位于海牙豪斯登堡荷兰女王的夏宫，该会议得以举行。在这次会议上，裁军计划被证明无效，但参加会议的各国代表都接受一点，即应为解决国际争端而达成一项条约。海牙法庭很有可能会因为不被重视而取消。西奥多·罗斯福总统应一位和平倡导者的请求，向该法庭提交了一个很小的案子请求仲裁。这是一起墨西哥和美国之间有关虔诚基金的纠纷案，涉及加州教会基金的控制权。在这起诉讼中，美国最终获胜，但它的重要性在于这是第一起由海牙法庭仲裁的案件。

当另一个拉丁美洲国家陷入麻烦时，美国在古巴独立时做出的承诺却没有兑现。因为战争，委内瑞拉陷入对欧洲债权人的债务，并且迟迟未能偿还。1902年12月，为了报复，英国和德国宣布对委内瑞拉的港口进行封锁，很快其他国家也加入英德的行列。西奥多·罗斯福总统称要在此次事件中保护委内瑞拉，并敦促欧洲索债者停止使用武力而采用仲裁来解决该问题。在他的领导下，联合委员会终于成立，并且在

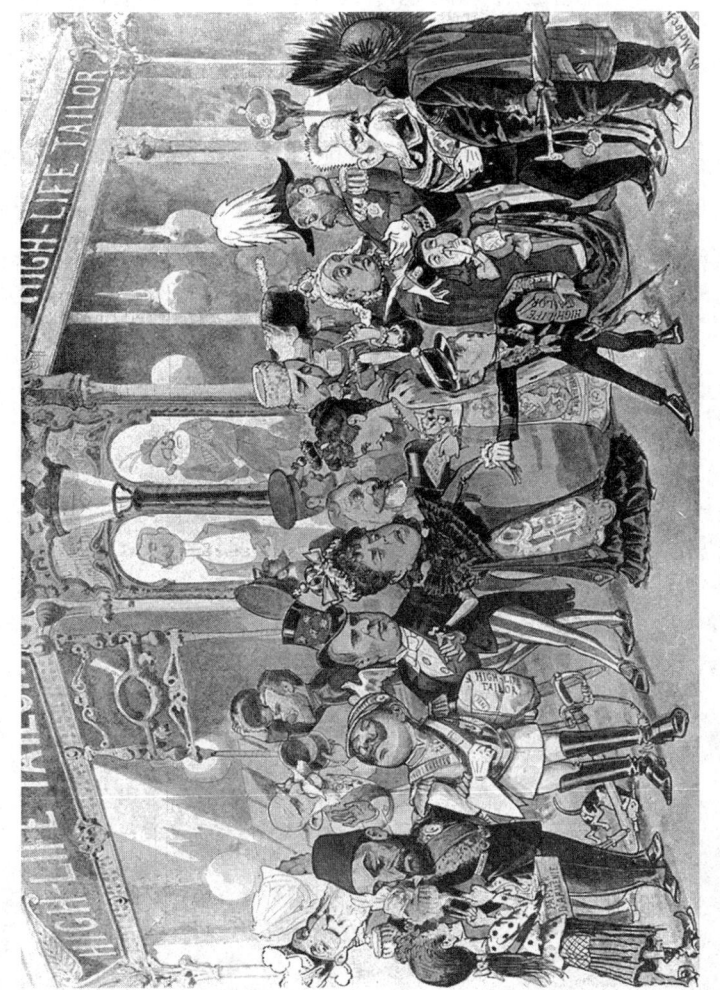

漫画：在荷兰女王的夏宫举行的裁军会议

1903年，将相关法律依据提交海牙法庭。这个小插曲涉及对门罗主义的一种新的解释。这种解释清楚地表明，除非美国想要帮助南美国家逃避债务，否则它必须要为这些国家真正地解决债务问题而承担一些责任。

接下来，阿拉斯加的边界问题成为仲裁的对象。自1897年夏育空地区出现第一波移民热潮以来，当地的采矿营地变得越来越重要。其中，许多营地位于西经141度靠近加拿大的一侧，所有营地通过乘坐内河汽船或从南方走小路就可以到达。通向该地区最重要的入境口岸是位于林恩运河源头的戴亚和斯卡圭。而林恩运河是一个长约九十英里通向大陆地区的狭长海湾。采矿者从这些港口进入内陆，爬上了契尔库山口或奇尔卡特山口，再沿着几条陆路小道就进入了育空地区高处。

林恩运河

第 17 章 西奥多·罗斯福总统

戴亚和斯卡圭口岸的重要性重新引起人们对其所有权和阿拉斯加边界问题的关注。1867 年,当威廉·亨利·苏厄德买下阿拉斯加时,阿拉斯加的边界是 1825 年由俄国和英国通过条约划定的。当时,阿拉斯加的边界线是从圣埃利亚斯山西经 141 度到北冰洋,东南部沿着不规则的海岸线从圣埃利亚斯山到太平洋北纬 54 度 40 分。这条狭窄的海岸边界线被描述为"沿着蜿蜒海岸的线",如果海岸上有山脉限制的话则以山脉为边界,但在任何情况下边界线都不得超过三十英里宽。狭窄的林恩运河穿过了三十英里宽的边界地带,因而争论主要集中在:运河是否应该看作边界必经的海岸蜿蜒地带,或者看作一条边界可以跨过的溪流。

购买阿拉斯加时的签约现场,中间坐者为威廉·亨利·苏厄德

新美国:从门罗主义、泛美主义到西奥多·罗斯福新国家主义的蜕变

1867年之后的三十年里,英国和加拿大制定地图把林恩运河和其他类似的峡湾划归美国。但在1897年之后,加拿大为了方便提出该边界应该跨过运河,把戴亚和斯卡圭划归英国。1898年,加拿大和美国联合高级委员会召开会议也无法调和争议。1903年,阿拉斯加的边界问题提交给伦敦法庭来裁决。可疑的是,作为签订条约必备条件的"著名法学家",三位审裁员伊莱休·鲁特、亨利·卡伯特·洛奇和乔治·特纳都来自美国。但美国法律顾问提出论点说服了首席法官——英国仲裁员阿尔弗斯通子爵①。他的一票加上美国的三票使裁定的结果满足了美国的要求。

阿尔弗斯通子爵

---

① 即理查德·埃弗拉德·韦伯斯特·阿尔弗斯通子爵一世(1842—1915),英国律师、政治家、高级法官。——译者注

第17章 西奥多·罗斯福总统

在海牙、古巴和委内瑞拉的问题上，以及阿拉斯加边界争议的问题上，西奥多·罗斯福总统和约翰·米尔顿·海伊第一时间表现出一种坚定而合理的态度，吸引了欧洲人对美国外交的关注。这是前所未有的。美国外交成为美国大学一项热门研究主题。英国和德国似乎希望与美国和解。德国皇帝在美国买了一艘汽艇，派他的兄弟普鲁士亨利王子参加下水仪式，并派一位德国贵族做驻美公使，长期以来，这位公使一直是美国总统的私交好友。虽然美国的坚定态度得到了认可，但在接下来涉及哥伦比亚巴拿马州的事件里，美国在公平方面却备受诟病。

普鲁士亨利王子

新美国：从门罗主义、泛美主义到西奥多·罗斯福新国家主义的蜕变

1898年，"俄勒冈"号的危险航程坚定了美国建造地峡运河的信念，此时，《克莱顿-布尔沃条约》已经不能满足实际需要。1880年左右，斐迪南·德·雷赛布和他在巴拿马的法国公司引出这一问题，但当时因为一项条约，美国对运河的修建与控制权受限。直到1899年秋，在威廉·麦金利总统的指示下，约翰·米尔顿·海伊进行谈判，这一情况在得以扭转。1900年2月5日，国会就尼加拉瓜运河项目进行辩论。约翰·米尔顿·海伊和庞斯福特勋爵①签署了一项条约，将运河开放给美国修建，

庞斯福特勋爵

---

① 即朱利安·庞斯福特男爵（1828—1902），也称朱利安·庞斯福特爵士，英国律师、法官、外交家。——译者注

但前提是要保持该运河的中立状态。该条约规定，禁止修建方在运河上设防御工事，也不得将运河用作战争工具。该条约因为参议院的介入而终止。1901年11月18日，约翰·米尔顿·海伊与庞斯福特勋爵又签署了第二项条约，除了运河使用者均享有同等待遇以外，英国放弃了之前所有的权利，并将未来的航道修建问题留给美国的自由裁量权。参议院立即批准这一条约，并迅速完成修建路线和方案的调研。

在第二项《海伊-庞斯福特条约》签订时，1899年建立的美国地峡委员会正准备对其指定的运河路线作调查报告。最后，实际可行的路线只剩两条，一条位于巴拿马，另一条从尼加拉瓜经过。第一条路线在法国公司的控制之下。因为该公司有特许权，价格定得过高，所以委员会建议采用总体上更加可行的尼加拉瓜路线。一开始，美国国会非常支持这一路线，但在1902年，这一倾向被削弱了。参议员马库斯·阿朗佐·汉纳更支持巴拿马路线，并努力为之争取。由于害怕尼加拉瓜路线更受青睐，那家法国巴拿马公司不得不降低价格。马提尼克岛的地震和火山爆发提醒世界，尼加拉瓜比巴拿马更接近活跃的活火山地区，因此更加危险。1902年6月，国会授权西奥多·罗斯福总统选择巴拿马路线，并立即开始修建运河。

美国与哥伦比亚关于在巴拿马修建运河权的谈判从1902年拖延到了1903年。受长期革命的影响，哥伦比亚意识到在地峡修建航道才是它最有价值的投资。经过了漫长的讨论，哥伦比亚政府授权其驻华盛顿大使签署了一项条约，保留哥伦比亚对地峡地带的主权，但赋予美国修建运河的特许权。作为交换条件，美国应支付一千万美元的现金和二十五万美元的年金。1903年1月，该条约在华盛顿签署，并被认为是约翰·米尔顿·海伊和西奥多·罗斯福总统的外交胜利。尽管尼加拉瓜路线的支持者反对，但1903年3月，该条约还是得到美国参议院的批准。但哥伦比亚国会拒绝这项条约并宣布休会再议。

新美国：从门罗主义、泛美主义到西奥多·罗斯福新国家主义的蜕变

1903年秋，西奥多·罗斯福总统决定采用巴拿马路线。那家法国公司也已经迫不及待地想要承接这一项目。而生活在地峡地区的哥伦比亚人急于结束谈判，尽早挖掘运河。1903年10月，西奥多·罗斯福总统写信给他的一位密友，希望能有一场针对哥伦比亚地峡的起义，但他否认他有任何挑起事端的意图。这位朋友以自己的名义公开了该信内容，但在这封信印刷出来之前，起义就发生了。美国国务院提前得知了这一事件。1903年11月3日，国务院发出电报询问起义发动的时间。这一天晚些时候，巴拿马共和国宣布独立。美国阻止了哥伦比亚的武力

开凿巴拿马运河的工人

第17章 西奥多·罗斯福总统

镇压,通过电报承认巴拿马作为新的国家出现。1903年11月18日,在华盛顿,美国与巴拿马签署了运河特许权授予条约。几年后,当评论家们指责西奥多·罗斯福总统的政策无异于对弱小邻国的趁火打劫时,他自豪地说道:"是我成就了巴拿马。"

外交的纠葛厘清后,运河迅速开始修建。卫生、劳工、物资以及工程等突发问题得到及时而有效的解决。国会毫无顾忌地向该项目注入了大量资金。1914年,第一批船只通过了水闸。1915年,在地峡地区和旧金山的博览会上,美国以海军队伍游行的方式庆祝运河正式开通。

在管理国内事务和发展对外关系方面,美国有着充沛的精力和明确的目标。国会保证两者同步发展,但前者的发展成果没有后者那么引人

巴拿马运河开凿现场

注目。西奥多·罗斯福总统做出的任命就像在文官委员会任职六年的人期望的那样。他们中很少有人因为改革受到诟病。在南方舆论的围攻下，特别是在密西西比州印地安诺拉邮局黑人女局长和查尔斯顿口岸黑人收税员的事件中，西奥多·罗斯福总统一贯坚持，联邦政府任命官员应该在各个地区选择有能力之人，机会之门绝对不能对黑人关闭。在西奥多·罗斯福总统刚就职几周后，在白宫款待布克·托利弗·华盛顿时，他就黑人地位展开激烈讨论。一些南方共和党领导人试图将黑人排除在政党组织之外以建立一个"纯白"的共和党机构，西奥多·罗斯福总统因此训诫了他们。

美西战争后，美国的行政职能范围迅速扩大。从19世纪80年代开始，美国行政部门的科学功能不断得到延伸，导致工作量增加，美国政府不得不设置新的职位。1880年，联邦文官人数为十万七千人，1890年，十六万六千人，1900年，二十五万六千人，1910年则达到三十八万四千人。西南部干旱或半干旱地区开始进行科学开垦。

自大批移民涌向派克峰时期以来，密苏里河与内华达山脉之间的区域一直被认为不适宜居住。这一地区被称为"美国沙漠"，在地图册中被标注为一个到处都是沙子的干旱地区。1825年到1840年间，该地区成为印第安部落聚集地。在移民对俄勒冈州和加利福尼亚州的影响下，远西部的真实面貌才展露在更多人面前。但直到横贯大陆铁路建成后，许多居民才得以进入这一地区。从1889年到1890年，"综合"州加入联邦。至此，联邦已经接纳整个西北部和一半之前的沙漠地区。1896年，犹他州紧随其后。1890年之后亚利桑那、新墨西哥和俄克拉何马迅速发展。1902年，这几个地区申请成立为州。

美国人口开始向遥远的西部迁移。这表明西部的广袤土地已经可以通过灌溉来发展农业。发展农业仅仅依靠个人的力量是远远不够的，美国的土地法也不鼓励这种做法。19世纪80年代起，美国出现对填海工

第 17 章 西奥多·罗斯福总统

程的需求。1889年,政府工程师调查了可以修建水库的地点。1902年,西奥多·罗斯福总统与西部国会议员们一起努力,通过了《新土地开垦法》。通过该法案,位于干旱地区各州的土地销售收入成了用于建设大型公共灌溉工程的基金。在接下来的几年里,美国对大坝、隧道和沟渠的修建力度不亚于对纽约州铁路隧道和巴拿马运河的投入。

西奥多·罗斯福总统在处理外交和行政问题上的积极表现使他受到了广泛而特别的拥戴。这一点在西部最明显。与此同时,有许多批评家并不相信总统的个人影响力能改变整个政府,并且怀疑西奥多·罗斯福总统判断的可靠性。在个人争论中,咄咄逼人的却总是西奥多·罗斯福总统自己。职业政客对他的厌恶与敬畏交织在一起,因为他总能很快与

西奥多·罗斯福视察某工程施工现场

他们中的一部分人建立私交。在威廉·麦金利总统的领导下，国会中各州代表控制了他们所在州联邦官员的任命权，因此他们个人的职位得到了保证；但在西奥多·罗斯福总统的领导下，他们对任命权的控制不再有把握。在立法方面，国会议员们的不满情绪是建设性立法的一个严重障碍。

第 18 章 大企业

1893 年之前的几年是托拉斯问题形成和实验性的阶段，1893 年的恐慌结束了托拉斯问题的第一个时期。这些年对资本组合和日益频繁的劳工组织活动的厌恶情绪不断累积。1890 年《谢尔曼反托拉斯法》暂时平息了反托拉斯运动，而经济萧条则遏制了全国各地近乎猖獗的投机行为。大萧条时期，人们的注意力转向关税和货币问题。1897 年左右，一个全面复兴的新时代拉开了序幕。

工业复兴的标志是工业范围的扩大，历史上每一个类似的时期都是如此。1837 年的恐慌之后，铁路发展成为美国社会众多新活动中的重要一环。1857 年的恐慌之后，制造业技术取得了极大的进步。1873 年以后，电力开始应用于工业和通信的各个领域，为投资提供了新的方向。1893 年以后，随着这些发展，首例无轨引擎——电车——成功运行，城市硬件设施、铁路和郊区住宅先后完成重建。1896 年之后，美国民众的信心逐渐恢复。19 世纪末，投机活动达到了高潮。

走向垄断的趋势越来越明显，托拉斯已经展现出盈利能力。19 世纪 80 年代，通信技术的发展把人力和物力都聚集在了一起，而现在通信的发展远远超出当时人们的想象。在交通领域，恐慌之后，铁路得到了重组，但铁路的数量减少了，而铁路的控制权只落入少数人手中。

1900 年，美国铁路全长十九万八千英里，主要由几个强大的铁路组合支撑。美国东部的纽约州中央铁路系统和宾夕法尼亚州铁路系统占主导地位。在美国西部,横贯大陆铁路网形成了新的交通基础。而当时最受关注的是爱德华·亨利·哈里曼对联合太平洋铁路的重建。1897年之后,他对自己的资产进行了重组。受地理位置和邻近铁路的影响,联合太平洋铁路被迫合并。从奥马哈到奥格登的交通依赖于从奥格登到旧金山之间的中央太平洋铁路。当拥有南太平洋铁路的加利福尼亚资本家控制了中央太平洋铁路之后,联合太平洋公司不得不单独开拓或购买市场,最后扩展到了俄勒冈州和得克萨斯州。19 世纪 80 年代,杰伊·古

爱德华·亨利·哈里曼

第18章 大企业

尔德就开始对铁路进行整合。在1893年的恐慌之后，爱德华·亨利·哈里曼继续进行铁路重组。他重建了主干线，提升了资产的价值和信用。1901年，他贷款购买了中央太平洋和南太平洋铁路、亨廷顿线和之后的哈里曼铁路系统以及从密西西比河到太平洋的两条完整铁路的控股权。这已经超出恶性竞争的范围。

1887年，《州际商务法》刺激了铁路的合并。根据该法规定，联营和运费协议均属非法。运费协议可能导致的另一种情况是恶性竞争，因为没有哪两条线路的实力是完全相等的。为了避免这种情况，实力较

漫画：爱德华·亨利·哈里曼及其铁路受联邦法律和州际商务委员会的管辖

强的线路买下或租下实力较弱的线路,因为强线不可能和弱线合作,但可能完全买下它们。爱德华·亨利·哈里曼成功地购买了西南部铁路系统。1901年,他又尝试购买北太平洋铁路,但与另一群铁路所有者发生了直接冲突。

1893年后,在没有补贴的情况下,詹姆斯·杰罗姆·希尔修建了大北方铁路,弥补了北太平洋铁路的不足。就像爱德华·亨利·哈里曼的铁路覆盖了西南地区一样,芝加哥铁路和伯灵顿-昆西铁路覆盖了西北部地区。在共同管理下,这些铁路的作用可能发挥得比互相竞争时更

詹姆斯·杰罗姆·希尔(中)与同事

第18章 大企业

有效。当爱德华·亨利·哈里曼试图收购北太平洋的控股权时,大北方铁路和伯灵顿铁路的所有者詹姆斯·杰罗姆·希尔和约翰·皮尔庞特·摩根正在进行全面整合。他们努力争取整合铁路并取得了成功,但他们的竞争使其股票价格上升到每股一千美元,导致了1901年5月9日的证券交易恐慌。虽然只有投机者受到了恐慌的影响,但公众的注意力却被这种巨型组合形式所吸引。这些组合任意地控制着近一半的美国人。

1902年和1903年,小型的公司合并活动紧随其后,但没有一家公司像新泽西州的北方证券公司那样引起巨大恐慌。詹姆斯·杰罗姆·希

约翰·皮尔庞特·摩根

尔和约翰·皮尔庞特·摩根决定将自己的铁路交由这家控股公司控制。任何一家公司的命运都可以由持股比例不超过百分之五十一的股东来决定。如果由另外一家公司控股，那么它拥有相似比例的股权就能控制全局。控股公司是一种机器。在这种机器中，资本可以控制几倍于它本身的资产。西北各州的州长们震惊于铁路的垄断，他们开始抗议并走上了诉讼之路，称这种合并说到底就是一场限制贸易的阴谋。1902年3月，西奥多·罗斯福总统指示司法部长菲兰德·蔡斯·诺克斯试行1890年

菲兰德·蔡斯·诺克斯

的《谢尔曼反托拉斯法》,并根据该法提起诉讼以解散北方证券公司。1897年之后的几年里,外交事务和大企业在美国人的生活中占据了主导地位。他们欣赏这些企业的宏大规模和相关活动,但现在大企业引起的社会问题引起了国家的担忧。1903年,国会通过《埃尔金斯法案》,禁止铁路公司向所谓的优质客户提供回扣,还通过《考察法案》。以《谢尔曼反托拉斯法》和《州际商务法》为依据的诉讼让司法之轮更快地运转起来。

与铁路整合一样,1897年,美国的工业整合又重新开始了。许多新公司采用了一种新的合并方式,标志着托拉斯的进一步演变。托拉斯早期的目的是通过单一控制某一行业来消除竞争。石油、糖、钢铁、威士忌和烟草等行业是极端整合的典型例子。随着整合的增加,竞争逐渐改变了原有的特性。它不再意味着同一行业竞争对手之间的竞争,而是不同生产工序之间的竞争。煤矿主们与冶炼厂竞争以获取更大利润,冶炼厂也以同样的方式与钢铁制造商竞争。对单个行业的控制并没有涉及这一新的竞争形式,但对大量相关工序的整合则有可能避免这种情况。

1901年,最大的综合托拉斯企业美国钢铁公司成立。自贝塞麦炼钢法[①]和其他用于钢铁制造的商业流程可用于铁路、桥梁和建筑工程以来,钢铁行业就一直在扩张。拥有数个匹兹堡工厂的安德鲁·卡内基是最成功的生产商。1901年,他合股经营的公司控制了大约百分之二十五的美国成品钢产量。他已经涉足许多相关行业和不同的工业流程,但现在他却允许自己的工厂与竞争对手合并成一个大公司。应运而生的美国钢铁公司拥有并经营着矿床、矿井、煤田、地方铁路、蒸汽货轮、冶炼厂、高炉、轧钢厂和能够将钢铁加工成不同形状以用于销售的钢铁

---

① 贝塞麦炼钢法是1855年由英国人贝塞麦试验成功的炼钢法,是指将空气吹入铁水,去除杂质、提高温度,以炼成液态钢的方法,这是在平炉炼钢法得到发展之前出现的首个廉价工业炼钢法。——译者注

美国钢铁公司远景

安德鲁·卡内基(坐者右二)与各界人士的合影

加工厂。该公司拥有新泽西州的经营许可证，注册资本为十一亿美元，引起人们对托拉斯工业阶段问题的关注，就像爱德华·亨利·哈里曼、詹姆斯·杰罗姆·希尔和约翰·皮尔庞特·摩根的铁路托拉斯一样。

1897年到1902年之间，数十亿的联合资本推动了新型托拉斯的发展。这些托拉斯的出现很快引起了人们的恐慌。1898年，国会成立工业委员会。该委员会做了一份长达十九卷的报告，报告内容包含了非常重要的托拉斯历史。1899年秋，在芝加哥，一场关于托拉斯的会议召开，商界人士、经济学家和政治家们探讨了这场运动在经济学和社会学上的可能性。在对托拉斯问题的讨论中，人们愿意听取而且可能会依赖专家的判断，这标志着美国公众对政府态度的转变。1902年，人们反复要求政府解决托拉斯问题。但对于托拉斯公司究竟是好是坏，或者它是否应该被政府废除、由政府监管或完全为政府拥有，很难达成一致意见，甚至美国在监管常规工业方面拥有什么权力也不确定。但最高法院判决的一系列案件表明美国还是拥有这种权力的。在跨密苏里货运案（1897）中，最高法院宣布《谢尔曼反托拉斯法》适用于审理铁路领域的案件；在阿迪斯通管道案（1898）中，巡回法官威廉·霍华德·塔夫脱制定的一份反对工业联合的决议得到了终审法院的支持；1904年，始于1902年的北方证券公司案终于成功结案。很明显，只要国会愿意，托拉斯是可以通过法律得到控制的。

在工业和交通运输出现合并之后，劳工组织开始变得更加强大和团结，并表现出对集中控制的强烈不满。随着托拉斯的发展，罢工事件频发也引起人们对工业集中导致社会问题的关注。有时托拉斯公司会使劳工处于不利地位，1901年，联合协会发起针对钢铁公司的罢工。1892年，联合协会曾针对安德鲁·卡内基的工厂进行了一次大罢工，但最后失败，也失去了公众的同情。联合协会的成员曾有过公开的暴力行为——一个无政府主义支持者曾企图谋杀安德鲁·卡内基的宅地代理人亨利·克

第 18 章 大企业

威廉·霍华德·塔夫脱

莱·弗里克。1901年,罢工影响了钢铁公司的众多的联合工厂,但托拉斯公司只是关闭了相关工厂,并将未完成的合同转移到其他偏远的未联合的工厂。由于托拉斯公司高层的运作,罢工失败了。

比起钢铁公司罢工,对公众影响更大的是矿工们在宾夕法尼亚州无烟煤田的罢工。1900年,在美国矿工联合会的组织下,在约翰·米切尔的领导下,工人开展罢工运动。这一年,他们的罢工运动威胁政府做出让步,部分原因是罢工威胁到了政治环境的稳定和共和党人的竞选。

亨利·克莱·弗里克与女儿海伦·弗里克

这些矿主大部分都是共和党人,他们被马库斯·阿朗佐·汉纳等人说服结束了这场运动。

  1902年春,罢工再次爆发,很大程度上是由于对工人联合会的承认问题。整个夏天,约翰·米切尔召集他的追随者一起面对这个问题,并获得了公众对他事业的大力支持。1902年秋,双方固执己见,作为第三方的公众也开始关注罢工事件。因为担心冬天无煤可用,政治领袖和普通民众都感到惊慌。人们一致认为,公众的利益高于任何一方的

第18章 大企业

主张,但现在既没有法律,也没有公认的机制让公众可以保护自己。1902年10月,西奥多·罗斯福总统秘密地达成了在必要的情况下将"派遣美国军队占领煤田"的计划。他召集企业经营者和约翰·米切尔到白宫参加会议,并从普通公民有责任为公众服务的角度发表演讲。随着他获得了越来越多的舆论支持,企业老板们不得不同意对该问题进行仲裁。罢工者回到了工作岗位,他们非常满意总统的处理方式。无论是工人还是公众都认为现在美国工业的和平状态应该归功于西奥多·罗斯福总统。

1903年,在克里普尔溪的矿山上,另一个矿工联合会——西部矿工联合会举行了一次大罢工。矿商和运营商代表了中产阶级的利益,但科罗拉多州的公众对其并不了解。随罢工而来的还有强烈的不满情绪和暴力行为。恶意谋杀非联合会成员使罢工事件造成的痛苦升级,民兵抵抗和大肆逮捕都无济于事。工人中间存在的社会主义力量既有政治目的

西部矿工联合会集会

也有经济目的，增加了罢工的复杂性。工人联盟领导人查尔斯·莫耶和比尔·海伍德都是社会主义者。对他们来说，罢工只是政治革命的开始。罢工一直持续，直到愤怒的克里普尔溪市民组成警戒委员会，并将罢工队伍中的主要煽动者驱逐到堪萨斯州。

1897年以后，社会主义在劳工问题中发挥的作用越来越大。在1892年和1896年，社会劳工党的候选人获得了少量选票，但社会主义并没有对美国人的思想产生强烈的影响。在新的繁荣出现之后，不断膨胀的移民给社会主义带来了新的生机。1900年，社会民主党投出九万四千张选票支持尤金·维克托·德布斯为总统。1904年，这位候选人获得了四十万二千张选票。随着工业改革的深入，原先不满的阶级则变得更加富有凝聚力和建设性。

查尔斯·莫耶（左四）与比尔·海伍德（左五）

第18章 大企业

西奥多·罗斯福总统处理交通、工业和劳工问题坚决有力。他援引《谢尔曼反托拉斯法》对抗北方证券公司,起诉部分托拉斯公司,并将这些托拉斯公司称为"不良托拉斯",并强调并非所有的集中都不受欢迎。资本像劳工一样也有它自己的权利,但必须在遵守法律的基础上。在一定程度上受到西奥多·罗斯福总统的影响,1903年,国会组建了新的商业与劳工部。乔治·布鲁斯·科特柳成为该部门第一任部长。通过该部门下属企业与劳工部门,对工业运动真相的调查有了新进展。

西奥多·罗斯福总统处理对外关系、干涉大企业、支持劳工事业的力度,导致他和党内许多领导人之间产生了裂痕。马库斯·阿朗佐·汉纳曾通过两场竞选活动鼓吹共和党是企业政党的理论,并吸引了所有支

乔治·布鲁斯·科特柳

持这一观点或者认为其中有利可图的人的支持。许多共和党人无法理解西奥多·罗斯福做出的努力，或沉默或公开地表示反对他的政策。

许多共和党人利用马库斯·阿朗佐·汉纳的声望来与西奥多·罗斯福总统相抗衡。1896年之前，马库斯·阿朗佐·汉纳几乎没怎么参与过国家政治。自1897年进入参议院后，他开始发挥巨大的影响力。1900年，他开始在公众面前发表坦诚而富有影响力的演讲，足以抵消讽刺漫画对他形象的歪曲。1900年，他化解了无烟煤矿区的冲突，表示出对劳工问题的兴趣，并因此受到了公众欢迎。马库斯·阿朗佐·汉纳本质上是直率而诚实的人。他坚定地认为保护商业是政府的主要职能。在刚开始接触公共事务时，他努力扩大公共事务的范围，并对资本的责任和劳动力的需求有了新的认识。1904年，唯一可以与西奥多·罗斯福相匹敌的人就是"马克叔叔"马库斯·阿朗佐·汉纳。

西奥多·罗斯福选择做副总统就是为了摆脱纽约州的马库斯·阿朗佐·汉纳。站在他与白宫之间的那个人被刺客夺去了生命，这样一个偶然的机会让西奥多·罗斯福坐上了总统宝座。1904年，他开始为自己的提名而努力了。从1902年夏开始，他越来越关注资本和劳工问题。1902年的一次巡回演讲给他机会向所有人宣扬"公平交易"以及监控托拉斯的观念。在西部的某些地区，有人提出通过关税处理托拉斯问题。

"丁利关税"在西北地区的农民共和党恶人中并不受欢迎。多年来，他们默默地忍受着这一关税政策，把它当作共和党对自己忠诚的考验。1902年，阿尔伯特·贝尔德·卡明斯州长带领着共和党自由派控制了艾奥瓦州代表大会，并要求修改极端的关税一览表。关税是"托拉斯之母"的说法蔓延开来。艾奥瓦州的建议得到了广泛支持。1902年，共和党组织在国会会议上坚定地反对任何打破关税壁垒的行为。

1902年春，古巴恢复自由，并在美国的主导下成立古巴政府。西奥多·罗斯福总统认为自己有责任援助这个年轻的国家以及减轻"丁利

第18章 大企业

阿尔伯特·贝尔德·卡明斯（左）与同僚

关税"的压力，便在国会奋力争取对这两个问题立法。显然，他失败了，只提出一个新问题来敦促国会。在1902年夏的演讲中，他显示出修订关税政策的意向，而在1902年秋季对煤矿工人罢工的干预则表明他对资本控制的反对。他与党内其他领导人之间的裂痕究竟有多深还不得而知，但在1902年年底之前，他们"绝不让步"的坚持和对关税不作为的处理态度就已经显现出来。

1902年，按照惯例，各州的共和党代表大会要求在1904年重新提名西奥多·罗斯福。无论他对党内其他领导人有什么影响，民众都很拥戴他，并且十分信任他，就连很多民主党人都支持他，这让许多人认为

新美国：从门罗主义、泛美主义到西奥多·罗斯福新国家主义的蜕变

他的实力比以前更强了。他的候选资格得到了正式的授权，但他的对手们希望马库斯·阿朗佐·汉纳能听从他们的意愿打败西奥多·罗斯福。1903年，西奥多·罗斯福也得到了马库斯·阿朗佐·汉纳的支持。俄亥俄共和党代表大会最终确定了西奥多·罗斯福的候选资格。1904年年初，马库斯·阿朗佐·汉纳去世的消息打破了西奥多·罗斯福共和党内对手的最后希望。代表们参加了在芝加哥举行的全国代表大会，而大会的所有议程都是由白宫安排的，包括指定伊莱休·鲁特为临时主席，而议长约瑟夫·格尼·坎农为常任主席。大会正式重新提名西奥多·罗斯福为总统候选人，并选择印第安纳州的查尔斯·华伦·费尔班克斯为副总统候选人。

民主党方面，1896年和1900年选举中的主要力量已经不在其控制范围。1904年，遭遇两次竞选失败的威廉·詹宁斯·布莱恩不再是总统候选人，开始在美国各地针对各种政治主题发表演讲。1900年竞选

1904年总统选举海报：西奥多·罗斯福（左）与查尔斯·华伦·费尔班克斯（右）

第18章 大企业

失败后,他创立了《平民》周刊,并在该刊专栏中强调他的政治观点。西奥多·罗斯福采纳了他的许多重要观点。威廉·詹宁斯·布莱恩像西奥多·罗斯福一样,受到越来越多的欢迎,与自己党派领导人的关系并不和睦。民主党的斯蒂芬·格罗弗·克利夫兰派仍然认为威廉·詹宁斯·布莱恩在金融事务上的观点是危险和不健全的。他们中的一些人建议斯蒂芬·格罗弗·克利夫兰作为候选人第三次参加总统竞选,但他坚决拒绝再次步入政坛,保守派不得不去寻找新的候选人。于是,他们选定纽约州法官奥尔顿·布鲁克斯·帕克。威廉·鲁道夫·赫斯特早就声名狼藉了,因为他名下的报纸最喜欢耸人听闻。这一次他也推荐自己为候选人。包括其他几位候选人在内的名单提交到了芝加哥的民主党全国代表大会。尽管威廉·詹宁斯·布莱恩强烈反对,奥尔顿·布鲁克斯·帕克还是获

威廉·鲁道夫·赫斯特(右)与同事的合影

得了提名。当有人对他在白银问题上的立场产生怀疑时,奥尔顿·布鲁克斯·帕克在大会上表示,"金本位的地位坚固不可动摇"。威廉·詹宁斯·布莱恩最终还是投票支持了奥尔顿·布鲁克斯·帕克和西弗吉尼亚州的亨利·加萨维·戴维斯,虽然这并不是他的本意。

1904年的竞选活动中并没有出现导致明显分歧的议题。西奥多·罗斯福希望人们能支持他执政,并接受他"公平交易"的基本理论。但很明显,他党内的同僚并不像他那样对改革充满热情,而且其中一些人只是因为他的个人魅力才支持他执政。威廉·詹宁斯·布莱恩派的民主党人也更多地倾向于西奥多·罗斯福,而不是他们自己的政党候选人。很明显,奥尔顿·布鲁克斯·帕克代表着保守派的势力,而西奥多·罗斯福则代表着进取精神,但两者都不是他们所属政党的典型人物。奥尔顿·布鲁克斯·帕克是由进步派民主党人推举的,他们坚持要求对托拉斯进行监管;西奥多·罗斯福默许了共和党固守现状派的主张,并没有提倡降低关税。

选举结果证明了公众对西奥多·罗斯福的信任。他在南方各州、密苏里州和马里兰州都获得了胜利。他的普选票数超过了七百五十万,超过奥尔顿·布鲁克斯·帕克两百五十万票。在最后一周的游说中,奥尔顿·布鲁克斯·帕克指责托拉斯支持西奥多·罗斯福,而他对改革的要求只是装腔作势而已。他指出,接替马库斯·阿朗佐·汉纳的共和党全国委员会主席乔治·布鲁斯·科特柳曾担任过商务与劳工部长,因此他有资格审查各公司的账目。他暗示,他的对手有敲诈托拉斯的倾向,而许多支持他的文章更是直言不讳地斥责西奥多·罗斯福。在选举前的星期六,针对总统签名一事,西奥多·罗斯福愤怒地否认有敲诈一说。后来的调查证明,许多大公司按照惯例为竞选基金捐款,而西奥多·罗斯福当时曾鼓动铁路巨头爱德华·亨利·哈里曼为纽约州的竞选活动捐款。

奥尔顿·布鲁克斯·帕克（站在花车上左边）

选举结果一揭晓，西奥多·罗斯福就回应了众人众口相传的疑问。他的第一任期持续了三年半的时间，而且他即将迎来第二任期。他将总统任期限制为两届，将此视为一种"明智的惯例"，并表明自己的立场："在任何情况下，我都不会接受再次被提名为候选人。"

第 19 章 黑幕揭发运动

在西奥多·罗斯福第二任期宣誓就职之前,他和威廉·詹宁斯·布莱恩以及其他公民美德的宣讲者就已经开始在全国范围内宣讲全国"复兴"。后来,这场"复兴"席卷了全美国。随着铁路公司、企业和劳工通过合并和集中的方式越来越强大,托拉斯的威胁日渐显现,同时被夸大。人们认识到,巨大的经济利益与政治之间的联系威胁到了公众利益。1889 年到 1897 年之间,以建立"民治"政府为目标的政府机制改革再次启动。人们普遍认为美国存在一个邪恶的剥削阶级因而更加相信改革的力量。

仅仅将托拉斯运动解释为现代通信不可避免的发展方向是远远不够的。人们认为,托拉斯运动不仅仅是一种经济演变,还倾向于把道德责任归于个人或个人群体身上。托拉斯带来一系列问题纷纷被揭露或曝光。这种现象在某种程度上也是为了让公众愤怒有处发泄。反资本家统治运动再次爆发以反抗资本主义的压榨。

艾达·密涅瓦·塔贝尔是一名历史系的女学生,因为用通俗易懂的语言和特殊的视角解读拿破仑和林肯的人生而获得读者关注。1903 年,她在《麦克卢尔杂志》上发表了一篇关于标准石油公司历史的文章。她总结了运输业与石油业垄断之间的联系,揭露了约翰·戴维森·洛克菲勒通过回扣来控制如油罐车或输油管道等运输工具从而建立巨型托拉斯的真相。她还展示了一种在各行各业都很常见的恶性竞争方式，但在垄断企业中，这种恶性竞争被放大了。不久之后，华盛顿·格拉登写道："我们正在见证的是一场新的灾难，深埋在这片土地下的罪恶终被揭开……我们发现，在不受约束的个人主义旗帜下，没有什么类型的社会能比民主社会更快地走向地狱。"

在艾达·密涅瓦·塔贝尔揭露托拉斯罪行三年前，耶鲁大学校长亚瑟·特文宁·哈德利就曾指出，社会排斥或社会污名可能会成为一种有效的改革工具。其他作家也使用了这个工具。林肯·斯蒂芬斯在一系列关于"城市耻辱"的文章中揭露了贪污与政治之间的联系。托马斯·劳

艾达·密涅瓦·塔贝尔

第19章 黑幕揭发运动

森以极其夸张的手法将这一系列的社会问题归因于"疯狂的金融"。《科里尔周刊》揭露了专利药品贸易中的卑劣手段和欺诈行为。许多揭露者也开始借小说发表自己的观点,而一本本公开发表的小说将他们所描绘的对象呈现在公众面前。温斯顿·丘吉尔所著的《科尼斯顿》写的是一个铁路公司老板如何控制一个州的故事。厄普顿·比尔·辛克莱在小说《屠场》中揭露了肉类企业主的罪恶。

同时,新闻业在揭发社会问题方面也功不可没,而公众揭发丑闻的热情和对曝光文学的渴望也推动了新型新闻事业的发展。19世纪90年代末,在"黄色"报纸的影响下,新闻业重新发展起来,而耸人听闻的

温斯顿·丘吉尔

新美国：从门罗主义、泛美主义到西奥多·罗斯福新国家主义的蜕变

新闻报道成为一种有利可图的商品。这种现象前所未有。然而，日报的发行范围被限制在几百英里之内，因此不可能获得全国性的影响力。一种类似于前文学月刊的新型期刊文学凭借大量及时的新闻报道迅速发展，并在全国发行，拥有极大的影响力。塞缪尔·西德尼·麦克卢尔就是该期刊文学的先驱之一。《人人》《世界主义者》《芒西》《美国杂志》，以及像《科里尔周刊》和《展望》这样的刊物都是传播观点和提倡改革的有力平台。除此之外，一大群效仿的刊物也在一段时间内丰富了揭露黑幕的期刊文学。

新闻业在引导美国复兴方面发挥了很大的作用，而私家侦探提供了许多事实证据。公共诉讼标志着对黑幕采取行动并探寻解决方案的开始。

塞缪尔·西德尼·麦克卢尔

第 19 章 黑幕揭发运动

密苏里州的约瑟夫·温盖特·福克检举了一批圣路易斯的受贿者。在短短几个月的时间里,他就晋升为政党领袖和他所在州的州长。1903 年,建立在真凭实据的基础上,隶属于新商务与劳工部的公司局发表了一系列报告,其中最引人注目的内容是对标准石油公司索取回扣的指控,以及对肉类企业主在不卫生条件下加工肉类的指控。

在公众曝光的巨额融资事件中,最引人注目的不检点和不道德行为发生在纽约州。1905 年,纽约州一场关于公平人寿保险公司管理情况

漫画:约瑟夫·温盖特·福克正在把他要检举的人称重,以确定谁的分量最重

的争论导致所谓的阿姆斯特朗委员会立法调查。该委员会聘请的律师之一查尔斯·埃文斯·休斯很快就成为检查小组的灵魂人物。他把保险公司的官员一个接一个地传唤到证人席上。虽然他们极不情愿，他还是从他们口中询问出了他们与银行、投机金融以及政治的关系。经他披露，银行家中有一群人与货币托拉斯并无二致，并证明至少在三次全国竞选活动中，保险公司和其他公司一样给竞选基金以大量补贴。这些补贴有时是给两党，但大多数时候是给共和党的。

每当一名调查员能够产生这样的影响力并且建立起正直、卓越的声誉时，公众就会希望他在政治上发挥作用。1906年9月，纽约州的民主党人提名最会耸人听闻的新闻记者威廉·鲁道夫·赫斯特担任州长。就在同一天，因为党内并没有提出其他候选人，在没有提前授意的情况下，共和党代表大会提名查尔斯·埃文斯·休斯为纽约州长。1906年和1908年，尽管共和党领导人耿耿于怀，但查尔斯·埃文斯·休斯还是当选纽约州长。他领导下的州政府对政治中出现的新精神早有预知。

调查提出的许多问题都是以前就提出过的，只在对违法者严格执法这一点上提出了要求。其他问题都很简单，这些问题也都有相应的解决方案。1907年，针对企业为竞选活动捐款的乱象，一项法律得以通过，禁止国家银行向任何选举活动捐款，或任何企业向总统或国会选举捐款。1906年，法律禁止州际铁路用免费铁路通行证行贿。1908年，总统候选人承诺在竞选捐款问题上保持廉洁。在1908年和1912年，为资金问题所困扰的竞选管理人员抱怨连连。这表明，法律得到了严格的执行，但还存在一些引发科学调查和立法关注的大问题。

对肉类企业主的调查揭露出肉类加工行业的种种乱象，引发了一场纯净食品运动。多年来，该运动一直拥有大量支持者。随着食品生产的集中和"包装产品"消费的增加，消费者们不再选择自己加工食物，而把这一环节交给商人。1880年，美国众多典型的家庭产业得到了整顿

查尔斯·埃文斯·休斯

与分类。缝纫业交给了血汗工厂[①]，烘焙业交给了公共烘焙坊，洗衣业也正在调整，肉类的屠宰和保存以及罐头蔬菜和水果加工的分类也都基本趋于稳定。人口跟随从事行业所在的工厂而移动。乡村生活变得单调乏味，失去了吸引力。农村人口根据身体健康状况及个人意愿纷纷涌向城市。1906年，因为公众对制造商的强烈反感，美国国会通过了一系列严格的法案，主要针对屠宰场肉类检验以及对食品和药品生产标签的制定。此后，农业部就成了调节人民和食品之间关系的部门。自1897年以来，艾奥瓦州的詹姆斯·威尔逊一直担任农业部长，直到1913年才卸任。他和他的下属，特别是负责纯净食品工作的哈维·华盛顿·威利博士，在消费者的刺激和制造商的抗议声中执行着这项法律。尽管要

哈维·华盛顿·威利

[①] 指工作条件恶劣且工资低的小工厂。——译者注

第 19 章 黑幕揭发运动

面对许多抱怨，但由于集中控制，商业在接下来的几年里顺利地适应了新的需求和标签制定的相关规定。

反铁路运动让公众认识到 1887 年的《州际商务法》并不是一项完善的法规，该法的实际作用远达不到制定者的预期。司法解释限制了它的适用范围，州际商务委员会无权定价，也无权强制铁路公司实行统一的记账制度，也就无法进行科学的定价。1903 年和 1904 年，西奥多·罗斯福总统针对这一主题发表了演讲。作为对这一公众焦点的回应，国会开始针对铁路制订大量法案。1905 年，其中一项法案在众议院得到通过，但在参议院却被搁置，因为当时正在进行继 1885 年谢尔比·摩尔·卡洛姆的调查之后最彻底的一次州际商业调查。1906 年，《赫本铁路法案》通过。该法案的主要条款赋予州际商务委员会调控运价的权力，规

西奥多·罗斯福（1906）

定铁路公司以统一的方式记账,并禁止铁路公司发行免费通行证或占有他们所运的货物。威斯康辛州的新参议员罗伯特·马里昂·拉弗莱特发表演讲并由此引发了一场关于铁路的漫长辩论。他曾借用这一议题来竞选州长,并因此与威斯康辛州铁路公司进行了长期的斗争。罗伯特·马里昂·拉弗莱特强调,如果不对铁路进行初步的实体评估,那么政府参与定价就无从谈起,因为只有预先评估才能显示出铁路公司的实际资本总量。他经常谈论这一问题,谈到参议院已经没人有耐心再听下去,从座位上离开。但他预言,那些因忽视而空出的坐位很快就会由新的参议员填补。在假期时,他就同一主题发表公众演讲,并通过"点名"的方式告诉人们,他们的代表是如何投票支持或反对商业特权的。随着权力的扩大,州际商务委员会在反补贴和反歧视方面取得了飞速进展。

1905年,复兴的势头席卷了全美国,但每个月都有耸人听闻的丑闻传出。在满怀期待的公众的引导下,众杂志大量曝光丑闻以满足阅读市场的需求,而此时不理性的愤怒往往取代了理性的调查分析。改革的真正需要面临着被大量谴责声淹没的危险。1906年春,西奥多·罗斯福总统向公众疾呼,停止不分青红皂白的谩骂。他借约翰·班扬"揭发丑闻的人"作为演讲主题,指出指责和曝光的使命已经完成,并呼吁通过执法将其造成的破坏变成一种建设。西奥多·罗斯福总统做出大量努力以"唤醒这个国家沉睡的良心",现在他希望黑幕揭发运动可以转变为一个永久性的优势。

公众批评的势头威胁到了政党利益,因为正是在政党领导下,企业的各种丑恶才日渐增加。因为西奥多·罗斯福总统的个人影响力,以及他的同事,伊莱休·鲁特、威廉·霍华德·塔夫脱、菲兰德·蔡斯·诺克斯和查尔斯·埃文斯·休斯的共同努力,共和党才没有倒下。1906年,国会竞选活动的主题是保持繁荣,对所有违法者严格执法,并加强政府权力。西奥多·罗斯福总统写下了这个政治纲领的核心内容,

第 19 章　黑幕揭发运动

并且从 1896 年开始，共和党就连续六次获得了国会的控制权。游说活动结束后，西奥多·罗斯福总统一反先例，离开美国去巴拿马地峡视察运河建设工作。

1903 年，《巴拿马条约》签署六个月后，美国就占领了运河区，并开始了挖掘工作。美国必须学习如何管理热带地区的工程。首席工程师一个接一个地离开了这项工程，专家对于选择海平面式运河还是水闸式运河意见不一，而国会的立法也不充分。1906 年春，西奥多·罗斯福总统与曾被从菲律宾召回任战争部长的威廉·霍华德·塔夫脱达成一致，决定修建水闸式运河。1906 年 11 月，对工程实地考察后，在回国

西奥多·罗斯福在巴拿马地峡的留影

的途中,西奥多·罗斯福总统向国会发了一封附有插图的电报说明了工程进度。1907年,乔治·华盛顿·戈瑟尔斯将军从军队中被选派做"仁慈的独裁者"和运河区的工程师。威廉·霍华德·塔夫脱多次访问,工人们得到极大的鼓舞,工程进度突飞猛进。1908年,著名的英国外科医生弗雷德里克·特里夫斯爵士参观了运河工程,认为那不仅是一项巨大的工程,而且也是主管卫生的官员威廉·克劳福德·戈格斯上校在预防医学上取得的胜利。

英国外科医生弗雷德里克·特里夫斯爵士

第19章 黑幕揭发运动

自1898年以来，世界各国对美国的关注主要集中在运河工程和持续、活跃、开放的美国外交。1904年2月，俄国和日本无法就俄国在满洲地区的行为达成一致，并且发动了战争。持续的战争让俄国名誉扫地，日本金融界动荡不安。1905年6月，美国向交战双方发出邀请，称可以促成双方和解。交战双方都接受了这一邀请。1905年夏，俄国和日本的特使在新罕布什尔州的朴茨茅斯会面，最终达成和平条约。1906年，诺贝尔奖委员会因西奥多·罗斯福总统在和平方面做出的贡献而授予他该年度的诺贝尔和平奖。

1905年至1909年之间，美国对外关系和平而友好。为了表达自己的诚意，英国派出了最合适的大使人选詹姆斯·布莱斯。在他周全的处事方式下，接下来的五年里，人们见证了美英之间前所未有的友好关系。那些对美国的管辖总是很敏感的南美国家，与美国的关系也开始缓和。在此之前美洲国家曾召开过两次会议，一次是1889年在詹姆斯·吉莱斯皮·布莱恩的倡议下召开的，另一次是1901年在墨西哥召开的。1906年7月，美洲各国在里约热内卢召开会议。美国国务卿伊莱休·鲁特在会议上提出建立友好关系的倡议。他从里约热内卢来到南美洲其他国家的首都进行公开演讲，并且取得了显著的成效。

在里约热内卢举行的泛美会议是美国为举行一次更大的会议而做的初步准备。1904年，西奥多·罗斯福总统同意在海牙举行第二次会议。在日俄战争中，他负责谈判事宜，并应沙皇的建议推迟了谈判，然后等着后者发出正式的邀请。1907年，该会议召开，美国在其中扮演了重要角色。在第二次海牙会议上，美国代表团由美国律师协会主席、前驻英国大使约瑟夫·霍奇斯·乔特带领。在整个会议期间，美国代表团促使各方进行讨论，促进了常设仲裁法院权力的加强，但没能达成禁止各国交战时在公海抢夺敌方物资的协议。1906年1月，美国在阿尔赫西拉斯召开会议，讨论摩洛哥危机，也调和了东方战争中的紧张关系。借

第二次海牙会议

约瑟夫·霍奇斯·乔特

此，美国政府也加强了其在国内的地位。美国不再对欧洲事务漠不关心，因为它已经成为一个世界强国。

1907年，美国作为一个强国出现在世界舞台上，这一点已经越来越明显。自从因《朴茨茅斯条约》与日本就对待太平洋海岸的日本侨民问题产生摩擦以来，杞人忧天者就已经描绘出一场可能的战争。1907年末，西奥多·罗斯福总统宣布美国海军将进行一次全方位的巡航演习，绕过南美洲驶入太平洋。1907年12月，他检阅了舰队，并在汉普顿锚地为舰队送行。美国舰队受命从太平洋开始环球航行，访问了日本和中

漫画：通过《朴茨茅斯条约》的签订，西奥多·罗斯福成功促成了日俄和谈，他也成了世界和平的坚定维护者

国,所到之处极受关注。1909年,美国舰队返航,创造了零故障和零事故的记录。

当舰队进行环球航行时,美国商业正在做出调整以适应新的建设性法律,一个长久以来困扰美国的问题正式结束了。一度使印第安人问题升级的部落主权问题得到了解决。1887年,《道斯法案》的相关规定取代了印第安部落的土地私有制度。该法案通过后,俄克拉何马准州就在第一批割让的土地上建立起来。因为铁路的纵横交错,俄克拉何马准州的发展速度比以往任何一个准州都要快。1900年,俄克拉何马准州申请成立为州。1906年,该准州得到了授权,1907年,正式成立为州。俄克拉何马州拥有美国最长、最激进的州宪法。对企业财富的恐惧和政府部门的不信任几乎都写进了宪法的每一项条款。

1908年春,美国的四十六位州长几乎都在白宫会见了西奥多·罗斯福总统,并提出另一个问题,引发的骚动和启示引起了公众的反思。1900年和1902年的煤矿工人罢工事件促使人们关注政府与煤炭供应之间可能存在联系。在1902年开始的开垦工程中,公共开垦活动因为大量的私人和企业用水而受到阻碍。美国的自然资源一直都服从所有商业活动的需要,并渐渐习惯了为大公司所控制。煤炭、木材、土地和水的浪费也极不合理。山上的乱砍滥伐导致河流沿岸洪水肆虐。现在,由于自私自利的开发活动成了气候,美国的未来变得越发黑暗。在州长会议中,一场自然资源保护运动发展起来,但当时还没有得到国会的支持。

通过大众教育,实行新的行政政策以及建设性法律,政府正努力适应现代工业的需要以维护社会稳定。企业因为自身利益受到这些变化的影响,便企图阻碍这一进程。而司法部长菲兰德·蔡斯·诺克斯和他的继任者查尔斯·约瑟夫·波拿巴根据《谢尔曼反托拉斯法》提起的一系列诉讼加剧了商界的反对情绪。在该法刚通过时,从来没有人想要检验它的价值,而在北方证券案出现之前,也没有人抨击声名狼藉的托拉斯。

新美国：从门罗主义、泛美主义到西奥多·罗斯福新国家主义的蜕变

查尔斯·约瑟夫·波拿巴

在后来的几年里，法律转而针对牛肉包装商、标准石油公司、烟草托拉斯、糖业托拉斯和美国钢铁公司，而大量的铁路公司和小公司则面临起诉。法律的执行引起了许多受害者的盲目反对，并引发了关于限制企业规模是否符合国家政策的质疑。在关于是否禁止托拉斯和垄断的辩论中，争论双方很难分出胜负。个人对政府实施的法律的敌意是西奥多·罗斯福总统执政最后两年的特征之一。

1907年，从威廉·麦金利当选总统以来，美国已经经历十年的繁荣期。金融业是伴随着工业和贸易发展起来的，各企业需要处理数以百万计甚至数亿美元的资金，从而导致银行合并，金融权力集中在了一

第19章　黑幕揭发运动

小部分人手中。控股公司极大地促进了这种资本的集中。最为人所熟知的核心集团代表是约翰·皮尔庞特·摩根和约翰·戴维森·洛克菲勒。他们的投机和投资活动因公信的削弱而处于尴尬境地。可以肯定的是，美国的全部盈余资本将会投入永久性的建设活动。在1837年、1857年和1873年的繁荣时期之后，这样的时期都曾出现。在清算期间发生的一些意外事件很有可能会引起恐慌。在1902年至1907年期间的揭发检举运动中，人们对控制商业的代理人产生了怀疑，这种怀疑又被耸人听闻的新闻夸大了。1907年秋，一批看似强大的银行因为欺诈行为和投机管理失败，使这一怀疑达到了顶峰。国家商业银行的倒闭和纽约的尼克博克信托公司的暂停营业导致了1907年10月22日的危机。票据交换所、约翰·皮尔庞特·摩根、约翰·戴维森·洛克菲勒和美国财政部之间坚决而又愉快的合作减少了公众的损失，但对所有人来说，一段强制经济时期开始了。

大企业的经理们把恐慌归因于"爱管闲事的西奥多"。他们声称自己的企业是健全而可靠的，而这种剧变是由某些别有用心的人煽动起来的。他们认为，总统对商界的攻击摧毁了他们的信心。联邦的起诉、新的法律以及严格审查纯净食品法规的执行，使企业无法生存。他们疾呼道，"让我们自己管理自己"。

国家商业银行大楼

一小部分美国人只说服了自己。自1902年以来，不考虑党派因素，面对商业的发展趋势，美国公民开阔了眼界，认为政府当局必须振作起来捍卫民主。在越来越多的案件中，投票脱离了任何党派的控制独立进行。美国的旧观念认为，民主意味着不受约束的个人主义。这一观点现在让位于新观点，即民主机会依赖于对垄断的限制。从总统到各级官员，再到领导人，他们在表面上都是支持这种新观点的。而如果没有他们，同样的情况在很大程度上还会继续存在。金融利益集团和华尔街的攻击只会让人们相信，西奥多·罗斯福总统的政策总体而言就是人民的政策，个人利益和政党机器必须让位于人民的利益。

第 20 章 新国家主义

在西奥多·罗斯福总统执政时期，美国政府就已经开始调整国家行政机构和法律以满足州界限模糊的生活与商业需求。为了完成这一使命，有必要找到一个支持西奥多·罗斯福总统政策的继任者，继续贯彻执行这一政策。1908年，有三位符合条件的共和党人作为总统候选人经常被提及。伊莱休·鲁特是三届政府在法律方面的中流砥柱，经常在公开场合受到西奥多·罗斯福总统毫无保留的称赞。然而，他广为人知的公司律师身份将在竞选活动中导致公众对他的反对情绪，削弱了他通过选举当选某一职位的机会。战争部长威廉·霍华德·塔夫脱比伊莱休·鲁特更受欢迎。作为联邦法官，长期以来他给人们留下了严格执法的印象，曾多次担任总统的发言人。他比任何美国人都更了解殖民地，并且与巴拿马运河的每一个细节都有联系。他和伊莱休·鲁特都没有在竞争激烈的政坛赢得领导地位。作为纽约州长，第三位候选人查尔斯·埃文斯·休斯，在自己管辖的领域展示了与职业政客斗争的能力。

1907年，西奥多·罗斯福总统公开表达了他对威廉·霍华德·塔夫脱法官的偏爱，并像往常一样排斥有关自己连任的建议。在西奥多·罗斯福总统主导的芝加哥共和党代表大会上，威廉·霍华德·塔夫脱在第一轮投票中得到提名。来自纽约州的共和党代表詹姆斯·斯库克拉夫特·谢尔曼被提名为副总统候选人。至此，共和党领袖都转而支持强烈推行西奥多·罗斯福总统政策的政治纲领。

新美国：从门罗主义、泛美主义到西奥多·罗斯福新国家主义的蜕变

1908年，在丹佛，民主党召开会议，再次受到激进派的控制，并第三次提名威廉·詹宁斯·布莱恩为总统候选人。西奥多·罗斯福总统的职业生涯改变了威廉·詹宁斯·布莱恩改革计划的重点。一位周刊记者说道："任何一个反对威廉·詹宁斯·布莱恩的激进派共和党人，在追随西奥多·罗斯福之后，都只会被狠狠地嘲笑。"在随后的竞选活动中，两位候选人提出的目标几乎是相同的，因而他们的支持者们不得不去解释西奥多·罗斯福总统的政策在威廉·詹宁斯·布莱恩或威廉·霍华德·塔夫脱执政的政府是否会有更好的施展机会。他们并没有明确的竞选议题。而且在每一个政党中都有一个强大的少数派，哪个候选人也不支持。但在整个竞选活动中，威廉·霍华德·塔夫脱都受到了忽视，但他当选的可能性在独立投票中显示出来，也暴露出政党关系的弱点。共和党全国候选人胜出的四个州却选出了四个民主党的州长。

1908年总统大选明信片：威廉·霍华德·塔夫脱（左）与威廉·詹宁斯·布莱恩（右）

第 20 章 新国家主义

威廉·霍华德·塔夫脱执政受到两党进步分子的衷心欢迎。他的勇气和真诚从未受到质疑。西奥多·罗斯福对他也是赞赏有加。他接受的司法培训使各种政治活动对他来说都是不可能的事。这些活动让许多保守派成了他前任的敌人,但他对行政改革的热情毋庸置疑。1909年3月15日,他召集国会修订关税政策,立即兑现了共和党政治纲领的承诺。多年来他一直致力于关税问题,主张下调关税,以消除任何关税特权的痕迹。

漫画:威廉·霍华德·塔夫脱戴着王冠被西奥多·罗斯福扛在肩膀上,民众在大声欢呼,表明威廉·霍华德·塔夫脱当选总统受到大多数人的支持

新美国：从门罗主义、泛美主义到西奥多·罗斯福新国家主义的蜕变

　　1902年左右，关税改革运动开始随着对托拉斯的反对情绪在中西部地区蔓延开来。1902年和1903年，西奥多·罗斯福总统都曾表示过对这一运动的赞同，并为与古巴互惠互利而修订关税政策与国会辩论。但大多数政党领导人都反对干预关税保护体系。议长约瑟夫·格尼·坎农是公开的贸易保护主义者，他捍卫了主张维持关税现状者的立场。1904年之后，总统停止讨论关税问题，把精力全部放在了其他改革方案上，而把关税政策修订的问题留给了继任者。

　　在提到1909年的关税时，有两个重要人物不得不提，一位是纽约州众议院筹款委员会主席塞雷诺·以利沙·佩恩，另一位是参议院财政

塞雷诺·以利沙·佩恩

委员会主席纳尔逊·威尔玛斯·奥尔德里奇。新的关税标准在众议院得以通过，与丁利关税相比，新的关税减少了很多。在参议院，关税重新得到了定义，成为比现行法律更有力的关税保护工具。一场关于关税的讨论就此展开，吸引了前所未有的公众关注。一群拒绝接受党派核心集团控制的共和党人对修订关税政策的细节进行了解释，认为应该真心实意地下调关税。然而，与威廉·霍华德·塔夫脱总统相比，他们对关税法案的影响很小。威廉·霍华德·塔夫脱总统迫使两院协商委员会接受了一些降低税率的措施，尤其是在皮革和木材方面，包括一条对企业征收所得税的条款。一项授权征收一般所得税的宪法修正案也是协商结果的一部分。1909年8月，该法案成为法律。有支持自由贸易倾向的《展望》杂志表示："最终形成的关税法案是迄今为止国家历史上最开明的关税保护措施。"已经回归私人生活的西奥多·罗斯福写道："我认为，现在的关税政策比之前的政策还要好，而比更早期的关税政策则要好得多。"

　　无论它与早先的关税有什么关系，《佩恩-奥尔德里奇法案》在美国并不受欢迎。自1897年以来，这个国家就开始对关税立法的方法提出批评。共和党的七名参议员和二十名众议员在该法案通过的最后一个阶段投了反对票，他们代表着中西部地区和新一代美国人。回到家乡后，他们发现当地的选民普遍谴责这一措施是维护特权的工具。他们中的一些人曾在辩论中与威廉·霍华德·塔夫脱总统发生冲突。威廉·霍华德·塔夫脱总统在西部明尼苏达州威诺纳发表的讲话加深了这一分歧。当时，他为新关税法案进行了辩护，认为这是对党派承诺的遵守。很明显，新总统既无法促成党派立法，也无法维持党内和谐。西奥多·罗斯福总统虽没能让保守派满意，但推翻了其阵营；而威廉·霍华德·塔夫脱总统既没能让进步派满意，也没能堵住其悠悠之口。

　　从1909年秋开始，美国出现了一系列对于政府行政的误解，令威廉·霍华德·塔夫脱政府大为尴尬。一位即将前往中国任外交大使的官员在离开美国之前突然被撤职,仅仅因为有人认为他言行失检。在农业部,部长詹姆斯·威尔逊和负责执行《纯净食品法》的化学家哈维·华盛顿·威利之间存在着分歧。林务局局长吉福德·平肖公开与内政部长理查德·阿基里斯·巴林杰发生争执,并提出了自然资源保护政策的未来问题。

林业和复垦工作是自然资源保护计划的核心内容,1908 年这一计划是在西奥多·罗斯福总统与州长们的会议中形成并发展起来的。1909 年,林业部的一名下级官员指责内政部长厚此薄彼,不关注自然资源保护。1909 年 9 月,这名官员被威廉·霍华德·塔夫脱总统撤职,于是《科里

吉福德·平肖

第20章 新国家主义

尔周刊》抨击总统为自然资源保护之敌,并且得到了许多反对关税法案的进步主义者的精神支持。1910年1月,争议越来越多,因为吉福德·平肖不服从命令,威廉·霍华德·塔夫脱总统撤掉了他的官职,而国会成立联合委员会调查吉福德·平肖与理查德·阿基里斯·巴林杰的争端。

该委员会最终维护了内政部长。这一事件显示出威廉·霍华德·塔夫脱总统与西奥多·罗斯福总统行事风格的根本区别。前者只依照法律行事,而后者则会在不违法的前提下尽其所能地去达成目标。尽管威廉·霍华德·塔夫脱总统站在他的下属一边,声称他和理查德·阿基里斯·巴林杰两人都积极参与自然资源保护,但大部分公众认为,激进的改革运动已经失去动力。西奥多·罗斯福对这件事的看法已经无从得知,因为1909年他去了非洲,并且直到1910年夏一直处于美国政治圈之外。

1909年到1910年,进步派共和党人开始反对"固守现状派"的控制,因此被扣上了"叛乱分子"的帽子。参议员罗伯特·马里昂·拉弗莱特和阿尔伯特·贝尔德·卡明斯是这些人公认的领袖,而且都想当总统。1910年3月,叛乱分子在众议院与民主党少数派一起推翻了约瑟夫·格尼·坎农议长的统治地位,修改了众议院的规则,以遏制主管官员的专制行为。他们让国家相信威廉·霍华德·塔夫脱总统已经不再是进步分子,并且已经成为"固守现状派"利益集团的盟友。1910年,共和党的分裂使民主党得以控制这个国家,并在众议院获得了绝大多数席位。密苏里州的钱普·克拉克和亚拉巴马州的奥斯卡·安德伍德都是竞争民主党总统候选人提名的野心家。他们后来分别成为新众议院筹款委员会的议长和主席。没有一个人像西奥多·罗斯福总统那样,以人格来控制或领导党派。竞争和个别领袖破坏了两党之间的和谐,两党甚至从来都没有就未来的大政方针而达成一致过。1911年1月,叛乱的共和党人组织了一个进步共和党联盟。他们的目的是能够在1912年提名

钱普·克拉克

奥斯卡·安德伍德(左)与同僚

他们中的一个人参加大选,当时暂定的人选是参议员罗伯特·马里昂·拉弗莱特。

威廉·霍华德·塔夫脱总统的政策与他前任的不同主要体现在倡导主张的方法上。和西奥多·罗斯福总统一样,威廉·霍华德·塔夫脱总统也难以将自己的主张制订为法律。但与西奥多·罗斯福不同的是,他没能获得人民的支持与拥戴。他支出一笔资金用于成立关税专家委员会,以筹备将来的关税政策修订事宜,并为商业法庭处理州际贸易案件。他还支持所得税修正案,利用自己的影响力,撤掉了丑闻缠身的伊利诺伊州参议员威廉·罗瑞莫。1910年,《州际商务法》得到修订和补充。1910年,亚利桑那和新墨西哥通过了一项授权法案。根据该法案,1912年,这两个地区成立为州。威廉·霍华德·塔夫脱总统继续执行西奥多·罗斯福时期就开始的一系列反托拉斯诉讼,并下令解散南太平洋公司、标准石油公司和烟草托拉斯,也处罚了其他许多垄断企业。

在行政领域,威廉·霍华德·塔夫脱总统表现出了经济管理方面的天赋。他敦促国会通过开支预算制度,并聘请了一组专家来帮助行政部门降低成本,提高效率。他一直努力扩大行政部门。直到1912年,在三十三万四千名联邦雇员中,只有五万六千人的职务仍未分级。

在涉及与拉丁美洲的贸易、仲裁、中立和互惠方面的对外谈判中,威廉·霍华德·塔夫脱政府表现最突出。在国务卿菲兰德·蔡斯·诺克斯的协助下,威廉·霍华德·塔夫脱总统继续发展与拉丁美洲的友好关系。批评家们将这一政策称为"美元外交",但威廉·霍华德·塔夫脱总统和菲兰德·蔡斯·诺克斯则为自己的行为辩护,称此举是通过健全的金融政策实现对拉丁美洲国家稳定管理的过渡。1911年,发生在墨西哥的一场旷日持久的革命导致总统波菲里奥·迪亚斯被逐出墨西哥,1912年,引发了反革命运动。在整个骚乱过程中,威廉·霍华德·塔夫脱总统坚定地保持中立,并敦促国会禁止向交战方出售武器。这是中立国惯常

第 20 章 新国家主义

墨西哥总统波菲里奥·迪亚斯

做法上的一个进步,因为根据国际法,中立国是可以向交战双方出售军火的。

1908 年,西奥多·罗斯福总统与英国和其他国家签署了一系列一般性的仲裁条约,其中包含了对涉及国家荣誉和国际争端的一般处理办法。1911 年,威廉·霍华德·塔夫脱总统与英国和法国签署了更详尽的条约,并成立委员会以规定仲裁审理范围。但参议院拒绝批准这些条约。

与加拿大的互惠政策也是威廉·霍华德·塔夫脱总统关税政策的一部分。1911 年,他召集国会召开特别会议,批准对《佩恩－奥尔德里

新美国：从门罗主义、泛美主义到西奥多·罗斯福新国家主义的蜕变

威廉·霍德华塔夫脱和商人的漫画。杰克·卡克（加拿大）："哦，是的！当你们知道我很繁荣时，你们都伸出快乐的手来。"

奇法案》中规定的利率做出调整。众议院的民主党多数派支持这一措施。为了确保法案通过，共和党中坚分子也做了很多努力。但"叛乱分子"反对这一做法，因为这样可能会损害农民的利益。1911年9月，在大选后，加拿大也拒绝了这一措施，因为在该届选举中，对被美国吞并的恐惧是重要主题之一。

  威廉·霍华德·塔夫脱统治的政策没有对党派和人民产生影响，但也不像那些丑闻揭发者描绘的那样糟糕。这些政策制定得非常详尽，并具有建设性和启发性，就连许多对手都加入到要求改革的行列中。很多政党领袖也都对此很感兴趣，因为这些政策关注他们个人的命运，也没有像过去八年中那样被总统的个人魅力所掩盖。这些政策出自一位曾经

的律师和法官，并因与共和党中最不受新改革影响的一派联盟而获得通过，因此可能面临指责其精神和意图反动的抨击。

1910年6月，共和党的分裂越来越严重，西奥多·罗斯福也回到了美国。几周后，他在西部的堪萨斯州奥萨沃托米发表演讲，提出了改革的政治纲领，称之为"新国家主义"。事实上，这一概念是经历了四十年的历史演变而来的，设想了国家在商业和社会方面的发展道路，并要求政府面对新的问题。"新国家主义"认为宪法权力已经应政府所需的大部分职能而存在，并要求通过制订宪法修正案来补充缺失的权力。该政治纲领受到了强烈的推崇，也遭遇了猛烈的抨击。许多进步人士认为该纲领是对他们信仰的绝佳阐述，因而大力推崇。而保守派则倾向于认为这是一条社会主义或革命主义的纲领。它使西奥多·罗斯福恢复了在公共事务上的地位，并强调了这样一个事实：威廉·霍华德·塔夫脱总统并没有像他的支持者和前任那样，展现出一种受欢迎的领导能力。它给进步人士以希望，即通过自己的承诺和按照不成文的传统，已经不可能第三次担任总统的西奥多·罗斯福，将帮助他们促使共和党在1912年提名一个进步主义者为候选人。

进步派的具体原则包含了一系列政策，希望能推倒小集团控制政治的局面。他们一致要求通过倡议和全民公决、直接初选和直接推举代表参加全国代表大会，以及直接选举参议员。他们中的许多人支持的一种新的召回政策，将被应用于行政官员、法官，甚至是司法判决。妇女参加选举也得到了普遍接受。

自1896年爱达荷州成为第四个允许妇女参加选举的州以来，妇女选举权事业在美国取得了巨大进步。在许多州，地方或学校都修改了选举权的范围。1906年，英国开始了妇女选举权不受限制的新时期，并因为激进的妇女参政论者故意违反法律和破坏秩序的行为而得到了宣传。虽然这种骚乱并不严重，但已经蔓延至美国。1910年华盛顿州，

新美国：从门罗主义、泛美主义到西奥多·罗斯福新国家主义的蜕变

1911 年加利福尼亚州，分别允许妇女参加选举。到了 1914 年，随着亚利桑那州、堪萨斯州、俄勒冈州、伊利诺伊州[①]、内华达州和蒙大拿州的加入，通过妇女选举权的州总数增加到十二个。

1911 年和 1912 年之间的冬天，共和党在下一届全国大选中获胜的希望渺茫。1910 年，民主党人获得了众议院的支持，在共和党进步派的投票支持下，他们已经通过几项关税法案并呈递给总统，按一个又一个的计划削减了税率。但每一项法案都遭到了否决，而每一次否决都让进步人士更加坚定地认为，如果威廉·霍华德·塔夫脱总统不是固守现状，

威廉·霍华德·塔夫脱（中）与友人的

---

① 在伊利诺伊州，妇女选举权受到了一定程度的限制，但仍然包括对总统选举团成员和地方官员的投票权。——原注

第20章　新国家主义

就是政治上保守。进步派共和党人坚决反对重新提名威廉·霍华德·塔夫脱，而如果他重新得到提名，他们也不太可能大力支持他。许多共和党的中坚分子也认为威廉·霍华德·塔夫脱不可能重新当选。支持进步派总统候选人的政党派系比支持罗伯特·马里昂·拉弗莱特的团队更庞大，而且在各个领域都能听到要求西奥多·罗斯福回归的声音。

1912年2月，七位共和党州长联名请求西奥多·罗斯福收回他的承诺，接受提名成为候选人，虽然他们所在的州很可能支持民主党候选人。这一请求得到了西奥多·罗斯福崇拜者的一致认可，他们相信只有这个人才能实现"新国家主义"的理念。那些不相信罗伯特·马里昂·拉弗莱特能获胜的进步人士，以及那些不惜任何代价想要赢得胜利的共和党人则发现，他们只有通过威廉·霍华德·塔夫脱才能获得胜利。1912年2月24日，西奥多·罗斯福终于宣布他愿意接受提名，并解释说，他之前拒绝接受另一个任期的意思是不接受连任，并参加了针对共和党全国代表大会代表们的游说活动。

初选前的竞选活动很难进行。在大多数州，无论是否支持威廉·霍华德·塔夫脱，共和党组织都掌握在那些并不支持西奥多·罗斯福的政客手中。当选民们摆脱州和国家委员会的控制，或者通过现有的政党组织来达成他们的新要求时，一切已经太晚了。这种情况体现在提名流程的缺陷上，但可以通过直接初选加以弥补。在一些州，应公众强烈要求，一系列关于初选的法律得以仓促通过，从而推翻了传统的选举制度。西奥多·罗斯福以极高的声望吸引了罗伯特·马里昂·拉弗莱特的众多支持者。

1912年6月18日，在芝加哥举行会议的一千零七十八名代表中有四百一十一名是西奥多·罗斯福的支持者。还有两百五十多名是受命支持威廉·霍华德·塔夫脱的，遭到了西奥多·罗斯福代表团的质疑。当国家委员会否决了这些人的要求时，西奥多·罗斯福谴责他们的行为是

"赤裸裸的盗窃"。因此,他也一定会和反对威廉·霍华德·塔夫脱的政党派系结盟。由伊莱休·鲁特主持的代表大会几乎得到了所有受到西奥多·罗斯福提拔的人的支持,却最终重新提名了威廉·霍华德·塔夫脱和詹姆斯·斯库克拉夫特·谢尔曼。西奥多·罗斯福表示,任何诚实的人都不会将选票投给用卑劣手段上位的人。支持西奥多·罗斯福的共和党人并没有退出会议,但在休会时,他们举行了一场群体会议,由他们的候选人发表讲话,后来组成全新的进步党。

民主党顾问受到了共和党分裂和共和党保守派在芝加哥获胜的影响。接下来的那一周,他们在巴尔的摩召开会议,威廉·詹宁斯·布莱

漫画:威廉·霍华德·塔夫脱和西奥多·罗斯福——政治敌人

第20章 新国家主义

恩也出席了会议并表现得十分活跃,但他本人并不是候选人。他们必须在筹款委员会议长钱普·克拉克、主席奥斯卡·安德伍德、俄亥俄州长贾德森·哈蒙、印第安纳州长托马斯·赖利·马歇尔和新泽西州长伍德罗·威尔逊之间做出选择。

伍德罗·威尔逊生于弗吉尼亚州,是著名的散文学和历史学家。1910年,他辞去普林斯顿大学校长一职,进入美国政界。作为州长,他展现出带领政党走向改革进步的巨大能力。在一些方面,他与西奥多·罗斯福和罗伯特·马里昂·拉弗莱特并没有什么不同,但他们的做

托马斯·赖利·马歇尔(左)与同僚

法都与自己政党中的反对派有着天壤之别。他很久以前就写道："一个总统无论在法律层面还是道德层面都是自由的,他要尽可能地成为一个伟大的人,刷新能力的极限……他只能通过公众舆论来影响国会。"之前与民主党派系的关系让伍德罗·威尔逊的立场有些尴尬。他曾态度鲜明地反对特权和企业对政治的影响,并得到了威廉·詹宁斯·布莱恩和那些支持他的年轻人的坚定拥护,因而在第四十六轮投票中得到总统候选人提名,而托马斯·赖利·马歇尔州长得到副总统的提名。

1912年8月5日,进步党在芝加哥召开会议,提名了西奥多·罗斯福和加利福尼亚州长海勒姆·约翰逊。他们倡导的政治纲领建立在社会公正和人权理念的基础上,包括认真推进每一项重要的改革措施。他们认为两个旧党派都不适合推进进步工作。在竞选活动中,他们的候选人和发言人透露了这些前"叛乱分子"的热情和痛苦。

党派分裂使选举的主动权落入民主党人手中。他们得以继续控制众议院,又获得了参议院的控制权,并选出了伍德罗·威尔逊,尽管他在三次竞选中获得的选票都少于威廉·詹宁斯·布莱恩。这场竞争成了一种人身攻击,因为很少有人公然抨击进步党宣称的立法目标。西奥多·罗斯福的声望吸引了许多民主党人从支持伍德罗·威尔逊的队伍中转而支持他。但也有一部分人不支持西奥多·罗斯福。有些共和党人担心西奥多·罗斯福执政,而一些进步共和党人也不满他重返政坛,这样一来,这部分人就会把选票投给伍德罗·威尔逊或是威廉·霍华德·塔夫脱。1912年11月,威廉·霍华德·塔夫脱只获得了八张选举人票,在民意调查中远远落后于他的两个对手。在一场史无前例的独立运动中,有四百多万张选票来自新成立的第三个政党。社会主义者投给尤金·维克托·德布斯的选票从1908年的四十二万票上升到1912年的八十九万五千票。

威廉·霍华德·塔夫脱总统任期的最后一年笼罩在党内斗争的阴影

第 20 章 新国家主义

中,而民主党对众议院的控制也削弱了他的执政效力。对托拉斯的控诉仍在继续,继邮政储蓄银行建立之后,包裹邮递也出现在美国。所得税修正案成为宪法的一部分,而直接选举参议员的修正案也取得了进展。

最终,伍德罗·威尔逊成功当选总统。他组建了一届由威廉·詹宁斯·布莱恩任国务卿的内阁,成员均为之前的进步民主党。1913 年 4 月,他召集国会再次修订关税,亲自发表咨文,推翻了一个世纪以来的先例。在十八个月的时间里,他几乎没有喘息的时间,让国会按照他的理解履行承诺。

总统任上的伍德罗·威尔逊

关税、货币和托拉斯是民主党人的主要议题。在这些问题上，民主党人公开表达了他们的积极信念。不考虑党派联盟，大量的进步人士都要求对这些问题立法。伍德罗·威尔逊总统开始——解决这些问题，显示出前所未有的强大领导能力。事实上，无党派人士的观点通常与他一致，这使大量停留在书本上的建设性立法成为可能。1913年10月3日，关税问题进入法律。毋庸置疑，关税是呈下降趋势的。同年12月23日，《联邦储备法》得以签署。它修订了银行法，以提高其灵活性促进权力分散。1914年1月，伍德罗·威尔逊总统向国会提交了他的托拉斯监控计划，主张成立委员会根据《州际商务法》管理贸易。1914年秋，联邦贸易委员会和《克莱顿反托拉斯法案》采纳了这些建议。与此同时，1912年的《巴拿马运河法案》遭到修改，取消了给予美国船只的特权，伍德罗·威尔逊总统认为这违反了《海伊－庞斯福特条约》中的平等待遇承诺。民主党多数派拥有一份自1890年以来国会通过的最重要的建设性法律的清单。1914年10月24日，该党派同意休会，其成员回到家乡，听取选民关于国情咨文的意见。

经济法律的通过需要伍德罗·威尔逊总统的机智与能力。在他执政时期，共和党对其政策没有清晰的认识，内部还有许多反对派。墨西哥内乱不断，使形势变得更加棘手。在伍德罗·威尔逊总统就职前不久，墨西哥又爆发了一场革命，紧接着维多利亚诺·韦尔塔将军晋升为总统。被废黜的弗朗西斯科·伊格纳西奥·马德罗的追随者立即开始反抗。美国拒绝承认墨西哥的新政府，因为它并不是一个真正的政府，它的头衔沾满鲜血。美国始终拒绝承认墨西哥这场阴谋的结果。1914年4月，美国军队占领维拉克鲁斯，以报复维多利亚诺·韦尔塔政权的侮辱行为。1914年7月，在美国"观望等待"的持续压力下，独裁者最终辞职。此后，立宪主义者们又骚动起来，但随着时间的推进，来自墨西哥的危机似乎有所缓解。

第 20 章　新国家主义

弗朗西斯科·伊格纳西奥·马德罗

　　1914 年 8 月，欧洲纷乱不断。19 世纪中期，在奥地利对塞尔维亚的战争中，美国的军备政策展现出合理的结果。俄国立即对它的斯拉夫亲戚提供了援助。1914 年 8 月 1 日，德国对其宣战。又过了几天，英国、法国与俄国联盟反抗德国－奥地利联盟。欧洲大部分国家陷入战争状态。让成千上万因战争而受困的美国游客回国成了美国政府的第一要务。在美国驻欧洲交战各国大使的监护下，以及所有交战国的帮助下，这些美国人得以安全回国。在此之后，美国出现了中立和商业问题。由于出口贸易的中断，特别是棉花出口的中断，美国各地都出现了大萧条。一项关于将外国建造的船只转移到美国注册的法律，以及另一项用于联邦战争保险的法律都匆匆通过了。关于建立公共商船队的问题也经过了讨论。

在这些问题上，美国花费了大量精力，之后国会宣布休会，暂停了长期以来的繁重工作。

1914年，国会选举深受欧洲战争的影响。1914年初，保守派越发反对民主党的计划，而民主党多数派很可能会被削减。进步党的势力也逐渐被削弱，而共和党的控制权回到了镇压叛乱分子的共和党人手中。伍德罗·威尔逊总统的精确中立政策赢得了各党派的信任。尽管像伊利诺伊州的约瑟夫·格尼·坎农和宾夕法尼亚州的博伊斯·潘罗斯这样的保守派人士赢得了少数民主党和进步人士的支持，伍德罗·威尔逊总统仍然得到了第六十四届国会众议院和参议院的多数支持。在1912年的选举中，他在一定程度上受到进步派分散共和党力量的影响。1914年，进步派的影响力可以忽略不计，在共和党的围攻下，民主党维护了自身的权力。

专有名词英汉对照

Civil War	南北战争 / 内战
United States	美国
Constitution	《宪法》
Union	联邦
Republican	共和党
Whig	辉格党
Democrat	民主党
Lincoln	林肯
War Democrat	民主党主战派
Copperhead	铜头蛇
George Brinton Mcclellan	乔治·布林顿·麦克莱伦
Edwin McMasters Stanton	埃德温·麦克马斯特斯·斯坦顿
Peace Democrat	民主党和平派
Radical Republican	共和党激进派
Cabinet	内阁
Secretary of the Treasury	财政部长
Salmon Portland Chase	萨蒙·波特兰·蔡斯
Chief Justice of the Supreme Court	最高法院的首席法官
John Charles Frémont	约翰·查尔斯·弗里蒙特
Baltimore	巴尔的摩
Kansas-Nebraska Bill	《堪萨斯－内布拉斯加法案》
Andrew Johnson	安德鲁·约翰逊
New York	纽约
Horatio Seymour	霍拉肖·西摩
Shinplasters	乱发纸币

新美国：从门罗主义、泛美主义到西奥多·罗斯福新国家主义的蜕变

Clement Laird Vallandigham	克莱门特·莱尔德·瓦兰迪加姆
William Tecumseh Sherman	威廉·特库姆塞·谢尔曼
Atlanta	亚特兰大
David Glasgow Farragut	戴维·格拉斯哥·法拉格特
Mobile Bay	莫比尔湾
Delaware	特拉华
Kentucky	肯塔基
New Jersey	新泽西
Congress	国会
Thirty-seventh Congress	第三十七届国会
Treasury	财政部
Andrew Jackson	安德鲁·杰克逊
Second Bank of the United States	第二合众国银行
Greenback	绿背纸币
Mississippi Valley	密西西比河流域
Mississippi	密西西比河
St. Louis	圣路易斯
Chicago	芝加哥
Buffalo	布法罗
Pittsburg	匹兹堡
New York	纽约
Philadelphia	费城
New York Central	纽约中央铁路
Erie	伊利
Pennsylvania	宾夕法尼亚铁路
New Orleans	新奥尔良
Elias Howe	伊莱亚斯·豪
Gordon McKay	戈登·麦凯
Fall River	福尔里弗
Lynn	林恩
Iowa	艾奥瓦
Minnesota	明尼苏达
Wisconsin	威斯康辛
Kansas	堪萨斯
American Desert	美国沙漠
Missouri River	密苏里河
Rocky Mountains	落基山脉
Great Salt Lake	大盐湖
General Victoriano Huerta	维多利亚诺·韦尔塔将军
Francisco Ignacio Madero	弗朗西斯科·伊格纳西奥·马德罗

专有名词英汉对照

Mormon	摩门教徒
California	加利福尼亚
Pike's Peak	派克峰
Colorado Territory	科罗拉多准州
Carson Valley	卡森谷
Nevada Territory	内华达准州
Dakota	达科他
Black Hills	布拉克山
Colorado River	科罗拉多河
Arizona Territory	亚利桑那准州
Continental Divide	大陆分水岭
Idaho	爱达荷
Montana	蒙大拿
Wyoming	怀俄明
Oklahoma	俄克拉何马
Ordinance of 1787	《1787年法令》
Reaper of McCormick	麦考密克收割机
Homestead Act	《宅地法》
Thomas Hart Benton	托马斯·哈特·本顿
Preëmption Law	《优先购买权法》
Mountain States	山地各州
Pony Express	驿马快信
Pacific	太平洋
St. Joseph	圣约瑟夫
Pacific Railroad Act	《太平洋铁路法案》
Union Pacific	联合太平洋铁路公司
Council Bluffs	康瑟尔布拉夫斯
Sacramento	萨克拉门托
Leland Stanford	利兰·斯坦福
Pawnee	波尼族人
Sioux	苏族人
Arapaho	阿拉巴霍人
Cheyenne	夏延人
Indian Territory	印第安领地
South Dakota	南达科他
Utah Territory	犹他准州
Ogden	奥格登
Far West	远西地区
Cornelius Vanderbilt	康内留斯·范德比尔特
Collis Potter Huntington	科利斯·波特·亨廷顿

新美国：从门罗主义、泛美主义到西奥多·罗斯福新国家主义的蜕变

Indiana	印第安纳
Hugh McCulloch	休·麦卡洛克
Massachusetts	马萨诸塞
Connecticut	康涅狄格
Daniel Shays	丹尼尔·谢斯
Ohio	俄亥俄
George Hunt Pendleton	乔治·亨特·彭德尔顿
Thaddeus Stevens	泰迪尔斯·史蒂文斯
Benjamin Franklin Butler	本杰明·富兰克林·巴特勒
Harper's Weekly	《哈珀周刊》
Democratic Convention	年民主党代表大会
Francis Preston Blair Jr	小弗朗西斯·普雷斯顿·布莱尔
Wade Hampton	韦德·汉普顿
Ulysses Simpson Grant	尤里西斯·辛普森·格兰特
Tennessee	田纳西
Unionist	联邦主义者
Robert Edward Lee	罗伯特·爱德华·李
Confederacy	南部邦联
Thirteenth Amendment	《第十三条修正案》
Representative	众议员
Northern Democrat	北方民主党
Northern Republican	北方共和党
Tenure-of-Office Bill	《任职期限法案》
Thirty-ninth Congress	第三十九届国会
Charles Sumner	查尔斯·萨姆纳
Freedmen's Bureau	被解放黑奴事务管理局
Civil Rights Bills	《民权法案》
Fourteenth Amendment	《第十四条修正案》
Attorney-General	司法部长
Fort Donelson	多纳尔森堡
Vicksburg	维克斯堡
Schuyler Colfax	斯凯勒·科尔法克斯
North Carolina	北卡罗来纳
South Carolina	南卡罗来纳
Georgia	佐治亚
Florida	佛罗里达
Alabama	亚拉巴马
Louisiana	路易斯安那
Arkansas	阿肯色
Reconstruction Acts	《重建法》

Mississippi	密西西比
Secretary of War	战争部长
Union League	联邦联盟
Benjamin Grubb Humphreys	本杰明·格拉布·汉弗莱斯
Fifteenth Amendment	《第十五条修正案》
Adelbert Ames	阿德尔贝特·埃姆斯
Hiram Rhodes Revels	海勒姆·罗兹·雷威尔斯
Washington	华盛顿
Francis Harrison Pierpont	弗朗西斯·哈里森·皮尔庞特
Milledgeville	米利奇维尔
William Magear Tweed	威廉·马格尔·特威德
Thomas Nast	托马斯·纳斯特
Maine	缅因州
James Shepherd Pike	詹姆斯·谢伯德·派克
Prostrate State	《沮丧之州》
Ku-Klux Klan	三K党
Maryland	马里兰
James Russell Lowell	詹姆士·拉塞尔·洛威尔
Great Britain	英国
Alabama	"亚拉巴马"号
Charles Francis Adams	查尔斯·弗朗西斯·亚当斯
Reverdy Johnson	雷弗迪·约翰逊
Joint High Commission	高级联合委员会
Treaty of Washington	《华盛顿条约》
Liberal Republicans	共和党自由派
Carl Christian Schurz	卡尔·克里斯汀·舒尔茨
Horace Greeley	霍勒斯·格里利
Tribune	《纽约论坛报》
Whitelaw Reid	怀特洛·里德
Henry Watterson	亨利·沃特森
Cincinnati	辛辛那提市
Gratz Brown	格拉茨·布朗
Henry Wilson	亨利·威尔逊
Edwin Lawrence Godkin	埃德温·劳伦斯·戈德金
Oxford	牛津大学
Nation	《国家》
Harvard	哈佛大学
Charles William Eliot	查尔斯·威廉·艾略特
Michigan	密歇根大学
James Burrill Angell	詹姆斯·伯里尔·安吉尔

Johns Hopkins	约翰·霍普金斯
Daniel Coit Gilman	丹尼尔·科伊特·吉尔曼
Jay Gould	杰伊·古尔德
James Fisk	詹姆斯·菲斯克
Robert Cumming Schenck	罗伯特·卡明·申克
Congressman	国会议员
Crédit Mobilier	动产信贷公司
James Gillespie Blaine	詹姆斯·吉莱斯皮·布莱恩
William Boyd Allison	威廉·博伊德·艾里森
James Abram Garfield	詹姆斯·艾伯拉姆·加菲尔德
Rufus Dawes	鲁弗斯·道斯
William Worth Belknap	威廉·沃思·贝奈普
Jay Cooke	杰·库克
Northern Pacific	北太平洋铁路公司
New York Stock Exchange	纽约证券交易所
Inflation Bill	《通货膨胀法案》
John Sherman	约翰·谢尔曼
Greenbackers	绿背纸币党
Granger Movement	格兰其运动
Patrons of Husbandry	美国农业保护者
Grange	格兰其
Ohio River	俄亥俄河
Granger Laws	格兰其法案
Alleghanies	阿利根尼山脉
Lakes	五大湖
Erie Canal	伊利运河
Potter Law	《波特法》
Rate Laws	《定价法案》
Granger Cases	格兰其案件
Nebraska	内布拉斯加州
Indian Wars	印第安人战争
Denver	丹佛
Samuel Jones Tilden	塞缪尔·琼斯·蒂尔登
Tammany Hall	坦慕尼协会
Tweed Ring	特威德集团
Thomas Andrews Hendricks	托马斯·安德鲁斯·亨德里克斯
Pennsylvania	宾夕法尼亚州
Gettysburg	葛底斯堡
General Winfield Scott Hancock	温菲尔德·斯科特·汉考克将军
William Adams Richardson	威廉·亚当斯·理查森

Roscoe Conkling	罗斯科·康克林
Oliver Perry Morton	奥利弗·佩里·莫顿
Benjamin Helm Bristow	本杰明·赫尔姆·布里斯托
Whiskey Ring	威士忌酒集团
Rutherford Birchard Hayes	拉瑟福德·伯查德·海斯
Jefferson Hamilton Davis	杰斐逊·汉弥尔顿·戴维斯
William Almon Wheeler	威廉·阿尔蒙·惠勒
Electoral Commission	选举委员会
John Adams	约翰·亚当斯
John Quincy Adams	约翰·昆西·亚当斯
Martin Van Buren	马丁·范布伦
Secretary of the Interior	内政部长
Indian Bureau	印第安人事务局
George Armstrong Custer	乔治·阿姆斯特朗·卡斯特
Chief Joseph	约瑟夫酋长
Nez Percés	内兹佩尔塞人
Chester Alan Arthur	切斯特·艾伦·阿瑟
Doctor Johnson	约翰逊博士
Stalwarts	坚定派
Forty-fifth Congress	第四十五届国会
Forty-sixth Congress	第四十六届国会
Resumption Act / Bill	《恢复硬币支付法案》
Richard Parks Bland	理查德·帕克斯·布兰德
Bland Act/Bill	《布兰德法案》
William Boyd Allison	威廉·博伊德·艾里森
Robert Green Ingersoll	罗伯特·格林·英格索尔
Leadville	莱德维尔
Dennis Kearney	丹尼斯·卡尼
Molly Maguires	莫利·马奎尔社
Henry Adams	亨利·亚当斯
James Schouler	詹姆斯·斯库勒
John Bach McMaster	约翰·巴赫·麦克马斯特
James Ford Rhodes	詹姆斯·福特·罗兹
Alonzo Barton Cornell	阿朗佐·巴顿·康奈尔
Palmer House	帕尔默旅馆
Vermont	佛蒙特州
George Franklin Edmunds	乔治·富兰克林·埃德蒙兹
William Hayden English	威廉·海登·英格利希
James Baird Weaver	詹姆斯·贝尔德·韦弗
Connecticut Reserve	康涅狄格自然保护区

新美国：从门罗主义、泛美主义到西奥多·罗斯福新国家主义的蜕变

Ohio Canal	俄亥俄运河
Cleveland	克利夫兰
Mrcus Alonzo Hanna	马库斯·阿朗佐·汉纳
Isaac Wayne MacVeagh	艾萨克·韦恩·麦克维
Thomas Lemuel James	托马斯·莱缪尔·詹姆斯
New York Post-Office	纽约州邮政署
Postmaster-General	美国邮政总长
William Windom	威廉·温德姆
Money King	金钱之王
New York Legislature	纽约州议院
Stephen Wallace Dorsey	斯蒂芬·华莱士·多尔西
Republican National Committee	共和党全国委员会
Thomas Jefferson Brady	托马斯·杰斐逊·布雷迪
Charles Julius Guiteau	查尔斯·朱利叶斯·吉托
Presidential Succession Act	《总统继任法案》
Isthmian Canal	地峡运河
Western Hemisphere	西半球
South America	南美洲
Chile	智利
Peru	秘鲁
Frederick Theodore Frelinghuysen	弗雷德里克·西奥多·弗里林海森
Twenty Years of Congress	《在国会的二十年》
Yorktown	约克城
Michael Crawford Kerr	迈克尔·克劳福德·克尔
Samuel Jackson Randall	塞缪尔·杰克逊·兰德尔
Forty-sixth Congress	第四十六届国会
Joseph Warren Keifer	约瑟夫·沃伦·凯弗
David Davis	大卫·戴维斯
William Mahone	威廉·马洪
Chilean War	智利战争
Republican Convention	共和党代表大会
Thomas Jefferson	托马斯·杰斐逊
White House	白宫
George William Curtis	乔治·威廉·科尔蒂斯
Dorman Bridgman Eaton	多尔曼·布里奇曼·伊顿
Civil Service Commission	文官制度委员会
Civil Service Act	《文官制度法案》
William Graham Sumner	威廉·格雷厄姆·萨姆纳
David Ames Wells	大卫·艾姆斯·威尔斯
Panama Canal Act	《巴拿马运河法案》

专有名词英汉对照

Henry Demarest Lloyd	亨利·德马雷斯特·劳埃德
River and Harbor Bill	《河流与港口法案》
Senate Bill	《参议院法案》
Internal Revenue Bill	《国内税收法案》
Rhode Island	罗德岛州
Nelson Wilmarth Aldrich	纳尔逊·威尔玛斯·奥尔德里奇
Bible	《圣经》
Workman Powderly	沃克曼·鲍德利
American Federation of Labor	美国劳工联合会
Commissioner of Labor	劳工委员
Carroll Davidson Wright	卡罗尔·戴维森·赖特
Chinese Exclusion Bill	《排华法》
Scandinavian	斯堪的纳维亚人
Charles James Folger	查尔斯·詹姆斯·福尔杰
Henry Clay	亨利·克莱
Daniel Webster	丹尼尔·韦伯斯特
John Caldwell Calhoun	约翰·卡德威尔·卡尔霍恩
Stephen Benton Elkins	斯蒂芬·本顿·埃尔金斯
General John Alexander Loga	约翰·亚历山大·洛根将军
Mugwump	超然派
Revelation	《启示录》
Evening Post	《晚邮报》
New York Tribune	《纽约论坛报》
Whitelaw Reid	怀特劳·里德
Stephen Grover Cleveland	斯蒂芬·格罗弗·克利夫兰
Anti-Monopoly Convention	反垄断党代表大会
John Kelly	约翰·凯利
Thomas Andrews Hendricks	托马斯·安德鲁斯·亨德里克斯
Paul Leicester Ford	保罗·莱斯特·福特
Honorable Peter Stirling	《尊敬的彼得·斯特灵》
Boston Journal	《波士顿日报》
Fifth Avenue Hotel	第五大道酒店
Samuel Dickerson Burchard	塞缪尔·迪克森·伯查德
Electoral College	总统选举团
Purists	纯化论者
Prohibition Party	禁酒党
James Buchanan	詹姆斯·布坎南
Augustus Hill Garland	奥古斯都·希尔·加兰
Thomas Francis Bayard	托马斯·弗朗西斯·贝阿德
State Department	国务院

新美国：从门罗主义、泛美主义到西奥多·罗斯福新国家主义的蜕变

Nicaragua	尼加拉瓜
Clayton-Bulwer Treaty	《克莱顿-布尔沃条约》
Bureau of Labor	劳工管理局
Gould Railways	古尔德铁路公司
Martin Irons	马丁·艾恩斯
Milwaukee	密尔沃基
Jeremiah McLain Rusk	杰里迈亚·麦克莱恩·腊斯克
Grand Army of the Republic	美国内战联邦退伍军人协会
Arrears of Pensions Act	《待付抚恤金法案》
Pension Bureau	抚恤金管理局
John Griffin Carlisle	约翰·格里芬·卡莱尔
Roger Quarles Mills	罗杰·夸尔斯·米尔斯
Mills Bill	《米尔斯法案》
West Virginia	西弗吉尼亚州
William Lyne Wilso	威廉·莱恩·威尔逊
Cobden Club	科布登俱乐部
Interstate Commerce Law	《州际商务法》
Dawes Bill/Act	《道斯法案》
Department of Agriculture	美国农业部
Jamestown	詹姆斯敦
Plymouth Rock	普利茅斯岩
Lake Superior	苏必略湖
Puget Sound	普吉特海湾
Northern Pacific	北大西洋铁路公司
Atlantic & Pacific Railroad	大西洋-太平洋铁路
Springfield	斯普林菲尔德
Texas Pacific	得克萨斯州的太平洋铁路
Red River	红河
Shreveport	什里夫波特
Texarkana	德克萨肯纳
Fort Yuma	尤马堡
San Diego	圣迭戈
Denver & Rio Grande	丹佛-格兰德河铁路
Chicago Burlington & Quincy	芝加哥-伯灵顿-昆西铁路
Atchison Topeka & Santa Fé	艾奇逊-托皮卡-圣菲铁路
Ferdinand de Lesseps	斐迪南·德·雷赛布
Suez Canal	苏伊士运河
Panama Canal	巴拿马运河
Colombia	哥伦比亚
Henry Villard	亨利·维拉德

Oregon & Transcontinental	俄勒冈州横贯大陆铁路公司
Helena	赫勒拿
Bismarck	俾斯麦
Territory of Dakota	达科他准州
Duluth	德卢斯
Tacoma	塔科马港
Omaha	奥马哈市
Platte Trail	普拉特河小道
Kansas City	堪萨斯城
Arkansas River	阿肯色河
Santa Fé	圣菲
Rio Grande	格兰德河
Old Mexico	墨西哥旧城
Southern Pacific	南太平洋铁路公司
Albuquerque	阿尔伯克基
Fort Worth	沃思堡市
El Paso	厄尔巴索
San Antonio	圣安东尼奥市
Houston	休斯顿
Sir Donald Alexander Smith	唐纳德·亚历山大·史密斯爵士
Lord Strathcona	斯特拉思科纳勋爵
Port Arthur	阿瑟港
Vancouve	温哥华
Continent of Europe	欧洲大陆
Orient Express	东方快车
Paris	巴黎
Constantinople	君士坦丁堡
Arizona	亚利桑那
New Mexico	新墨西哥
Guthrie	加斯里
Oklahoma City	俄克拉何马城
Territory of Oklahoma	俄克拉何马准州
Timber Culture Act	《鼓励西部草原植树法案》
William Andrew Jackson Sparks	威廉·安德鲁·杰克逊·斯帕克斯
Benjamin Harrison	本杰明·哈里森
Windom and Hepburn Reports	《温德姆和赫本报告》
Austria	奥地利
Servia	塞尔维亚
Slavonic	斯拉夫
Clayton Anti-Trust Bills	《克莱顿反托拉斯法案》

新美国：从门罗主义、泛美主义到西奥多·罗斯福新国家主义的蜕变

Shelby Moore Cullom	谢尔比·摩尔·卡洛姆
Wabash Railway Company	沃巴什铁路公司
John Davison Rockefeller	约翰·戴维森·洛克菲勒
Standard Oil Company	标准石油公司
Atlantic Monthly	《大西洋月刊》
Story of a Great Monopoly	《大垄断的故事》
Edward Bellamy	爱德华·贝拉米
Looking Backward	《回顾》
Julian West	朱利安·韦斯特
Bellamistic	贝拉米式
Florence	佛罗伦萨
Walter Quintin Gresham	沃尔特·昆廷·格雷沙姆
Chauncey Mitchell Depew	昌西·米切尔·迪普
Russell Alexander Alger	拉塞尔·亚历山大·阿尔杰
Levi Parsons Morton	利瓦伊·帕森斯·莫顿
Allen Granberry Thurman	艾伦·格兰伯里·瑟曼
Murchison Letter	默奇森信件
Matthew Stanley Quay	马修·斯坦利·夸伊
Lionel Sackville	莱昂内尔·萨克维尔
Murchison	默奇森
Bering Sea	白令海
John Wanamaker	约翰·沃纳梅克
Thomas Brackett Reed	托马斯·布拉克特·里德
William McKinley	威廉·麦金利
Sherman Anti-Trust Law	《谢尔曼反托拉斯法》
George Frisbie Hoar	乔治·弗里斯比·霍尔
McKinley Tariff Bill	《麦金利关税法》
Dependent Pension Act	《伤残军人抚恤金法案》
Sherman Silver Purchase Bill	《谢尔曼白银采购法》
Joint Committee of Conference	两院联合会议委员会
Bland-Allison Bill	《布兰德－艾利森法案》
General Nelson Appleton Miles	纳尔逊·阿普尔顿·迈尔斯将军
Farmers' Union	农民联合会
Agricultural Wheel	农业车轮会
Farmers' Alliance	农民联盟
People's Party	人民党
Joseph Gurney Cannon	约瑟夫·格尼·坎农
Robert Marion LaFollette	罗伯特·马里昂·拉弗莱特
Robert Emory Pattison	罗伯特·埃默里·帕蒂森
Kansas Legislature	堪萨斯州议会

专有名词英汉对照

Populist Senator	人民党参议员
Public Lands	公有土地
Charles Frederick Crisp	查尔斯·弗雷德里克·克里斯普
Congregational Church	公理教会
Charles Dickens	查尔斯·狄更斯
The Luck of Roaring	《咆哮营的幸运儿》
The Outcasts of Poker Flat	《扑克滩放逐的人们》
Bret Harte	布勒特·哈特
Samuel Langhorne Clemens	塞缪尔·兰亨·克莱门
Ralph Waldo Emerson	拉尔夫·瓦尔多·爱默生
Henry Wadsworth Longfellow	亨利·沃兹沃思·朗费罗
Oliver Wendell Holmes Sr.	老奥利弗·温德尔·霍姆斯
Tom Sawyer	《汤姆·索亚历险记》
Huckleberry Finn	《哈克贝利·费恩历险记》
The Rise of Silas Lapham	《塞拉斯·拉帕姆的发迹》
Little Lord Fauntleroy	《小勋爵弗契特勒里》
Henry George	亨利·乔治
Progress and Poverty	《进步与贫穷》
Francis Parkman	弗朗西斯·帕克曼
George Bancroft	乔治·班克罗夫特
James Bryce	詹姆斯·布莱斯
American Commonwealth	《美利坚合众国》
North American Review	《北美评论》
William Ewart Gladstone	威廉·尤尔特·格莱斯顿
Harper's Monthly	《哈珀月刊》
Leslie's Weekly	《莱斯利周刊》
Independent	《独立者》
Scribner's Magazine	《斯克里布纳杂志》
Century	《世纪》
John George Nicolay	约翰·乔治·尼古拉
John Milton Hay	约翰·米尔顿·海伊
Old Testament	《旧约》
New Testament	《新约》
Charles Robert Darwin	查尔斯·罗伯特·达尔文
Mary Baker Eddy	玛丽·贝克·艾迪
Christian Science	基督教科学派
Congressional Directory	《国会名录》
John Henninger Reagan	约翰·辛尼格·里根
Order of Patrons of Husbandry	美国农业保护者协会
Texas State Grange	得克萨斯州格兰其

Overseer	工头
Georgia State Agricultural Society	佐治亚州州立农业协会
Georgia State Alliance	佐治亚州农民联盟
Thomas Edward Watson	托马斯·爱德华·沃森
George Peabody	乔治·皮博迪
John Fox Slater	约翰·福克斯·斯莱特
Southern Educational Board	南方教育委员会
General Education Board	普通教育委员会
William Edward Burghardt DuBois	威廉·爱德华·布格哈特·杜波依斯
Booker Taliaferro Washington	布克·托利弗·华盛顿
Yazoo	亚祖河
Black Belt	黑人聚居区
Piedmont	皮埃蒙特
Richmond	里士满
Charleston	查尔斯顿
Memphis	孟菲斯
Nashville	纳什维尔
Dallas	达拉斯
Forth Worth	沃斯堡
Mississippi River Commission	密西西比河委员会
Cairo	开罗
James Buchanan Eads	詹姆斯·布坎南·伊兹
Father of Waters	江河之父
Populism	平民主义
National Labor Union	美国劳工联盟
Ocala	奥卡拉
Ignatius Loyola Donnelly	伊格内修斯·洛约拉·唐纳利
Lost Atlantis	亚特兰蒂斯
Pinkerton	平克顿
James Gaven Field	詹姆斯·加文·菲尔德
Patrick Egan	帕特里克·伊根
Valparaiso	瓦尔帕莱索
Chilean Government	智利政府
Baron Fava	巴伦·法瓦
Minneapolis	明尼阿波利斯市
Adlai Ewing Stevenson	阿德莱·尤因·史蒂文森
Free Coinage Act	《自由铸币法案》
New York Custom-House	纽约海关
Columbian Exposition	哥伦布博览会
Jacob Sechler Coxey	雅各布·塞克勒·考克西

Pullman Palace Car Company	普尔曼卧铺车公司
Eugene Victor Deb	尤金·维克托·德布斯
American Railroad Union	美国铁路联盟
John Peter Altgeld	约翰·彼得·奥尔特盖尔德
Coin's Financial Schoo	《硬币的金融学院》
Venezuela	委内瑞拉
Monroe Doctrine	门罗主义
British Guiana	英属圭亚那
Richard Olney	理查德·奥尔尼
Lord Salisbury	索尔兹伯里勋爵
James Monroe	詹姆斯·门罗
British Foreign Office	英国外交部
American Venezuelan Commission	美国委内瑞拉委员会
Advance Agent of Prosperity	繁荣的促进剂
Canton	坎顿
Garret Augustus Hobar	加勒特·奥古斯都·霍巴特
Princeton	普林斯顿
William Jennings Bryan	威廉·詹宁斯·布莱恩
Arthur Sewall	亚瑟·休厄尔
Indianapolis	印第安纳波利斯
John McAuley Palmer	约翰·麦考利·帕尔默
Simon Bolivar Buckner	西蒙·玻利瓦尔·巴克纳
Richard Watson Gilder	理查德·沃森·吉尔德
Yukon	育空河
Bishop Potter	波特主教
Alexis de Tocqueville	夏尔·阿列克西·德·托克维尔
Democracy in America	《论美国的民主》
House of Commons	下议院
Australian Ballot Law	《澳大利亚投票法》
James Clarkson	詹姆斯·克拉克森
General Federation of Women's Clubs	联邦妇女俱乐部总会
Consumers' League	消费者联盟
Jane Addams	简·亚当斯
Hull House	赫尔馆
Homer Calvin Davenport	霍默·卡尔文·达文波特
William Rufus Day	威廉·鲁福斯·戴伊
War Department	战争部
First National Bank of Chicago	芝加哥第一国民银行
Lyman Judson Gage	莱曼·贾德森·盖奇
United States Express Company	美国快递公司

新美国：从门罗主义、泛美主义到西奥多·罗斯福新国家主义的蜕变

Boies Penrose	博伊斯·潘罗斯
Nelson Dingley	纳尔逊·丁利
Dingley Bill	《丁利法案》
Conference Committee	两院协商委员会
Finance Committee	财政委员会
Wool Manufacturers' Association	羊毛制造商协会
Worthington Chauncey Ford	沃辛顿·昌西·福特
Samuel Douglas McEnery	塞缪尔·道格拉斯·麦克内里
John Percival Jones	约翰·珀西瓦尔·琼斯
Geneva	日内瓦
Lake Mohonk	天湖
Years' War	十年战争
Caribbean	加勒比地区
Santiago	圣地亚哥
Puerto Principe	波多普林西比
Santa Clara	圣克拉拉
Queen Regent	摄政王后
Valeriano Weyler	瓦莱里亚诺·韦勒
Virginius Affair	"弗吉尼厄斯号"事件
Madrid	马德里
Hannis Taylor	汉尼斯·泰勒
Stewart Lyndon Woodford	斯图尔特·林登·伍德福德
Prime Minister	（古巴）首相
Práxedes Mateo Sagasta	圣巴西德·马特奥·萨加斯塔
Liberal Government	自由党政府
Havana	哈瓦那
Enrique Dupuy de Lôme	恩里克·杜普伊·德洛姆
North Atlantic Squadron	北大西洋舰队
Theodore Roosevelt	西奥多·罗斯福
George Dewey	乔治·杜威
Chesapeake	切萨皮克
Winfield Scott Schley	温菲尔德·斯科特·施莱
William Thomas Sampson	威廉·托马斯·桑普森
Nebraska Regiment	内布拉斯加团
Philippine Islands	菲律宾群岛
Manila	马尼拉
Manila Bay	马尼拉湾
Wesley Merritt	韦斯利·梅里特
Emilio Aguinaldo	埃米利奥·阿吉纳尔多
Pascual Cervera y Topete	帕斯夸尔·塞尔维拉·托佩特

Cape Verde Islands	佛得角群岛
West Indies	西印度群岛
San Juan	圣胡安
Cienfuegos	西恩富戈斯
Porto Rico	波尔图
Key West	基韦斯特
Tampa	坦帕市
William Rufus Shafter	威廉·鲁弗斯·沙夫特
Daquiri	达基里
Siboney	西波涅
Las Guasimas	拉斯瓜西马斯
Leonard Wood	伦纳德·伍德
First Volunteer Cavalry	第一志愿骑兵团
San Juan River	圣胡安河
El Caney	埃尔卡尼
Henry Ware Lawton	亨利·韦尔·劳顿
Ladrones	莱德隆群岛
Treaty of Paris	《巴黎条约》
Newlands Resolution	《纽兰兹决议》
Joseph Rudyard Kipling	约瑟夫·鲁德亚德·吉卜林
The White Man's Burden	《白人的负担》
Elihu Root	伊莱休·鲁特
William Henry Seward	威廉·亨利·西华德
Life of Abraham Lincoln	《亚伯拉罕·林肯传》
The Breadwinners	《养家糊口的人》
Court of St. Jame	圣詹姆斯法院
George Washington	乔治·华盛顿
Hague	海牙
Czar of Russia	俄国沙皇
St. Petersburg	圣彼得堡
Pious Fund	虔诚基金
Lynn Canal	林恩运河
Dyea	戴亚
Skaguay	斯卡圭
Chilkoot Pass	契尔库特山口
Chilkat Pass	奇尔卡特山口
Mount St. Elias	圣埃利亚斯山
Arctic Ocean	北冰洋
George Turner	乔治·特纳
Lord Chief Justice	首席法官

Viscount Alverstone	阿尔弗斯通子爵
Prince Henry of Prussia	普鲁士亨利王子
Lord Pauncefote	庞斯福特勋爵
Hay-Pauncefote Treaty	《海伊-庞斯福特条约》
Isthmian Commission	地峡委员会
French Panama Company	法国巴拿马公司
Island of Martinique	马提尼克岛
Colombian Congress	哥伦比亚国会
Civil Service Commissio	文官委员会
Indianola	印地安诺拉
Newlands Reclamation Act	《新土地开垦法》
Edward Henry Harriman	爱德华·亨利·哈里曼
Huntington Lines	亨廷顿线
James Jerome Hill	詹姆斯·杰罗姆·希尔
Great Northern	大北方铁路
John Pierpont Morgan	约翰·皮尔庞特·摩根
Northern Securities Company	北方证券公司
Philander Chase Knox	菲兰德·蔡斯·诺克斯
Elkins Law	《埃尔金斯法案》
Expedition Law	《考察法案》
United States Steel Corporation	美国钢铁公司
Bessemer Steel	贝塞麦炼钢法
Andrew Carnegie	安德鲁·卡内基
Industrial Commission	工业委员会
Trans-Missouri Freight Case	跨密苏里货运案
Addystone Pipe Case	阿迪斯通管道案
Circuit Judge	巡回法官
William Howard Taft	威廉·霍华德·塔夫脱
Henry Clay Frick	亨利·克莱·弗里克
Western Federation of Miners	西部矿工联合会
Cripple Creek	克里普尔溪
Charles Moyer	查尔斯·莫耶
Bill Haywood	比尔·海伍德
Socialist Labor Party	社会劳工党
Social Democratic Party	社会民主党
George Bruce Cortelyou	乔治·布鲁斯·科特柳
Albert Baird Cummins	阿尔伯特·贝尔德·卡明斯
Charles Warren Fairbanks	查尔斯·华伦·费尔班克斯
Commoner	《平民》
Alton Brooks Parker	奥尔顿·布鲁克斯·帕克

专有名词英汉对照

William Randolph Hearst	威廉·鲁道夫·赫斯特
Henry Gassaway Davis	亨利·加萨维·戴维斯
Ida Minerva Tarbell	艾达·密涅瓦·塔贝尔
Napoléon	拿破仑
Washington Gladden	华盛顿·格拉登
Arthur Twining Hadley	亚瑟·特文宁·哈德利
Lincoln Steffens	林肯·斯蒂芬斯
Thomas Lawson	托马斯·劳森
Collier's Weekly	《科里尔周刊》
Winston Churchill	温斯顿·丘吉尔
Coniston	《科尼斯顿》
Upton Beall Sinclair	厄普顿·比尔·辛克莱
The Jungle	《屠场》
Samuel Sidney McClure	塞缪尔·西德尼·麦克卢尔
Everybody's	《人人》
Cosmopolitan	《世界主义者》
Munsey's	《芒西》
American	《美国杂志》
Outlook	《展望》
Joseph Wingate Folk	约瑟夫·温盖特·福克
Bureau of Corporations	公司局
Charles Evans Hughes	查尔斯·埃文斯·休斯
James Wilson	詹姆斯·威尔逊
Harvey Washington Wiley	哈维·华盛顿·威利
Hepburn Railway Bill	《赫本铁路法案》
John Bunyan	约翰·班扬
Panama Treaty	《巴拿马条约》
Canal Zone	运河区
George Washington Goethals	乔治·华盛顿·戈瑟尔斯
Sir Frederick Treves	弗雷德里克·特里夫斯爵士
Colonel William Crawford Gorgas	威廉·克劳福德·戈格斯上校
New Hampshire	新罕布什尔州
Portsmouth	朴茨茅斯
Nobel Committe	诺贝尔奖委员会
Rio de Janeiro	里约热内卢
Russo-Japanese War	日俄战争
Second Hague Conference	第二次海牙会议
Joseph Hodges Choate	约瑟夫·霍奇斯·乔特
Algeciras	阿尔赫西拉斯
Morocco	摩洛哥

Treaty of Portsmouth	《朴茨茅斯条约》
Pacific Coast	太平洋海岸
Hampton Roads	汉普顿锚地
Charles Joseph Bonaparte	查尔斯·约瑟夫·波拿巴
Knickerbocker Trust Company	尼克博克信托公司
James Schoolcraft Sherman	詹姆斯·斯库克拉夫特·谢尔曼
Sereno Elisha Payne	塞雷诺·以利沙·佩恩
Senate Committee on Finance	参议院财政委员会
Payne-Aldrich Act	《佩恩–奥尔德里奇法案》
Winona	威诺纳
Pure Food Law	《纯净食品法》
Gifford Pinchot	吉福德·平肖
Richard Achilles Ballinger	理查德·阿基里斯·巴林杰
Champ Clark	钱普·克拉克
Oscar Underwood	奥斯卡·安德伍德
Progressive Republican League	进步共和党联盟
William Lorimer	威廉·罗瑞莫
Tobacco Trust	烟草托拉斯
Porfirio Diaz	波菲里奥·迪亚斯
Osawatomie	奥萨沃托米
Judson Harmon	贾德森·哈蒙
Thomas Riley Marshall	托马斯·赖利·马歇尔
Woodrow Wilson	伍德罗·威尔逊
Federal Reserve Act	《联邦储备法》